Le Bricolage POUR LES NULS

Gene Hamilton et Katie Hamilton

First Editions

Le Bricolage pour les Nuls
Publié par
Hungry Minds, Inc.
909 Third Avenue
New york, NY 10022.

Pour les Nuls est une marque déposée de Hungry Minds, Inc.
For Dummies est une marque déposée de Hungry Minds, Inc.
Maquette : Laurie Cohen
Traduction : Véronique Lévy

Edition française publiée en accord avec Hungry Minds, Inc.
© 2002 par Éditions Génerales First
33, avenue de la République
75011 Paris - France
Tél. 01 40 21 46 46
Fax 01 40 21 46 20
E-mail : firstinfo@efirst.com
Web : www.efirst.com
ISBN : 2-87691-702-5
Dépôt légal : 3e trimestre 2002

Sommaire

Introduction

Bienvenue au *Bricolage pour les Nuls*, un manuel entièrement conçu pour vous permettre de réaliser tous vos travaux courants d'aménagement, de décoration et d'entretien dans la joie et la bonne humeur. Un simple coup d'œil sur ce livre, et vous vous apercevrez aussitôt qu'il n'est pas surchargé d'affreux détails techniques et autres obscurs conseils dont vous n'avez absolument rien à faire. Notre but était d'écrire un livre utile et divertissant à la fois, qui explique, dans un langage clair et simple, comment entreprendre et réussir une grande gamme de projets. Ce guide pratique s'adresse à la fois aux débutants qui n'ont jamais tenu un tournevis en main et aux bricoleurs plus expérimentés.

Pour exercer vos talents (parfois *bien* cachés) de bricoleur et rendre votre intérieur encore plus agréable et confortable, nous vous invitons à dépoussiérer votre caisse à outils qui sommeille dans son placard et à vous attaquer vous-même à quelques réparations simples et travaux d'aménagement. Il vous suffit pour cela de vous laisser guider par nos explications concises et efficaces – de simples étapes à suivre émaillées d'illustrations –, sympas, parfois amusantes, mais jamais futiles.

Comment lire ce livre

Vous pouvez aborder ce livre de deux manières différentes :

- Si vous recherchez des informations sur un domaine particulier, par exemple comment isoler votre maison ou nettoyer vos gouttières, consultez l'Index ou le Sommaire pour accéder illico à la section contenant votre réponse. (Nous vous garantissons un retour sur votre canapé préféré en un rien de temps.)
- Si vous voulez devenir un gourou du bricolage, lisez la totalité du livre, de la première à la dernière page, et des trésors de connaissances jailliront de vos lèvres chaque fois que le mot "maison" surgira dans une conversation.

Ce livre s'articule autour de six parties, dont chaque chapitre traite en détail d'un sujet spécifique. Vous pouvez consulter n'importe quel chapitre sans lire ce qui précède, si bien que vous ne perdez pas votre temps à parcourir des sections qui ne s'appliquent pas à votre situation. De temps à autre, nous vous orientons vers un autre domaine du livre où vous pouvez trouver de plus amples détails sur un sujet particulier.

Première partie : Réussir vos travaux

Certes, le bricolage est un domaine qui coûte de l'argent, du temps et des efforts. Mais, le plus souvent, la plus grande barrière qui vous empêche de franchir les étapes d'un projet réussi se trouve dans votre tête. Ne sachant pas par où commencer leurs travaux, la plupart des gens vivent dans des environnements inconfortables et parfois même dangereux. Les premiers chapitres de ce livre vous proposent quelques idées pour bien démarrer des projets simples à réaliser, des conseils pour identifier les travaux que vous pouvez entreprendre et ceux qu'il vaut mieux laisser aux spécialistes, des petites astuces pour réduire vos factures et même une liste d'outils et de gadgets que tout propriétaire devrait posséder.

Deuxième partie : Peinture et décoration

"Tout ce qu'il faut, c'est une nouvelle couche de peinture."

Combien de fois n'avez-vous pas entendu prononcer cette phrase qui semble s'adapter à toutes les situations – une maison délabrée, une commode achetée à la brocante ou un salon au papier peint criard ? Le problème est que "une simple couche de peinture" est souvent plus facile à dire qu'à faire.

Qu'en est-il de l'ancienne couche décrépite, du vieux papier peint ou du vernis défraîchi ? Quel type de nouvelle peinture faut-il utiliser ? Que faire si vous avez dans l'idée d'ajouter une petite touche personnelle avec une frise, une bordure ou autre déco ? Par où commencer pour poser un papier peint ? De telles questions empêchent souvent de bonnes intentions de prendre forme. Heureusement pour vous, cette partie vous offre de rapides réponses et de simples procédures à étapes pour refaire la façade intérieure et extérieure de votre maison.

Troisième partie : Revêtements de sol et menuiserie

Sols qui grincent, portes qui coincent et fenêtres cassées sont les fléaux de l'existence de tout propriétaire. Mais vous n'êtes pas *obligé* de vivre avec ces nuisances. Remédier à ces inconvénients est un jeu d'enfant.

Les chapitres de cette partie vous aideront à entretenir des portes de garage, à installer de nouveaux revêtements de sol, à réparer des planchers ou des escaliers qui grincent, à changer des vitres cassées, à installer des stores, et bien d'autres choses encore.

Quatrième partie : Plomberie et électricité

Les propriétaires dépensent des fortunes dans les réparations de plomberie et d'électricité. La mauvaise nouvelle, c'est qu'ils pourraient se charger eux-mêmes de la plupart de ces réparations. Si seulement ils savaient comment faire. La bonne nouvelle, c'est que cette partie contient toutes les infos nécessaires pour que vous deveniez le maître absolu de vos appareils électroménagers, canalisations et câbles électriques.

Cinquième partie : Rénovations intérieures et extérieures

Voici la partie "fourre-tout" des projets d'aménagement et de réparation pour l'intérieur et l'extérieur de votre petit paradis. Pour la partie intérieure, vous apprendrez notamment à installer des étagères, réparer un mur endommagé, poser et remplacer des carreaux en céramique et isoler votre maison. Pour l'extérieur, découvrez comment nettoyer et réparer vos gouttières, remettre en état vos façades, boucher des fissures, réparer des fuites et nettoyer à haute pression vos façades et terrasses.

Sixième partie : Les petits plus du bricoleur

Aucun livre de la collection ... *pour les Nuls* ne saurait être complet sans cette ultime partie à la "Mac Gyver" : un pot-pourri de petits trucs et astuces destinés à vous faciliter la vie quel que soit le domaine abordé. Lisez cette partie si vous voulez savoir comment protéger votre demeure contre les intrus et les petits contre les dangers de la maison, faire des économies, choisir le meilleur entrepreneur pour vos travaux, éviter de faire les erreurs les plus courantes, rendre votre maison plus accueillante, et plus encore.

Suivez le guide !

Pour vous guider tout au long de ce livre, nous avons utilisé les fameuses et non moins sympathiques icônes ... *pour les Nuls* :

Ciblez sur cette icône pour toute astuce vous permettant d'économiser votre énergie, tout en gagnant du temps et de l'argent.

Une petite icône pour vous rappeler un truc à ne jamais oublier dans de nombreux domaines du bricolage.

Nous ne voulons pas vous effrayer, mais certains projets traités dans ce livre peuvent être dangereux, voire mortels, s'ils ne sont pas entrepris correctement. Cette icône vous prévient d'un danger potentiel et vous explique comment l'éviter. Nous utilisons également ce symbole pour identifier des conseils de sécurité et vous inviter à prendre toutes les précautions nécessaires afin que votre maison ne se transforme pas en terrain miné, surtout pour les petits.

Certaines erreurs sont si courantes que vous pouvez les voir arriver à des kilomètres. Cette icône vous prévient que vous jouez avec le feu. Pourquoi devriez-vous apprendre de vos erreurs si vous pouvez le faire tout aussi bien à partir de celles des autres ?

Certains produits sur le marché font un boulot tellement incroyable que nous avons voulu les partager avec vous. Cette icône annonce des super-produits et techniques pour vous aider à réaliser votre tâche plus facilement et plus rapidement.

Certaines personnes se lancent dans le bricolage pour se distraire, d'autres pour donner corps à leur imagination, d'autres encore pour accroître la valeur immobilière de leur bien… et d'autres enfin pour le plaisir des outils. Si vous avez une obsession pour les outils et gadgets qui percent, trouent, vissent, découpent, poncent, rendent jaloux votre voisin, et accessoirement facilitent vos travaux, gardez un œil sur cette icône.

Si la plupart des gens se contentent d'une chasse d'eau qui marche, d'autres ne seront pas heureux tant qu'ils ne sauront pas comment elle fonctionne. Ce livre ne vous bombarde pas d'affreux détails techniques mais, si vous voulez en savoir plus, vous serez servi en lisant les infos plus professionnelles identifiées par cette icône.

Donnez à deux personnes quelques outils et une réparation à faire, et vous êtes sûr d'en tirer d'incroyables histoires. Cette icône rapporte quelques anecdotes, que nous n'aurions même pas pu imaginer.

A vous de jouer

Peu importe que vous commenciez par le Sommaire, l'Index ou le Chapitre 10, ou encore par le début (quelle idée innovante !), l'important est de vous lancer. Alors, à vous de jouer ! Un petit paradis vous attend au tournant…

Première partie

Réussir vos travaux

"Chéri, on les avait prévus pour la salle de bains les robinets à bière ?"

Dans cette partie...

Par où commencer ? De quels outils, matériaux et connaissances avez-vous besoin ? Pouvez-vous vous débrouiller tout seul ? Dans ces premiers chapitres, nous vous expliquons comment bien démarrer pour réussir tous vos travaux d'intérieur et d'extérieur.

Rassembler les outils nécessaires et les bons matériaux pour réaliser des tâches spécifiques n'est pas forcément un parcours du combattant. Inutile également de prendre sa boussole avant de s'aventurer dans un magasin de bricolage – même si, vu la taille des centres commerciaux aujourd'hui, il peut être utile d'emporter quelque ravitaillement.

Que vous souhaitiez une estimation du temps et du coût nécessaires pour la réalisation d'une tâche spécifique ou ajouter quelques travaux d'aménagement simples à réaliser dans votre liste de "trucs à faire", vous trouverez toutes les informations utiles dans cette partie.

Chapitre 1

La plus grande pièce de la maison

Dans ce chapitre :

- Des travaux d'aménagement ? Pour quoi faire ?
- Oui, vous pouvez y arriver !
- Démarrer d'un bon pied (de biche).

Quelle est la plus grande pièce de votre maison ? La salle à manger ? Le salon ? Réfléchissez bien : si vous êtes comme la plupart des gens, la plus grande pièce de la maison semble toujours être celle que vous devez refaire.

La maison parfaite n'existe pas. Même si la vôtre n'a aucun problème de plancher qui grince, de porte qui coince, de robinet qui goutte ou de canalisation bouchée, une nouvelle couche de peinture ne redonnerait-elle pas un peu de couleur au salon ? Et qu'en est-il de ce vieux papier peint dans les chambres, ne serait-il pas temps de changer ces gros motifs psychédéliques pour quelque chose de plus "mode" ?

Des travaux d'aménagement ? Pour quoi faire ?

Entreprendre quelques menus travaux pour améliorer l'état de sa maison est souvent beaucoup plus simple et utile qu'on le croit. Vous pouvez accroître la valeur marchande de votre maison, la rendre plus sécurisante, économiser de l'énergie, améliorer votre qualité de vie et réparer quelques petits problèmes avant qu'ils ne se transforment en catastrophes ruineuses.

Un véritable agent immobilier qui investit dans une maison pour sa valeur marchande ne va probablement effectuer que des améliorations essentielles – une nouvelle couche de peinture dans toutes les pièces, de nouvelles moquettes, de nouvelles installations sanitaires et quelques réparations de défauts de construction tels qu'un trou dans le toit. Dans la mesure où ils ne veulent pas simplement augmenter la valeur de leur maison mais y vivre le plus agréablement possible, les propriétaires, quant à eux, vont non seulement réaliser ces travaux essentiels, mais également des améliorations de *qualité de vie*. Faire quelques travaux dans une maison représente assurément un investissement économique, mais parce que votre maison est le lieu où votre famille vit, joue et travaille, améliorer votre espace vital est également un engagement personnel.

En fonction du lieu où vous habitez, les travaux réalisés sur votre maison peuvent accroître sa valeur. Contactez un agent immobilier local pour lui demander de faire une estimation gratuite de votre maison ainsi que des différentes améliorations que vous souhaitez réaliser. Vous pouvez ensuite utiliser ces informations pour vous aider à estimer la plus-value obtenue en installant un nouveau plancher ou en rénovant votre cuisine par exemple. Mais votre décision finale ne devrait jamais dépendre uniquement de ces spéculations. Calculer le rendement d'un projet immobilier est tout à fait judicieux, mais la création d'un foyer parfaitement adapté à votre famille et à votre style de vie est une rétribution encore plus grande.

Vous ne pouvez envisager des travaux rentables sans considérer une réduction des dépenses d'énergie. Des mesures simples, telles qu'une meilleure isolation des portes et des fenêtres avec quelques joints de mousse pour éviter des pertes de chaleur (voir le Chapitre 5), constituent un investissement rentable sur de nombreuses années en réduisant considérablement vos factures. Un thermostat centralisé constitue un autre investissement utile dans le domaine de l'économie d'énergie (voir le Chapitre 14) ; avec un tel système de contrôle, vous serez gagnant dès la première saison froide. Et, même s'il y a peu de chances pour qu'un de vos invités s'exclame d'admiration devant un si bel appareil, *vous* ne manquerez pas de l'apprécier lorsque vous recevrez votre première facture.

Avec un minimum d'entretien, vous pouvez garder une maison saine et solide pendant de nombreuses années et à peu de frais. Lorsque vous aurez appris à changer le filtre de la chaudière et à nettoyer les gouttières, ces petits tracas feront partie d'une série de tâches routinières qui vous éviteront à long terme de bien plus gros soucis. En apprenant à réparer et à entretenir votre maison vous-même, vous développez votre propre style de gestion de votre domicile et de ses installations. Nous avons toujours pensé que ces compétences mériteraient de figurer dans un C.V.

Devenir son propre réparateur comporte d'autres avantages appréciables : pour un propriétaire avec peu ou pas d'expérience dans le domaine de l'entretien et des réparations domestiques, apprendre à réaliser de simples petits travaux d'aménagement procure un sentiment d'autosatisfaction et d'accomplissement. Réparer et aménager vous-même votre maison pour la rendre plus solide et conforme aux normes de sécurité ou pour l'embellir vous place aux commandes de votre propre maison. Et, à chaque tâche que vous accomplissez, votre confiance en vous augmente. Lorsque vous aurez appris à remplacer une vitre cassée par un ballon mal lancé, vous serez prêt la prochaine fois que cela arrivera (et cela arrivera, n'en doutez pas).

Oui, vous pouvez y arriver !

L'intimidation – oui, cela peut jouer sur un court de tennis ou sur un ring de boxe, mais ne vous laissez pas prendre sur votre propre terrain domestique. Certes, certains gros travaux peuvent être intimidants, mais nous vous conseillons de les éviter et de commencer par de petites tâches. Ne commencez pas par vouloir refaire toutes les cloisons d'une pièce, mais plutôt par reboucher des trous de clous. Ne commencez pas non plus par essayer de décaper et vernir toute votre salle à manger, faites d'abord vos preuves sur un angle abîmé d'une petite table de salon par exemple. Vous avez l'idée ? Mordre plus que vous ne pouvez avaler peut être très tentant – il est parfois très dur de contenir son enthousiasme –, mais avant de plonger dans le grand bleu, pataugez un peu au bord de l'eau. Une fois que vous aurez les pieds mouillés, plus rien ne pourra vous empêcher de devenir un bricoleur accompli.

Autrefois, de nombreux travaux exigeaient force et robustesse, ne serait-ce que pour soulever les outils ou transporter le matériel, mais les temps ont changé. Les outils d'aujourd'hui sont plus légers et compacts que jamais, si bien que ces deux qualités autrefois nécessaires pour la réussite d'un projet sont désormais remplacées par deux nouvelles composantes clés : énergie et enthousiasme. Les matériaux de construction sont aujourd'hui disponibles en pièces détachées pour faciliter leur transport. Vous pouvez charger dans votre véhicule une grande armoire complètement démontée, et ensuite l'assembler et l'installer sans problème. Sans compter que la livraison des matériaux jusqu'à votre porte n'a jamais été aussi simple !

Qui plus est, les produits modernes sont aujourd'hui conçus et commercialisés pour les propriétaires souhaitant réaliser eux-mêmes leurs travaux. Les mêmes outils destinés à des professionnels sont maintenant conçus et commercialisés pour des particuliers. Des gadgets pour retirer le papier peint, des ventilateurs de plafond à installation facile et des outils spécifiques autrefois distribués exclusivement aux pros sont aujourd'hui disponibles dans les centres de bricolage et autres magasins de matériaux dans tout le pays.

De nombreux magasins de bricolage organisent maintenant des animations et des cours pour montrer au public comment réaliser une grande variété de projets. Ces démonstrations constituent une opportunité idéale pour observer les différentes étapes d'une tâche, voir quels outils sont impliqués et poser des questions. Essayez de vous procurer des prospectus ou appelez pour demander les horaires de ces séances, puis planifiez vos courses en fonction d'une démonstration qui vous intéresse.

Démarrer d'un bon pied (de biche)

Ce livre couvre un large éventail de travaux d'aménagement. Si vous consultez le Sommaire, vous remarquerez que les principales catégories sont la peinture et la décoration, la menuiserie, la plomberie, l'électricité et les travaux de rénovation d'intérieur et d'extérieur. C'est beaucoup de choses. Nous vous suggérons une approche conservatrice si vous faites vos premiers pas dans le monde du bricolage. Commencez petit : concentrez-vous sur une tâche simple telle que réparer une fuite ou jointer une fenêtre, et vous serez bien parti.

Quoi que vous fassiez, *n'entamez pas plus d'un projet à la fois*. Ce n'est qu'après avoir acquis un peu d'expérience que vous pourrez engager plusieurs travaux en même temps. Bien trop de maisons où l'on peut voir des projets inachevés illustrent malheureusement cette erreur du débutant.

Parfois, le temps et les saisons peuvent vous aider à décider du meilleur moment pour prévoir une réparation ou un aménagement particulier. Programmez vos travaux en fonction du temps et des saisons, de façon à réunir toutes les conditions pour qu'ils se déroulent le mieux possible. L'hiver, par exemple, est une bonne saison pour la déco. Lorsque vient le printemps, il peut être judicieux d'isoler le grenier avant que la chaleur ne devienne trop insupportable là-haut. Réparer et peindre des façades extérieures sont des tâches idéales pour les premiers jours d'été, lorsque les précipitations sont au plus bas et la chaleur pas encore caniculaire. Et enfin, l'automne est le meilleur moment pour régler la chaudière et tout isoler avant l'hiver.

Chapitre 2

Quelques conseils pratiques

Dans ce chapitre :

- Les éléments à prendre en compte.
- Quand et comment faire appel à un pro.

Vous pouvez espérer économiser entre 20 et 100 % du coût d'un travail en l'exécutant vous-même. Qui plus est, vous pourrez éprouver ce sentiment de fierté et de réussite si appréciable qui accompagne tout travail bien fait. Cela dit, n'oubliez pas que nous vivons à une époque où le temps et l'énergie sont devenus des ressources hautement prisées, et que certains projets requièrent des talents et des outils particuliers que le consommateur moyen ne possède pas toujours.

Nous ne vous suggérons pas de vous attaquer à ces tâches complexes. Bien au contraire, de nombreux autres travaux, tels que décaper un meuble ou enlever du papier peint, sont des interventions beaucoup moins exigeantes en matière d'outillage et de compétences. En commençant par de petites réparations peut-être moins glorifiantes que d'autres, telles que réparer une vitre cassée ou un gond un peu lâche, vous pourrez très rapidement accroître vos connaissances et votre confiance en vous. Ces petits travaux vous permettront de vivre dans une maison mieux aménagée et plus confortable – une commodité qui ne manquera pas de se faire ressentir par vous ou toute autre personne dans la maison. Installez un ventilateur de plafond, et tout le monde remarquera cette douce brise rafraîchissante ; repeignez le garage et vos voisins vous jalouseront. L'idée consiste à choisir des projets d'aménagement dont les résultats sont visibles et qui, en même temps, bâtissent les fondements de vos compétences et de votre assurance.

Mais comment connaître vos limites ? Voilà une question intéressante. Nous savons qu'il n'y a rien qu'un bon bricoleur ne puisse faire, mais là n'est pas le problème. Lorsqu'il est question de projets de grande envergure, comme refaire toute l'isolation d'une maison ou ajouter une pièce supplémentaire, d'autres facteurs sont à considérer. L'expérience venant, vous allez développer un sixième sens qui vous permettra d'évaluer vos limites et votre situation. C'est de cela dont il est question dans ce chapitre.

Les éléments à prendre en compte

Trois facteurs sont à considérer avant de tenter de réaliser un projet vous-même : le temps, le budget et les compétences. Si vous disposez de beaucoup de temps libre, vous pouvez vous attaquer pratiquement à tout type de projets, avec un minimum d'outils de base et en développant vos connaissances au fil de vos travaux. Si vous avez beaucoup d'argent, vous pouvez vous offrir tous les outils et gadgets qui rendent le bricolage à la portée de tous ou faire appel à un professionnel pour réaliser tout le travail à votre place. Et, si vous êtes un bricoleur confirmé, vous pourrez exécuter rapidement et à moindre coût tous les travaux que vous voulez sans aucune aide (probablement même sans l'aide de ce livre !).

Mais, pour la plupart d'entre nous, simples mortels, un équilibre entre ces trois facteurs (budget, délais et compétences, sans oublier une bonne estimation de l'ampleur de l'intervention) est nécessaire avant de pouvoir répondre à la question : "Puis-je réaliser ce projet seul ou dois-je recourir à un professionnel ?"

Budget

Pour commencer, considérez le coût des matériaux. Si les matériaux coûtent cher, vous prenez de grands risques à entreprendre le travail vous-même. Si, par exemple, vous posez une belle moquette de laine à 200 francs le mètre carré et que vous effectuez une mauvaise découpe, vous devrez remplacer le matériel abîmé et finirez peut-être par faire appel à un installateur professionnel pour terminer le travail. Il n'est plus alors question d'économie ici ; sans compter que vous aurez perdu un temps précieux.

Si vous avez un projet en tête et souhaitez une estimation exacte de la main-d'œuvre requise, contactez une grande surface de bricolage et demandez si elle dispose d'un service d'installation. De nombreux distributeurs proposent ce service au public. Ces magasins affichent souvent deux types de prix : *installé* et *emporté*. La différence entre ces deux chiffres correspond au coût de la main-d'œuvre.

Ce chiffre vous fournira un bon point de départ pour évaluer objectivement le coût d'un projet. Mais n'oubliez pas l'autre partie de l'équation : le coût des outils dont vous aurez éventuellement besoin. Considérez l'outillage comme un investissement à long terme : si vous aimez bricoler, tous les outils de base doivent être en votre possession. En revanche, si un projet requiert un outil très coûteux dont vous pourriez n'avoir besoin qu'une seule fois dans votre vie, il est peut-être préférable de le louer ou de l'emprunter à un ami.

Si la plupart des outils se louent à des prix très abordables, certaines personnes trouvent toujours des excuses pour acheter leur propre équipement. Et pourquoi s'en priveraient-elles, d'ailleurs ? En fait, elles pourraient même répliquer qu'il est de leur devoir de citoyen d'alimenter le marché du bricolage afin qu'il contribue avantageusement à la croissance de notre économie nationale. Le Chapitre 3 présente nos outils et trouvailles préférés.

Délais

Si les grandes surfaces de bricolage fournissent une source idéale pour estimer le coût des matériaux, calculer l'investissement en temps est loin d'être aussi simple.

Le temps est un facteur considérable lorsque vous décidez d'effectuer des réparations ou rénovations vous-même. Que vous soyez débutant ou déjà expérimenté, tout travail dans la maison prend du temps, parfois *beaucoup* de temps. Pour tous les bricoleurs confirmés (ou en herbe), l'estimation du temps nécessaire pour accomplir une tâche n'est pas une science exacte. Si vous êtes nouveau dans le monde du bricolage, retenez bien cette formule magique pour estimer votre temps de travail : écrivez les différentes étapes nécessaires (telles que vous les imaginez), incluez le temps des achats, du travail et du nettoyage. Convertissez ce travail en nombre d'heures et… *multipliez-le par trois*. Le résultat obtenu sera probablement très proche de la réalité. Plus vous accomplirez de projets, plus vous réaliserez l'importance d'évaluer précisément le temps dont vous devez disposer.

De nombreux bricoleurs débutants font l'erreur de sous-estimer le facteur temps et se retrouvent souvent enfermés dans des délais trop courts, tels que repeindre la salle à manger avant Noël ou faire une terrasse avant l'été – de bonnes initiatives, mais qui requièrent beaucoup plus de temps que vous ne l'aviez envisagé au départ. Vos premiers travaux demandent *toujours* beaucoup plus de temps que prévu. Définir des délais rigides ne fait qu'accroître le stress lié à vos projets.

Compétences

Abordons maintenant un sujet plus délicat : reconnaître son niveau de compétence. Certains d'entre nous naissent plus habiles de leurs mains que d'autres – un don naturel, comme avoir les yeux bleus ou les cheveux roux. Certaines personnes ont un sens pratique très poussé ; poser du papier peint ou réparer une fuite leur viendra naturellement. D'autres sont moins bien loties de ce côté et, pour elles, ces tâches plutôt simples sont aussi inimaginables que construire le Taj Mahal en un week-end.

Souvenez-vous lorsque votre prof d'éducation physique vous faisait gracieusement part de sa sagesse en ces mots : "Vous êtes peut-être doué pour le sport, mais il faut beaucoup plus que cela pour devenir un athlète professionnel" ? Eh bien, la chance passe maintenant de votre côté : vous n'êtes peut-être pas né avec un marteau dans la main, mais vous pouvez très rapidement progresser et acquérir une certaine compétence qui vous permettra d'accomplir des travaux incroyables. Qui plus est, vous pouvez devenir un bon bricoleur sans avoir à soulever des poids ou à courir tous les matins pour vous maintenir en forme ! Bien au contraire, c'est comme le bon vin, plus vous prenez de l'âge, plus vous vous améliorez !

Ampleur de l'intervention

Même si vous n'êtes pas bricoleur et n'avez aucune intention de le devenir, vous pouvez participer à certains projets et économiser de l'argent en réalisant des petites tâches telles que gratter la peinture, enlever du papier peint ou retirer un ancien lino, autant de petits travaux qui exigent plus de temps et d'enthousiasme que de talent.

Pour conclure : si vous êtes débutant, choisissez des projets qui restent dans les limites de vos compétences et ne requièrent pas de matériaux ou d'outils onéreux. Enfin, évitez de vous enfermer dans des délais trop courts et n'hésitez pas à vous investir ; chaque goutte de sueur et chaque minute accordées à une tâche est un franc gagné !

Quand et comment faire appel à un pro

Si le projet ne requiert qu'une petite intervention, telle que remplacer une porte de placard ou réparer un lave-vaisselle endommagé, la méthode est assez simple. Faites réaliser deux ou trois devis et comparez-les, en vous assurant de bien spécifier toute l'ampleur du travail et la qualité des matériaux souhaités. N'oubliez pas : vous ne pouvez comparer que ce qui est comparable.

Cette méthode s'applique plus difficilement lorsque le projet est plus complexe – une transformation de salle de bains, par exemple, avec une cloison à tomber, des installations à moderniser et un nouveau revêtement de sol sont autant de tâches pouvant donner lieu à des surprises, des coûts cachés et des complications inattendues. Il n'est pas toujours évident, même pour des professionnels, d'évaluer un travail sans savoir ce que l'on peut trouver derrière un mur ou sous un ancien carrelage. Une bonne évaluation ne peut se fonder que sur des informations complètes et précises.

Trouver un bon entrepreneur

Prenez le temps de contacter plusieurs entrepreneurs avant de faire votre choix. Commencez par votre voisinage et élargissez votre champ d'investigation en fonction des références fournies par votre réseau d'amis et de connaissances. La plupart des entrepreneurs figurent dans les Pages jaunes, mais ils comptent généralement davantage sur leur réputation que sur l'annuaire pour trouver de nouveaux clients.

Essayez de repérer les camionnettes professionnelles qui circulent dans votre quartier ; contacter celles qui reviennent le plus souvent peut être une bonne idée. Allez sonner chez un voisin (oui, soyez aussi effronté !) et expliquez-lui que vous recherchez un entrepreneur. Demandez-lui de vous faire part de son expérience. Est-il satisfait de l'intervention de l'entreprise contactée ? Les gens sont généralement peu avares de leurs critiques et commentaires, qu'ils soient négatifs ou positifs.

Cette méthode est la meilleure que nous connaissions pour trouver un entrepreneur compétent – elle est directe, immédiate et vous obtenez toutes les infos qui vous intéressent d'une source fiable, un autre propriétaire, tout comme vous.

Que vous habitiez dans un appartement, une maison de ville, de campagne, une villa moderne ou une vieille ferme retapée, vous voulez trouver un entrepreneur travaillant généralement sur des maisons telles que la vôtre. Pour les mêmes raisons que vous n'allez pas voir un proctologue pour un problème d'oreille, vous ne faites pas appel à un menuisier pour réaliser un travail délicat d'ébénisterie. Certes, le menuisier saura faire le travail, mais vous obtiendrez de bien meilleurs résultats en contactant à quelqu'un doté des qualités et de l'expérience requises pour ce type de travail.

Vous devez savoir exactement ce que vous voulez avant de parler avec un entrepreneur. Non, il n'est pas nécessaire de connaître le numéro de série du nouveau robinet, mais vous devez, en revanche, avoir une idée du type et du style de matériau souhaité. Un entrepreneur ne peut évaluer un travail sans savoir ce que vous attendez qu'il installe, répare ou construise. En outre, pour pouvoir comparer des estimations provenant de différentes entreprises vous devez vous assurer que le travail est fondé sur les mêmes spécifications.

Certaines personnes conseillent de demander à trois entreprises différentes de réaliser un devis, et de choisir celui du milieu – plus facile à dire qu'à faire. Si vous avez soigneusement pensé votre projet et êtes satisfait de l'approche professionnelle du premier entrepreneur contacté, pourquoi ne pas signer directement avec lui plutôt que de perdre un temps précieux à en sélectionner deux autres ? Dans ce domaine plus que dans tout autre, vous devez utiliser votre bon sens et votre jugement, et ne laisser aucun emploi du temps décider pour vous. Si l'entrepreneur que vous avez contacté vous semble convenir à tous les points de vue, si ce n'est pour son agenda surchargé dans les semaines à venir, soyez patient et attendez qu'il soit disponible. Ne bâclez jamais un travail et ne vous décidez pas pour telle ou telle personne uniquement en fonction de sa disponibilité. Après tout, vous ne faites de telles réparations ou constructions qu'une seule fois dans votre vie – enfin, si le travail a été bien fait la première fois !

Assurer ses arrières

Après avoir déniché le parfait entrepreneur pour vos travaux, les négociations peuvent commencer. A ce stade, il est essentiel de tout faire par écrit :

- **Responsabilité :** Demandez un certificat d'assurance et assurez-vous que l'entrepreneur offre bien toutes les garanties nécessaires. Cette précaution est très importante dans la mesure où vous pourriez être tenu responsable des accidents qui pourraient survenir durant les travaux. Vérifiez également auprès de votre agent d'assurance si vous pouvez bénéficier d'une couverture supplémentaire pendant toute la durée d'un projet majeur de construction ou de rénovation.

- **Contrat :** Un contrat complet inclut une description détaillée du projet avec une liste des matériaux et des produits spécifiques qui seront utilisés. Pour une intervention nécessitant plusieurs étapes de réalisation, un agenda des paiements spécifiera lorsque l'argent doit être versé. Une procédure gérant tout litige pouvant survenir entre les deux parties est également à prévoir, ainsi que toutes dispositions en cas de changements dans le déroulement des travaux ou des matériaux utilisés.

  Si les travaux impliquent des gravats, décombres et autres débris à déblayer, assurez-vous que votre contrat comporte une clause d'enlèvement spécifiant qu'il est de la responsabilité de l'entrepreneur de laisser le site de travail parfaitement propre.

La plupart des contrats proposent une clause de résiliation vous laissant quelques jours de réflexion pour vous rétracter.

- **Garantie :** Si l'entrepreneur offre une garantie, veillez à ce que les provisions incluent le nom et l'adresse de la personne ou de l'entreprise offrant la garantie, ainsi que la durée de validité. Lisez attentivement le document pour vous assurer qu'il est clairement rédigé et que vous en comprenez tous les termes et conditions. Une **garantie complète** comprend la réparation ou le remplacement du produit ou encore le remboursement de votre argent dans un certain délai. Si la garantie est **limitée**, veillez à bien connaître ces limites.

- **Permis de construire :** Pour pouvoir agrandir ou modifier une propriété, il est souvent nécessaire de disposer d'un permis. Le prix imposé, payé par le propriétaire ou directement inclus dans le contrat, dépend de l'étendue des travaux. Si vous envisagez des travaux nécessitant un permis de construire, vous devez remplir un formulaire et en payer les droits. Si vous faites appel à un entrepreneur, il est préférable de le laisser se charger de ces démarches. Au cours des différentes étapes de construction et à sa réalisation, le travail sera inspecté pour vérifier qu'il répond aux codes de construction. Ces inspections garantissent un travail bien fait ou, au moins, conforme aux mesures réglementaires.

Chapitre 3

L'équipement du parfait bricoleur

Dans ce chapitre :

- La panoplie de base.
- Gadgets et accessoires.

S'il est impossible de faire des miracles sans baguette magique, il est tout aussi inconcevable de penser pouvoir mener à bien des travaux dans une maison sans un assortiment d'outils appropriés.

Certains bricoleurs trouveront toujours les meilleures raisons du monde pour agrandir leur collection d'outils – ils n'en possèdent tout simplement jamais assez. D'autres ne s'équiperont que du strict nécessaire pour réaliser leur tâche. Ces approches peuvent toutes deux se défendre, mais quelles que soient vos convictions personnelles dans ce domaine, un équipement de base est absolument nécessaire.

Dans ce chapitre, nous vous présentons la boîte à outils idéale pour bien commencer vos travaux, ainsi que quelques autres gadgets et accessoires pour le plus grand plaisir des bricoleurs.

TRUC

Un espace de travail dans votre maison, garage, cave ou abri de jardin, est indispensable pour bien travailler. Inutile que celui-ci soit très sophistiqué ; un coin lumineux et alimenté en électricité fera parfaitement l'affaire. Si l'espace fait défaut, procurez-vous un établi pliant que vous pouvez ranger dans un coin après usage.

La panoplie de base

Tous les outils présentés dans cette section sont disponibles dans les magasins de bricolage, quincailleries ou toutes grandes surfaces. N'essayez pas d'acheter tous ces outils à la fois ; faites plutôt vos achats en fonction de vos besoins et préférez toujours la qualité à la quantité.

Votre première expédition dans un grand magasin de bricolage pourra être une expérience très déroutante. Ne vous laissez pas impressionner par l'incroyable étalage d'outils proposés sur les rayons et n'hésitez pas à demander de l'aide à un vendeur en lui expliquant, le cas échéant, que vous êtes un novice en matière de bricolage. Un bon vendeur saura vous aider à prendre une décision en vous expliquant notamment comment l'éventail des prix traduit la qualité, les fonctions et la composition de chaque outil.

Voici donc la liste des outils de base requis avant de vous aventurer dans le monde du bricolage :

- **Perceuse à vitesse variable avec inverseur** : Cet outil, électrique ou sans fil, utilise des accessoires (mèches, forets, brosses métalliques, etc.) pour visser, dévisser, percer des trous, décaper, mixer des piña coladas et autres petits travaux domestiques. Voir la Figure 3.1.

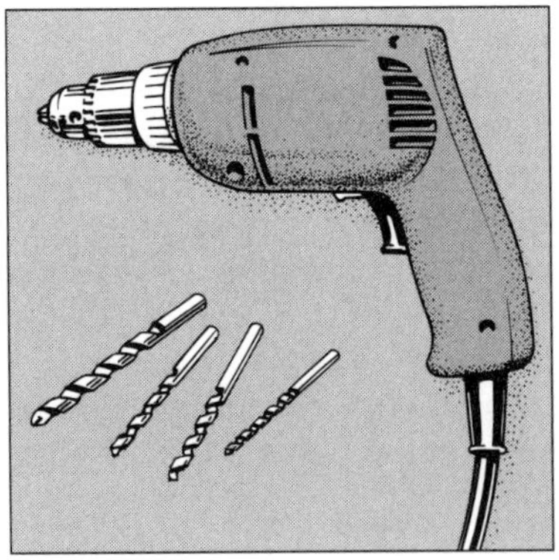

Figure 3.1 : Une perceuse électrique et son assortiment de mèches.

- **Marteau :** Nous vous recommandons un marteau moyen (200 à 300 grammes) de menuisier, aussi appelé *rivoir*, doté d'un manche en fibre de verre pour amortir les chocs.

- **Serre-joint** : Outil dont les mâchoires peuvent être inversées afin d'exercer une pression en serrage ou en écartement.

- **Scie** : Une égoïne à dents fines maniable, permettant des coupes précises.
- **Assortiment de tournevis** : Assurez-vous de bien posséder les deux types d'empreintes - à tête fendue et cruciformes – en plusieurs déclinaisons (au moins trois ou quatre modèles de chaque). Dans le premier cas, les tournevis ont une lame plate, dans le second, ils ont quatre points de contact en forme de croix.
- **Couteau :** Choisissez un couteau compact avec lames rétractables suffisamment solides pour ouvrir des boîtes en carton épais et suffisamment précis pour découper du papier peint.

  Optez pour un couteau avec lame rétractable ; vous saurez l'apprécier le jour où vous trébucherez le couteau dans la poche !
- **Pistolet agrafeuse** : Pour toutes sortes de fixations ou consolidations (pose d'isolants, cloisons, etc.).
- **Niveau à bulle** : Un outil à bord plat avec une série de fioles moulées (une verticale, une horizontale et éventuellement une à 45°) remplies d'un liquide contenant une bulle d'air. Vous faites correspondre la bulle avec le repère marqué sur le tube de verre pour obtenir une ligne droite verticale, horizontale ou oblique. Voir la Figure 3.2.

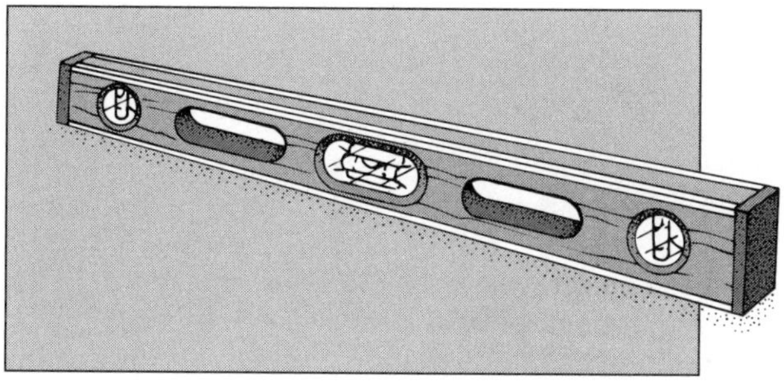

Figure 3.2 : Un niveau à bulle classique.

- **Limes à métaux :** Ces outils (aussi appelés *râpes*), illustrés sur la Figure 3.3, comportent une monture métallique avec des reliefs en forme de dents et un manche en plastique. Leurs profils sont variés (râpes demi-rondes, râpes plates, limes, etc.) pour permettre la meilleure adaptation en fonction de l'usage qui leur est destiné.
- **Clés à laine (BTR) :** Ces barres métalliques en forme de L, souvent vendues en assortiments, comme sur la Figure 3.4, sont destinées aux vis à empreintes hexagonales.

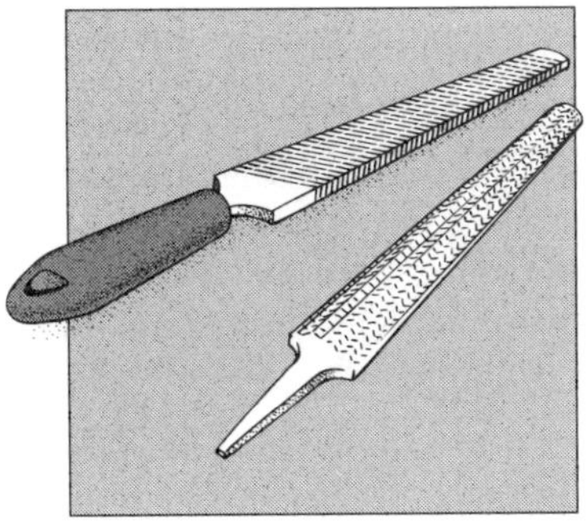

Figure 3.3 : Limes à métaux très utiles (et pas uniquement pour scier les barreaux d'une prison).

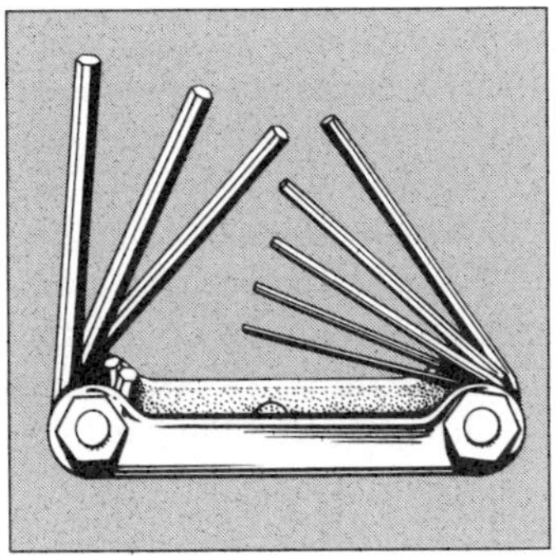

Figure 3.4 : De nombreux éléments d'assemblage requièrent l'utilisation de clés à laine (BTR).

Gadgets et accessoires

Les outils à eux seuls ne sont pas suffisants pour réussir sa vie de bricoleur accompli. Vous devez également vous procurer quelques gadgets. Ces gadgets sont destinés à vous faciliter la vie, tout en faisant de vous un bricoleur mieux organisé et plus efficace :

- **Carnet de notes** : Notez, dans un petit carnet rangé dans la voiture ou votre sac, tous vos besoins en outils et autres matériaux de rénovation et bricolage, et sortez-le au moment des courses. Vous devez acheter une nouvelle lampe flamme, sphérique ou à réflecteur incorporé ? Notez ses références et sa puissance dans votre carnet. Vous avez besoin d'un nouveau mitigeur thermostatique ? Notez son numéro de modèle. Faites des notes des différentes couleurs de peinture, des motifs de papiers peints et d'un million d'autres détails importants (comme votre anniversaire de mariage) dans ce petit carnet.

- **Boîte à outils** : Rangez tous les outils que vous utilisez le plus souvent dans une trousse ou une caisse pliante. N'oubliez pas d'y inclure quelques bouts de ficelles, une paire de ciseaux, ainsi que tous les accessoires que vous utilisez couramment. Nombre de réparations nécessitent une intervention sur site. Une trousse à outils que vous pouvez facilement déplacer vous fera gagner un temps précieux.

- **Genouillère** : Des petits coussinets que vous fixez aux genoux à l'aide de sangles élastiques protégeront vos articulations lorsque vous vous agenouillez sur des surfaces dures. Ces accessoires sont indispensables lors d'interventions sur des sites recouverts de gravats et autres débris. Voir la Figure 3.5.

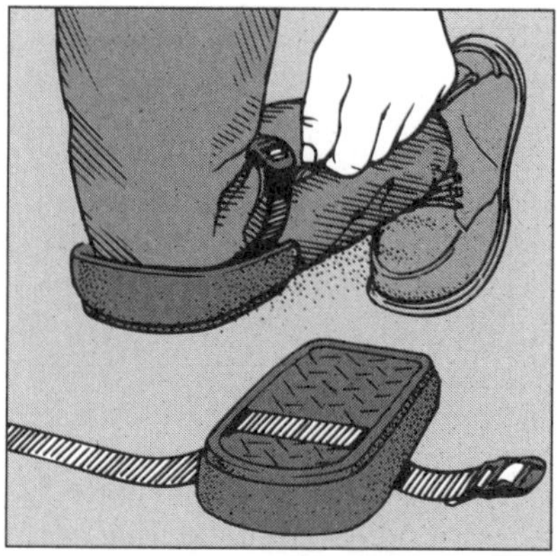

Figure 3.5 : Les genouillères protègent vos articulations pendant les travaux de longue haleine.

- **Lunettes de protection** : Vous vous souvenez lorsque votre mère vous faisait toujours porter un bonnet par mauvais temps. Eh bien, si elle vous voyait avec un marteau ou une ponceuse à la main, elle vous dirait : "Mets tes lunettes de protection !" Un petit bout de bois, un éclat de métal ou un résidu de peinture endurci peut vous blesser les yeux. Protégez-les à tout prix. Les mères ont toujours raison.

  Autrefois, ces lunettes étaient si, disons, "rétro", que seuls les gamins voulaient bien les porter. Elles sont aujourd'hui disponibles en différents styles pour un coût très peu élevé. Aussi, n'hésitez pas à en acheter pour protéger vos yeux, et n'oubliez pas de les porter !

- **Ruban adhésif renforcé :** Ce type de ruban, généralement utilisé dans les travaux de plomberie, s'est toujours révélé très efficace dans de nombreux autres domaines.

- **Testeur de courant** : Cet accessoire, illustré sur la Figure 3.6, mais qui peut également se présenter sous la forme d'un tournevis spécial, équipé d'une mini-ampoule à néon dans son manche, est extrêmement utile pour tous travaux électriques. Avant de manipuler des prises, fiches et autres conducteurs électriques, assurez-vous que le courant n'y passe pas.

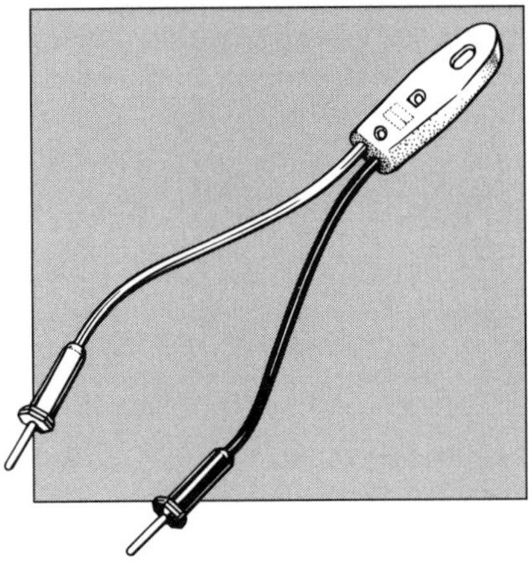

Figure 3.6 : Les travaux d'électricité peuvent être très dangereux. Utilisez un testeur de courant avant de manipuler des câbles.

- **Brosse métallique** : Cet accessoire, illustré sur la Figure 3.7, ressemble souvent à une espèce de brosse à dents en métal. Elle permet d'effectuer toutes sortes de travaux de décapage en force, tels que gratter la peinture qui cloque ou détacher la rouille des métaux oxydés.

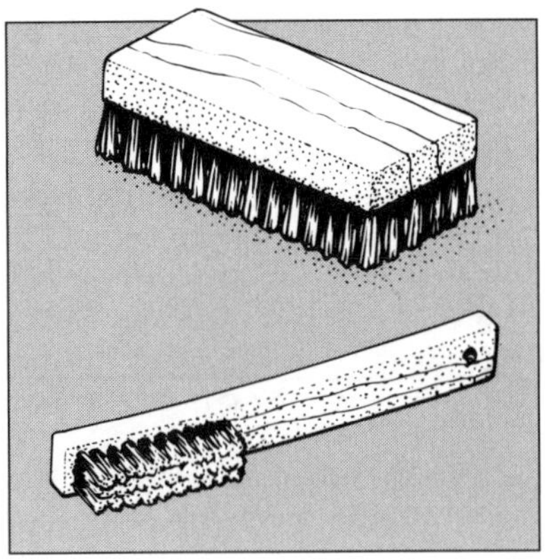

Figure 3.7 : Voici des brosses que vous ne voudrez pas utiliser sous la douche.

- **Détecteur de métaux** : Un détecteur de métaux (illustré sur la Figure 3.8) permet de localiser les agrafes fixant les cloisons constituées de plaques minces fixées sur un cadre en bois, de sorte que vous ne tentez pas de poser des miroirs, étagères et autres objets de décoration sur des parois non appropriées.

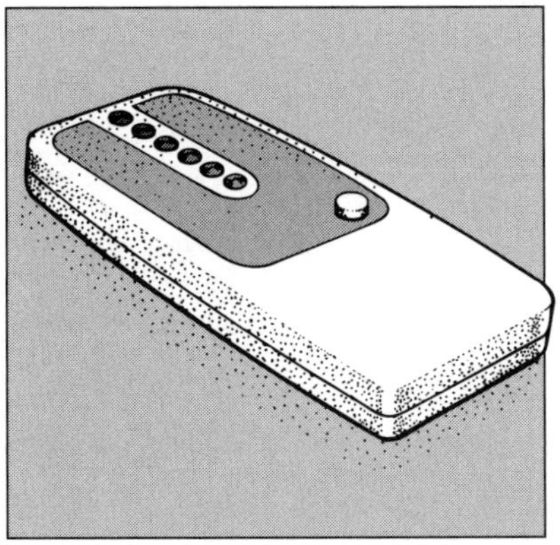

Figure 3.8 : Un détecteur de métaux.

- **Echelles :** Procurez-vous un escabeau moyen pour tous travaux d'intérieur, tels que remplacer une ampoule ou peindre les murs d'une pièce et une échelle à rallonge pour les travaux d'extérieur, tels que l'entretien des gouttières ou l'élagage. Les échelles en aluminium sont généralement plus légères et solides ; les échelles en bois sont solides, peu coûteuses et ne sont pas conductrices d'électricité. Si vous en avez les moyens, optez pour des échelles ou escabeaux en fibre de verre.

Deuxième partie

Peinture et décoration

"Je t'assure Frank, ce n'est pas une embrouille style Pyramide. Tu aides quelques types dans leurs travaux d'aménagement puis, dès que tu as fait entrer dix de tes amis dans ce groupe, tes week-ends te paraîtront beaucoup plus agréables."

Dans cette partie...

Vous avez besoin de changer d'environnement ? Les pièces et la déco de votre habitation ne vous emballent plus ? Attendez, ne déménagez pas tout de suite, une nouvelle couche de peinture sur les murs suffira peut-être à vous changer la vie. Cette partie présente tout ce que vous devez connaître sur l'utilisation et les différentes catégories de papiers peints, peintures, vernis et autres outils et fournitures nécessaires pour rafraîchir et embellir votre morne paysage intérieur.

Chapitre 4
Peinture intérieure

Dans ce chapitre :

- Quels sont vos objectifs ?
- Choix d'une peinture.
- Outillage.
- Préparatifs.
- A vos marques, prêt, pinceaux !
- Entretien du matériel.
- Peinture au pistolet.

Pour transformer une pièce, le plus simple et le plus économique consiste à appliquer une nouvelle couche de peinture. Si vous êtes un véritable novice en la matière, parfait : repeindre une pièce est un projet idéal pour tout nouveau bricoleur. Vous apprendrez très vite, et le coût de la peinture et de l'équipement est ridicule comparé aux profits que vous pourrez en tirer. En outre, repeindre une pièce est un travail qui ne comporte à priori aucun risque et que vous pouvez effectuer à votre rythme.

Ne vous laissez pas intimider par quelques petites formalités d'usage. Certes, si vous n'avez jamais manipulé de pinceaux (si ce n'est ceux qui vous servaient à faire vos œuvres d'art – parfois sur les murs de la maison – lorsque vous étiez petit), repeindre une pièce pourra vous impressionner. Pas d'inquiétude ; lorsque vous aurez parcouru ce chapitre, vous vous sentirez à l'aise pour vous attaquer aux problèmes de peinture les plus délicats. Et, dès que vous aurez commencé à peindre et observé les premiers résultats, plus rien ne pourra vous arrêter.

Quels sont vos objectifs ?

Tout comme Michel-Ange n'a pas commencé sa carrière de peintre par la chapelle Sixtine, vous ne devez pas définir des objectifs hors de votre portée. Restez raisonnable. Si vous n'avez jamais bricolé de votre vie, commencez par un projet simple, que vous pourrez réaliser rapidement et sans trop de préparation. Voici trois approches à considérer, qui prennent en compte vos compétences et disponibilités :

- **Pour les débutants :** Vous ne risquez pas grand-chose si vous entreprenez de repeindre les murs et le plafond de la même couleur. Cette méthode vous évite d'avoir à réaliser des jonctions rectilignes, une tâche très délicate nécessaire pour obtenir un raccord parfait de deux teintes à la jonction de deux murs de couleurs différentes. La technique "une couleur pour toutes les surfaces" est la plus simple et la plus rapide pour transformer une pièce ou lui redonner une nouvelle jeunesse.
- **Pour les plus aventureux :** Si l'approche monochromatique ne vous attire pas plus que ça, vous pouvez appliquer différentes couleurs sur le plafond et les murs. L'application de deux couleurs distinctes ou même de deux tons différents de blanc exigeront du temps et de l'agilité pour réaliser une juxtaposition nette et sans bavure. Plus le contraste entre les couleurs est accentué, plus les débordements ou taches de peinture ressortiront. Même la plus petite goutte de peinture sombre sur une surface claire sera visible. Commencez par peindre le plafond et prenez tout votre temps pour définir une belle ligne bien nette entre les murs et le plafond.
- **Pour les peintres talentueux :** OK les Michel-Ange, affûtez vos pinceaux, si vous vous sentez prêts à réaliser votre premier chef-d'œuvre, utilisez différentes couleurs ou teintes sur le plafond, les murs et les boiseries. Cette technique n'est pas conseillée aux débutants, mais avec un peu de patience et de persévérance, rien n'est impossible. (L'utilisation de rubans adhésifs de masquage, traités plus loin dans ce chapitre, vous aidera dans cette réalisation.)

Choix d'une peinture

Le plus grand problème que vous risquez de rencontrer ne se trouve pas sur vos murs ou plafonds, mais dans les allées de votre magasin de bricolage. Il semblerait que le premier souci des dirigeants de grandes surfaces de bricolage soit d'impressionner leurs clients par un éventail de marchandises et accessoires renversant. Les nouveaux visiteurs sont d'ailleurs très souvent terrifiés, tout particulièrement lorsqu'ils franchissent le rayon peinture où des étagères à n'en plus finir débordent de pots de peinture et autres accessoires. Ils restent là, médusés, en se demandant comment ils vont bien pouvoir dénicher la bonne peinture.

La peur de l'inconnu est un sentiment très naturel, aussi ne perdez pas confiance. Vous n'avez peut-être pas la science infuse, mais vous pouvez certainement apprendre rapidement.

Type de peinture

Il existe deux types de peintures de base : les peintures à l'huile (glycérophtaliques) et les peintures à l'eau (acryliques). Les peintures à l'huile créent des surfaces plus résistantes et lavables, mais elles sont plus difficiles à manipuler et les pinceaux et rouleaux utilisés exigent un nettoyage spécifique, au white spirit.

Dans la mesure où elles peuvent être lavées à l'eau et au savon, les peintures à l'eau sont beaucoup plus simples à manipuler. Elles représentent le meilleur choix pour un débutant. Si nombre de professionnels préfèrent les peintures à l'huile, notamment pour leur résistance à l'humidité et à la chaleur, vous pouvez néanmoins réaliser des travaux d'aspect professionnel avec de la peinture à l'eau. Cette dernière offre également l'avantage de sécher plus vite et ne pose aucun des problèmes d'odeur spécifiques à la peinture à l'huile (ce qui vous permet, notamment, de peindre même en plein hiver, fenêtres fermées !).

Une bonne méthode consiste à utiliser les acryliques sur les murs et les glycérophtaliques sur les fenêtres et encadrements des portes, où une finition plus résistante autorisera des lavages fréquents.

Les peintures modernes offrent une large gamme de brillance :

- Les peintures *mates* se situent au niveau le plus bas de l'échelle de brillance. Elles sont souvent utilisées sur les murs et les plafonds car elles sont plus reposantes à l'œil. Ces peintures reflètent très peu la lumière sur les murs et diminuent considérablement les éventuelles imperfections des surfaces.
- Les peintures *satinées* offrent une légère brillance. Elles sont généralement plus faciles à appliquer et à laver que les peintures mates. Ces finitions sont parfaites pour les couloirs et tout endroit de passage exigeant des lavages fréquents.
- Les peintures *semi-brillantes* ont un éclat légèrement plus accentué qui les rendent plus lavables que les satinées. La cuisine, la salle de bains,

les couloirs, et tout particulièrement les chambres d'enfants sont de parfaits candidats pour ce type de revêtement.

- Les peintures *laquées* donnent un aspect fini brillant à très brillant et offrent une grande résistance. Elles sont généralement utilisées sur les encadrements de portes, fenêtres, menuiseries et meubles. Le seul inconvénient que présentent ces finitions est qu'elles reflètent toutes les petites imperfections de surface.

La marque d'une peinture est un autre facteur de choix important. Il en existe de toutes sortes. Des plus connues aux moins connues, dans une gamme de prix très étendue. N'hésitez pas à acheter des peintures de qualité ; le résultat de votre travail n'en sera qu'amélioré.

NOTE TECHNIQUE

Les peintures sont constituées de trois éléments principaux : un *pigment* qui fournit la couleur, un *liant*, une résine qui lie les pigments et fournit la structure de la couche de peinture séchée et un *diluant* (eau pour la peinture à l'eau et essence de térébenthine ou white spirit pour la peinture à l'huile). Dans le cas d'une acrylique mate de qualité, le pigment constitue 40 % de la matière totale.

Quantité de peinture requise

Pour calculer la quantité de peinture nécessaire pour repeindre une pièce, il va falloir ressortir une vieille formule mathématique qui remonte probablement à vos premières années de collège. Multipliez la largeur de chaque mur par sa hauteur. Faites la somme des surfaces trouvées. Le résultat représente le métrage au carré de la pièce. Est-ce que ce cours de maths vous dit quelque chose ?

Vous devez ensuite déterminer la quantité de surface à peindre dans cette superficie. Dans la mesure où vous utilisez une peinture différente sur les portes et les fenêtres, vous devez soustraire ces dimensions au total de la pièce. Pas de panique. Retirez simplement 2 m^2 pour chaque porte et 1,5 m^2 pour chaque fenêtre de taille moyenne. Le nombre obtenu se rapproche alors considérablement de la surface à repeindre.

Un litre de peinture couvre une surface d'environ 15 m^2. Un peu moins si les murs sont poreux, car ils absorberont davantage de peinture. Mais une couche de peinture ne suffit pas toujours. Selon l'état du support (taches, peinture foncée, murs bruts, etc.), il faudra probablement envisager l'application de deux couches.

TRUC

Au lieu d'appliquer deux couches de peinture de qualité, la plupart des professionnels utilisent pour la première couche une *peinture d'impression* (ou *sous-couche*) sur tout support métallique, poreux ou très marqué. Dans la mesure où cette peinture est une sous-couche, il est inutile qu'elle soit lavable comme la peinture standard, ce qui réduit son coût. Pour les supports de couleur sombre, les pros ajoutent souvent une teinture à la sous-couche blanche. Les teintures pour peintures à l'huile et à l'eau sont disponibles chez la plupart des "marchands de couleurs". Pour un résultat optimal, choisissez une teinture se rapprochant le plus possible de la couleur de la deuxième couche.

Pour en revenir à notre petit problème mathématique, divisez maintenant la surface à peindre par 15 (la couverture en mètres carrés pour chaque litre de peinture) pour trouver le nombre de litres de peinture qu'il vous faudra acheter.

Le Tableau 4.1 présente les surfaces moyennes couvertes avec un litre de peinture en fonction des types de peinture. En général, tout emballage de peinture indique sa contenance et la surface moyenne couverte.

Tableau 4.1 : Surfaces recouvertes avec 1 litre.

Types	Surfaces
Impression universelle	12 m^2
Sous-couche	16 m^2
Finition	14 m^2

Outillage

Cette section présente le matériel de peinture intérieure de base et ses utilisations. N'hésitez pas à acheter des produits de qualité et veillez à les garder en bon état grâce à un entretien régulier.

Si vous devez repeindre un garage ou une grande surface ouverte, il peut être judicieux de louer un pistolet à peinture pour projeter la peinture sur les murs (voir "Projeter de la peinture", plus loin dans ce chapitre).

Rouleaux

Pour appliquer de la peinture sur des surfaces étendues et plates, telles que des murs et des plafonds, utilisez un rouleau, un bac spécial en métal ou en plastique (appelé *camion* par les professionnels) comportant une surface en relief ou une grille permettant d'égoutter le rouleau.

Optez pour un rouleau composé d'une structure métallique et d'une poignée confortable avec possibilité de fixer une rallonge (pour peindre les surfaces en hauteur). Ne soyez pas regardant sur le prix ; évitez toute poignée économique qui pourrait plier sous la pression ou étaler des couches inégales. Choisissez un rouleau épais et rigide qui tolère de fortes pressions et passe aisément dans les coins.

Le *manchon* est la partie du rouleau qui permet de répandre la peinture. Il peut se retirer de sa *monture* avant d'être nettoyé et rangé. Optez de préférence pour un manchon dont l'intérieur est en plastique, plus résistante que le carton qui à tendance à s'abîmer avec le temps. Si vous le nettoyez régulièrement après utilisation, vous pourrez le conserver des années.

TRUC

Les rouleaux jetables économiques conviennent pour des utilisations uniques. Essayez-les avec des peintures à l'huile pour ne pas perdre de temps à l'entretien. Toutefois, ces accessoires perdent des poils qui finissent pas se coller à la peinture.

Pour utiliser un rouleau, commencez par l'humecter avec de l'eau (pour la peinture acrylique ou vinylique) ou avec du white spirit (pour la peinture à l'huile) et faites-le rouler délicatement sur la grille pour répandre la peinture de manière uniforme et éviter les coulures.

Brosses

Pour peindre une pièce, quelques *brosses* (nom que les professionnels donnent aux pinceaux) sont nécessaires : rondes (appelées *pouces*), à badigeon (pour les travaux plus grossiers), plates (appelées *queues-de-morue*) et à réchampir. Ces dernières, de petite taille et à l'extrémité plus bombée, permettent de peindre avec précision les encadrements et boiseries des portes et fenêtres ainsi que les moulures.

N'utilisez pas de brosses à poils naturels pour appliquer des peintures acryliques. L'eau de la peinture ramollit les poils, ce qui les rend très vite flasques et inutilisables. Achetez plutôt une brosse avec des poils en Nylon ou polyester.

Pour les peintures à l'huile, les brosses à base de poils naturels ou en polyester font très bien l'affaire. Laissez de côté les brosses à bas prix, car leurs poils, souvent mal sertis dans la *virole* (anneau plat entre les poils et le manche), tombent rapidement et se retrouvent collés au support que vous peignez, gâchant ainsi votre finition. Le prix d'une brosse à base de poils naturels de qualité professionnelle est très élevé, de sorte que si vous ne prévoyez pas d'appliquer une grande quantité de peinture, l'investissement peut être superflu. Une bonne brosse à base de poils en polyester est le meilleur compromis pour tous les travaux courants de peinture intérieure.

Pour les petites surfaces des portes, fenêtres et moulures, utilisez une brosse à réchampir ou une queue-de-morue. Cette dernière est dotée d'un long manche affiné que vous pouvez saisir comme un stylo. L'extrémité des poils est soit disposée selon une ligne droite, soit effilée. Certains peintres préfèrent les formations droites, d'autres les effilées. La meilleure approche consiste à utiliser une combinaison des deux : les effilées pour les petites surfaces en relief (les croisillons de fenêtres, par exemple, ou les moulures) et les pointes droites pour toute surface étroite et plate comme les plinthes et les encadrements de fenêtres.

Un assortiment d'au moins trois brosses effilées et droites de tailles différentes (voir la Figure 4.1) vous permettra de peindre des surfaces étroites et larges aisément.

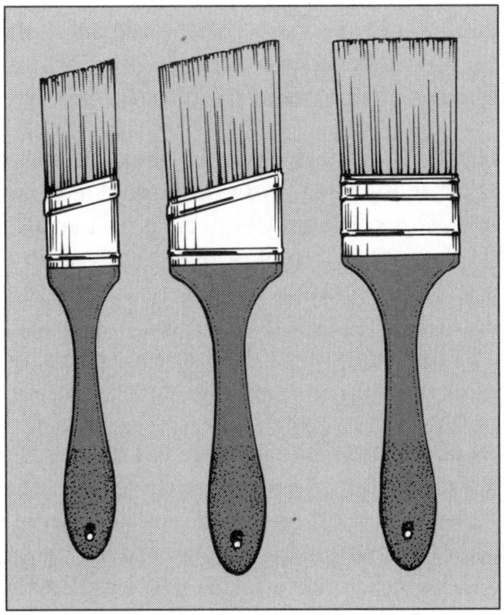

Figure 4.1 : Un assortiment idéal.

Quelques autres accessoires

Si les pinceaux et rouleaux familiers sont toujours les outils les plus populaires pour appliquer de la peinture sur les murs et boiseries, certains autres accessoires vous aideront à mieux travailler et plus rapidement.

GADGETS

Même si vous n'êtes pas fana de gadgets, vous saurez apprécier ces suppléments bon marché. Prêtez ces ustensiles de peinture à vos amis, et ils penseront que vous êtes un fin connaisseur en matière de peinture :

- **Camion :** Si vous décidez d'utiliser un camion (bac de peinture), achetez de préférence un modèle en plastique solide capable de se fixer en haut d'une échelle (voir Figure 4.2). N'optez pas pour un bac bon marché trop souple, car un de ses angles pourrait fléchir sous le poids de la peinture.

- **Seau avec grille :** Un seau de peintre avec grille métallique joue le même rôle qu'un camion, mais avec quelques particularités généralement très appréciées des experts : sa contenance est nettement supérieure à celle des camions (une quinzaine de litres de peinture, ce qui vous évite de vous arrêter constamment pour le remplir), il est plus pratique à transporter et, plus important, il réduit vos chances de "mettre le pied dans le plat".

  TRUC

  Lorsque vous voulez faire une pause, laissez tomber la grille dans le seau, refermez le couvercle, et enveloppez le rouleau dans une feuille d'aluminium ou un sac en plastique ; tout votre matériel reste impeccable pendant des heures. Placez le rouleau dans le réfrigérateur (pas dans le compartiment freezer) si vous devez vous interrompre pour la nuit.

- **Poignée avec extension :** Pour éviter d'escalader sans cesse votre échelle, procurez-vous un manche en bois bon marché qui se visse à l'extrémité de la poignée d'un rouleau. Cet article peu coûteux a une double fonction dans la mesure où vous pouvez également l'utiliser avec un embout de ponçage spécifique et le transformer ainsi en outil très pratique pour poncer le haut des murs et les plafonds. Des extensions en fibres de verre sont également disponibles dans le commerce, mais elles coûtent beaucoup plus cher que les modèle en bois.

- **Spatule en métal ou en plastique :** Une spatule est un accessoire très utile lorsque vous devez délimiter une petite surface à peindre (telle qu'un rebord de fenêtre ou des plinthes). Appuyez la spatule sur la surface à protéger pendant que vous appliquez la peinture sur l'autre partie (voir Figure 4.2). Lorsque vous repeignez une fenêtre, vous évitez de déborder sur les vitres en procédant de la même façon entre les croisillons. Pour le sol, apposez la spatule contre la moquette ou tout autre revêtement de sol pendant que vous appliquez la peinture sur les plinthes qui masquent l'espace entre le mur et le sol. Nettoyez régulièrement la spatule pour l'utiliser le plus efficacement possible. Sinon, vous risquez de laisser des petites traces de peinture derrière vous.

- **Mini-rouleau :** Ces mini-rouleaux sont très pratiques pour peindre dans les angles ou à l'intérieur d'un radiateur. Pour tous les travaux de finition nécessitant l'usage d'un petit rouleau, munissez-vous d'une petite grille métallique qui se fixe dans un seau de trois ou quatre litres.
- **Bâches en plastique :** Ces bâches sont indispensables pour protéger vos meubles et revêtements de sol. Vous en trouverez dans la plupart des magasins. Les éléments à protéger doivent être hermétiquement enveloppés pour éviter les éclaboussures du rouleau. Les rubans adhésifs, vendus dans toutes les tailles et largeurs, éliminent le risque d'infiltration et permettent de tracer une ligne droite impeccable.

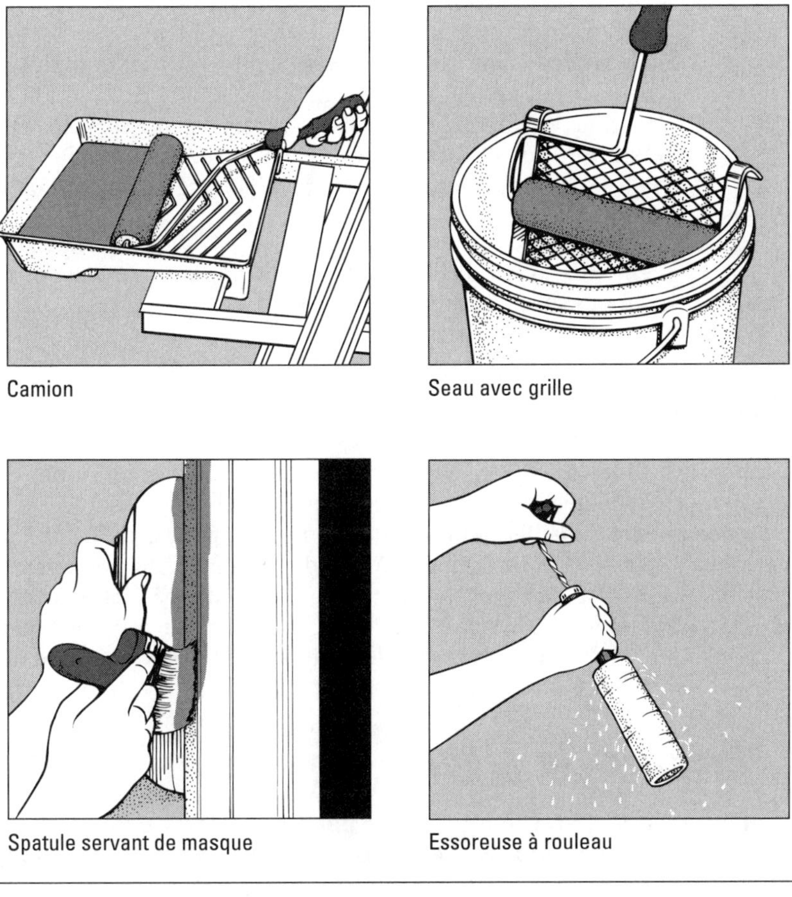

Camion

Seau avec grille

Spatule servant de masque

Essoreuse à rouleau

Figure 4.2 : Quelques outils pour vous faciliter la vie.

- **Ruban adhésif de masquage :** Utilisez des rubans de deux centimètres ou plus avec une seule face adhésive. Appliquez le côté adhésif sur une vitre et tout autre surface que vous voulez protéger des coulures, débordements et éclaboussures de peinture. Appuyez fermement sur le ruban pour le faire complètement adhérer à la paroi à protéger afin d'éviter les infiltrations.
- **Echelle :** Ne pensez pas qu'une bonne vieille échelle bancale est une plate-forme convenable pour vos projets de peinture. Rien ne ralentit plus un travail que de tomber d'une échelle et se casser le bras. Investissez dans une bonne échelle solide et stable avec un plateau pliant capable de supporter un pot de peinture, camion ou seau. Pour la plupart des travaux d'intérieur, une petite échelle ou un escabeau est suffisant. Pour les hauts plafonds et les cages d'escaliers, des échelles plus longues ou des échafaudages sont nécessaires.
- **Essoreuse à rouleau :** Ce petit accessoire, qui ressemble à une pompe à vélo, est très apprécié des pros car il permet de nettoyer parfaitement les brosses et rouleaux. Vous commencez par nettoyer la brosse ou le rouleau avec de l'eau ou du white spirit et complétez le travail avec ce petit gadget en le fixant à l'extrémité de l'outil et en opérant des mouvements de va-et-vient. La force centrifuge qui résulte de cette opération extrait tout résidu de peinture, d'eau ou de white spirit (voir Figure 4.2). Imaginez un chien qui s'ébroue en sortant de l'eau.

  Assurez-vous de bien placer l'outil à nettoyer à l'intérieur d'un récipient vide avant d'actionner ce petit appareil pour ne pas envoyer les éclaboussures dans toute la pièce.

Préparatifs

Pensez de manière défensive lorsque vous devez vous vêtir pour entreprendre tout projet de peinture ; ressortez vos vieilles chaussures dont le style ne pourrait être entacher par quelques gouttes de peinture. Portez également un vieux sweat-shirt et un pantalon à grandes poches pour pouvoir y stocker des chiffons. Et n'oubliez pas les bonnes vieilles recommandations de votre maman : "Mets ton bonnet !". Les cheveux blancs arrivent bien assez tôt pour nous ajouter quelques mèches argentées (ou de toute autre couleur que vous utilisez).

Préparer la pièce

Pour bien préparer tout projet de peinture, agissez comme si vous deviez déménager. Jetez ou recyclez tous ces vieux magazines qui s'empilent dans un coin, débarrassez-vous de cet affreux fauteuil que vous n'avez jamais apprécié et retirez toutes les décorations murales. L'idée consiste à vider la pièce autant que possible pour vous permettre de vous mouvoir librement. Vous avez besoin d'espace pour déplacer une échelle et de suffisamment de surface au sol pour installer tout votre matériel. Enlevez tous les meubles que vous pouvez déplacer et stockez-les dans le couloir, dans une autre pièce ou tout autre endroit où ils ne vous gêneront pas. Protégez tout ce que vous ne pouvez pas déplacer avec des bâches ou des vieux draps. (Ne vous brisez pas les reins en déplaçant un canapé trop lourd, conservez plutôt cette énergie pour activer ce rouleau de peinture !) Faute de bâches, utilisez des feuilles de papier d'emballage ou des journaux sur plusieurs épaisseurs.

Voici quelques conseils à suivre pour bien préparer une pièce avant de vous mettre en action, après quoi la pièce à repeindre devrait ressembler à celle illustrée Figure 4.3.

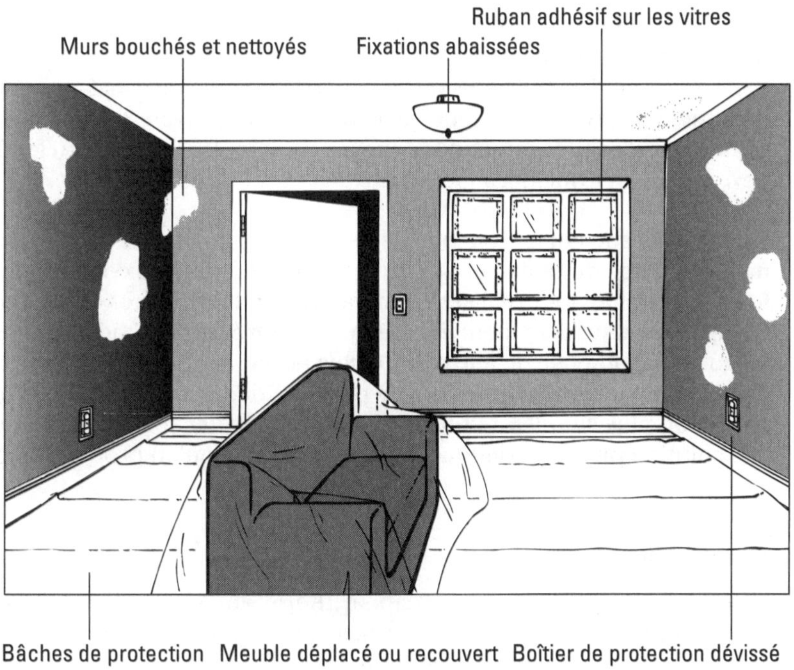

Figure 4.3 : Lorsque tout est déplacé, enlevé ou nettoyé, vous êtes prêt à peindre.

- Si la pièce est grande, installez les meubles recouverts dans deux endroits différents avec suffisamment d'espace entre les deux. Si elle est petite, empilez le tout au centre à une distance d'au moins un mètre des murs.

- Enlevez les tapis, rideaux de fenêtres et posez une bâche sur le sol pour le protéger des projections de peinture.
- Retirez tous les cadres des murs, ainsi que les clous et autres fixations et faites légèrement pendre tout luminaire du plafond.
- Retirez tous les interrupteurs et prises électriques à l'aide d'un tournevis. Effectuez cette opération de jour, après avoir coupé l'électricité. Si vous travaillez de nuit, installez une source lumineuse dans la pièce reliée à une prise d'une autre pièce. Si vous vous sentez plein d'allant, pourquoi ne pas acheter de nouveaux interrupteurs et prises pour remplacer les anciens une fois la peinture terminée ? Vous serez surpris de voir comme de tels petits changements peuvent transformer une pièce.

Eliminer la vieille peinture

S'il est possible de peindre sur toute surface quelle qu'elle soit, il y a des situations où la peinture d'origine est dans un si mauvais état qu'il est préférable de l'enlever avant. Les boiseries de la plupart des anciennes maisons et de certaines plus récentes, requièrent plus qu'un bon lessivage avant de commencer à peindre. Si elles présentent des couches de peinture écaillées ou fendillées, vous devrez effectuer quelques menus travaux avant de les repeindre.

Eliminer les anciennes couches de peinture n'est pas une tâche très ardue, mais elle exige du temps et de l'huile de coude. Nous ne connaissons aucune formule miracle pour réaliser ce travail sans effort ; toutefois, les techniques de décapage ont suffisamment évolué pour rendre cette tâche beaucoup moins longue et fastidieuse qu'autrefois. Outre les ponceuses électriques, vous disposez également aujourd'hui de produits décapants chimiques ou bio, beaucoup plus simples à utiliser qu'avant, et de décapeurs thermiques offrant une solution plus économique (et moins risquée qu'un produit toxique).

Le ponçage

Si vous ne possédez pas de décapeur thermique et ne souhaitez pas utiliser de produits chimiques ou si la surface à décaper n'est pas très importante, essayez cette bonne vieille technique :

1. **Utilisez une cale à poncer pour supprimer toute couche de peinture écaillée ou fendue.**
2. **Poncez la surface avec du papier de verre à grain moyen afin de la lisser et de l'égaliser.**

3. **Rebouchez tous les trous et fissures.**

   Utilisez un produit de rebouchage en poudre à diluer dans l'eau ou un reboucheur prêt à l'emploi, en tube, pour les petites fissures.

4. **Si vous poncez en profondeur, appliquez une peinture d'impression avant de passer la couche de finition.**

PRÉCAUTIONS

Décaper de la peinture à base de plomb

Si la peinture de votre maison remonte à une quinzaine d'années ou plus, il y a des chances pour que leur teneur en plomb soit élevée au point de présenter un danger pour la santé au moment du décapage. En effet, si le risque est minime avec les produits modernes, il n'en va pas de même avec certaines peintures anciennes dont les composés de plomb sont élevés, car ils peuvent provoquer une intoxication chronique par le plomb, appelé *saturnisme*, particulièrement dangereux pour les femmes enceintes et les enfants.

Par mesure de précaution portez un masque, décapez et poncez les vieilles peintures fenêtres ouvertes, éloignez les enfants et jetez vous-même les résidus de peinture.

TRUC

Eclairez la surface que vous poncez avec une forte lumière placée à un angle de cette surface pour faire ressortir les parties à régulariser ou à réparer.

Le décapage à la chaleur

Un décapeur thermique est un appareil électrique qui ressemble à un sèche-cheveux grand format. Il offre une solution idéale pour éliminer rapidement toutes les couches de peinture de surfaces plates telles qu'une porte ou le plateau d'une table.

Ces pistolets à air chaud sont disponibles dans toutes les quincailleries et GSB. Comme la plupart des outils, il en existe à tous les prix, dans une gamme pouvant aller de 50 euros pour un décapeur à utilisation domestique à 100 ou plus pour les professionnels. Si votre surface à décaper n'est pas très importante, préférez plutôt la location à l'achat définitif. Si vous n'êtes pas accro à l'outillage, seuls de grands projets nécessitant plusieurs jours ou semaines de travail justifient que vous achetiez votre propre décapeur thermique.

Les accessoires fournis avec les décapeurs thermiques sont généralement assez variés, mais la plupart de ces appareils sont vendus avec des embouts réglables (*buses*) permettant d'orienter la chaleur dans différentes directions. Ces buses dirigent une dangereuse quantité de vapeur concentrée sur une petite surface ; aussi, prenez les précautions nécessaires pour assurer votre sécurité pendant son utilisation.

Portez des gants en cuir pour protéger vos mains et soyez tout particulièrement attentif lorsque vous dirigez ou posez le pistolet. S'il supprime la peinture, il peut également faire fondre le plastique, provoquer de graves brûlures ou causer tout autre dommage.

Dirigez le pistolet sur la surface peinte et déplacez-le lentement en opérant de petits mouvements circulaires jusqu'à ce que la peinture commence à cloquer (voir Figure 4.4). Ne concentrez pas la chaleur sur un seul endroit de façon continue ou vous risquerez de brûler la peinture plutôt que de la faire fondre. Retirez la peinture fondue à l'aide d'une spatule ou d'un couteau de peintre. Tenez le pistolet dans une main et le couteau dans l'autre. Lorsque l'appareil devient trop lourd, changez de main (ou faites une pause). Vous découvririez peut-être une autre couche de peinture au cours de votre décapage, auquel cas vous devrez renouveler ces opérations sur la seconde couche.

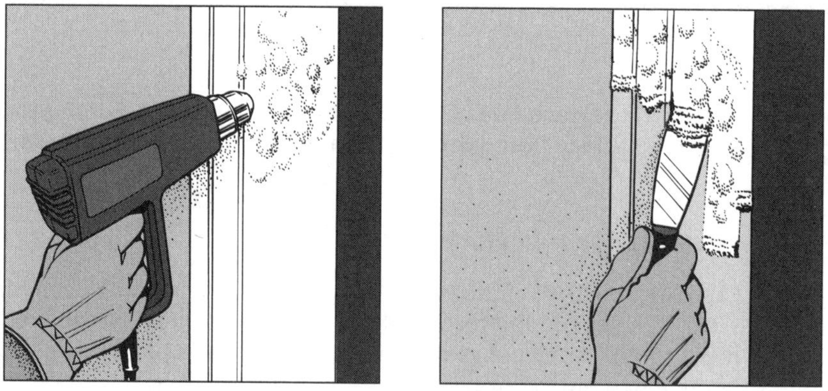

A. Déplacez le pistolet à quelques centimètres de la surface.

B. Grattez la peinture ramollie.

Figure 4.4 : Utilisation d'un décapeur thermique.

Les solvants

Les décapants chimiques offrent une autre solution très pratique pour éliminer toute couche de peinture, particulièrement efficace sur les boiseries travaillées, moulures et meubles. Par souci d'écologie, choisissez des produits décapants à base d'eau ; ils sont biodégradables et éliminent les couches de peinture sans produit chimique toxique. Vous pouvez vous procurer ces décapants sous forme de gel dans la plupart des GSB et autres magasins de peinture. Dans la mesure où ils sont plus épais qu'un liquide, ils conviennent parfaitement aux pièces installées, telles que les boiseries et moulures de plafonds. Lisez attentivement les instructions du fabricant avant utilisation, car les étapes impliquées varient généralement d'un produit à l'autre.

En règle générale, vous appliquez ces produits sur une surface peinte à l'aide d'une vieille brosse à badigeon. Le temps de pose varie. Lorsque la peinture cloque et plisse, vous pouvez commencer à gratter. Même si les instructions ne recommandent pas le port de gants, protégez-vous les mains avec des gants en caoutchouc. La peinture que vous décapez peut facilement se glisser sous les ongles et il vous sera très difficile de la retirer. (Maintenant, si l'on vous traite souvent de fainéant, cela peut aussi vous aider à prouver le contraire.)

Voici quelques accessoires de décapage utiles :

- Une lime à ongles métallique pour gratter toute trace de peinture dans les crevasses.
- Un grattoir triangulaire (voir Figure 4.5).
- Un couteau de peintre ou un couteau à enduire (les lames souples et fines se glissent sous la peinture plus facilement que les lames rigides et risquent moins d'abîmer le bois).

TRUC

Déposez les résidus de peinture que vous grattez dans une boîte en carton dont vous aurez préalablement découpé les battants supérieurs. Essuyez la peinture agglutinée à la lame sur les côtés de la boîte. Lorsque la peinture se durcit, vous pouvez la décoller pour réutiliser la boîte.

Figure 4.5 : Ayez les bons outils en main pour gratter la peinture nichée dans les endroits les plus inaccessibles.

Décoller le vieux papier peint

A moins d'être vraiment certain que vous voudrez toujours garder votre papier peint, ne succombez pas à la tentation de peindre directement dessus. Si vous appliquez une couche de peinture sur du papier peint, il vous sera quasiment impossible de le retirer plus tard. En outre, la peinture est toujours bien plus belle appliquée sur le mur.

Si du papier peint a été posé dans la pièce que vous projetez de repeindre, visitez le Chapitre 7 avant de saisir vos pinceaux !

Dépolir une finition brillante

La peinture n'adhère pas très bien aux parois brillantes. Si l'ancienne peinture est brillante ou laquée, utilisez un produit spécial pour la dépolir. Ces produits, disponibles dans la plupart des GSB et magasins de peinture, contiennent de puissants solvants qui dissolvent la couche supérieure des peintures à base d'huile. Mais, à l'inverse des décapants, ces produits perdent leurs effets très rapidement, si bien qu'ils n'affectent que la brillance de la peinture et suppriment au passage toute trace de gras et autres taches en surface.

Pour connaître la procédure exacte, vous devez vous reporter aux instructions du fabricant. En général, il suffit de passer le produit à l'aide d'un chiffon propre et d'essuyer ensuite la surface pour en retirer saleté et brillance. C'est un produit puissant, il est donc recommandé de porter des gants en caoutchouc et de bien aérer la pièce.

Le bois traité est généralement protégé par plusieurs couches de vernis. Avant de peindre sur du bois vernis, préparez la surface comme s'il s'agissait d'une surface laquée : poncez pour supprimer la brillance ou utilisez un produit pour dépolir. Le bois non vernis apparaît terne et légèrement rugueux au toucher ; dans ce cas, aucune préparation n'est requise.

La sous-couche

Les supports poreux, boiseries neuves ou poncées requièrent une sous-couche (ou peinture d'impression) avant l'application de la couche de finition. Les sous-couches sont des peintures spécialement conçues pour adhérer aux surfaces brutes et fournir la meilleure base possible pour toute sorte de peinture. Comme leur nom l'indique, elles constituent une couche de base qui les dispensent de présenter les mêmes qualités que les peintures de finition (leur prix est donc généralement plus bas).

- Pour le bois nu, utilisez une sous-couche à base d'eau et appliquez-la avec une brosse ou un rouleau, en fonction de la largeur de la surface. Choisissez une sous-couche qui sèche rapidement pour travailler plus vite.
- Pour les murs poreux, utilisez une sous-couche spécialement conçue à cet effet qui adhère parfaitement à la paroi et permet ensuite à la peinture de finition d'apparaître aussi lisse que possible.
- Si vous avez des enfants, vous avez peut-être aussi quelques taches de feutres ou marqueurs sur les murs. Vous pourriez changer d'enfants, mais cela n'empêchera pas les tâches d'apparaître à travers une nouvelle couche de peinture. Pour éviter ce phénomène, commencez par appliquer un dissolvant sélectif qui élimine les peintures en aérosols, encres et feutres sur la plupart des surfaces. Ce type de produit est généralement disponible en aérosol (voir Figure 4.6).

Figure 4.6 : Un aérosol spécial "efface-graffitis" permet d'éliminer les œuvres murales des jeunes artistes de la famille.

Nettoyer murs et boiseries

Si la surface que vous souhaitez repeindre n'est pas abîmée, un bon nettoyage est suffisant pour bien la préparer. Faites plaisir à votre mère ; enlevez les toiles d'araignées poussiéreuses des angles du plafond et passez l'aspirateur le long des murs. N'oubliez pas de nettoyer aussi les fenêtres et de retirer toute accumulation de poussière ou feuille logée dans les rebords.

Lessivez les murs et les boiseries à l'aide d'une grande éponge et d'un produit d'entretien sans phosphate (n'oubliez pas de lire au préalable les recommandations du fabricant). Rincez ensuite toutes les surfaces à l'eau claire et laissez sécher. Entourez un chiffon autour de la brosse d'un balai et passez-le dans toute la pièce pour la dépoussiérer au maximum et la rendre la plus propre possible.

Les murs sont parfois très sales à certains endroits, auquel cas il est nécessaire de les laver plus d'une fois pour les nettoyer parfaitement.

Faire le grand "seau"

Posez votre pot de peinture sur le sol après avoir étalé quelques épaisseurs de papier journal sur une assez grande largeur. Retirez le couvercle du pot de peinture (avec un tournevis ou un accessoire spécifique que vous pouvez acheter chez tous les marchands de couleurs). Soulevez le couvercle en faisant levier avec l'outil approprié sur trois ou quatre endroits.

Lisez, bien entendu, les instructions qui figurent sur le pot de peinture et suivez-les pour mélanger la peinture correctement. Il est généralement nécessaire de brasser la peinture pendant cinq minutes environ. Utilisez pour cela une baguette ou un mélangeur spécifique qui pourra vous être procuré (si vous le demandez) au moment de l'achat de la peinture.

Evitez le syndrome PMT (Pot Maculé de Taches) en vous servant d'un marteau et d'un clou pour faire une rangée de trous sur le rebord supérieur du pot de peinture, comme le montre la Figure 4.7. Ainsi, lorsque vous essuyez votre brosse sur le rebord, la peinture déposée s'égoutte à travers les trous pour retomber sagement au fond du pot. Vous pouvez également déposer le pot dans un plat à tarte ou une boîte pour récupérer toutes les coulures de côté et fournir un support pour la brosse.

Pour éviter de nettoyer un camion, étalez une feuille d'aluminium dans le fond et sur les rebords (voir Figure 4.7). Vous n'aurez plus qu'à la jeter pour pouvoir réutiliser aussitôt votre bac avec une nouvelle couleur ou le ranger.

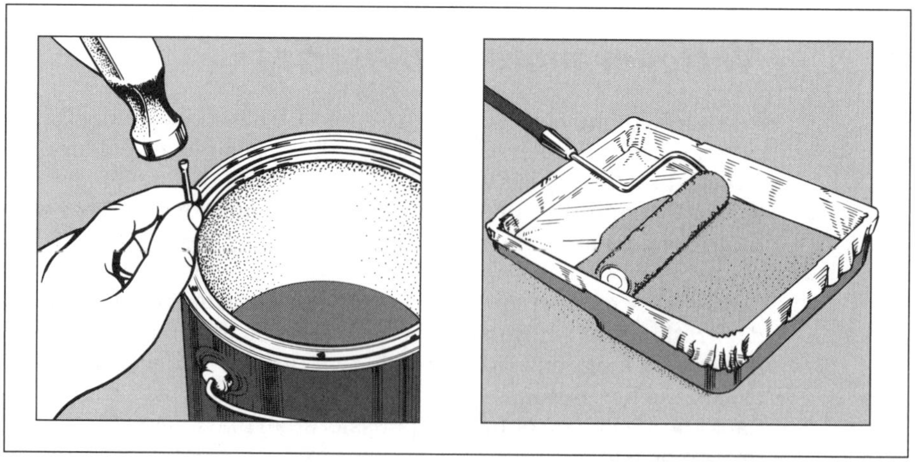

Figure 4.7 : Pour faciliter le nettoyage, faites de petits trous sur le rebord du seau et déposez une feuille d'aluminium au fond du camion.

A vos marques, prêt, pinceaux !

Lorsque vous peignez une pièce, commencez toujours par le haut et progressez vers le bas. Appliquez la peinture sur le plafond d'abord, puis sur les murs, les encadrements de la porte, la porte et terminez par les plinthes. Cette séquence peut vous sembler évidente, mais vous serez surpris du nombre de personnes qui ne la respectent pas et qui finissent par faire des coulures sur des zones fraîchement peintes.

Vous ne pouvez étaler la peinture de manière uniforme si vous n'adoptez pas la meilleure position. Déplacez votre échelle aussi souvent que nécessaire pour être le plus prêt possible de l'endroit que vous peignez.

Murs et plafonds

Un projet de peinture se compose généralement de deux tâches que vous réalisez à l'aide de deux outils bien spécifiques : une brosse et un rouleau. Vous utilisez la brosse pour peindre les contours et les petites surfaces qu'un rouleau ne peut atteindre et un rouleau pour appliquer la peinture sur le plafond et les murs. Lorsque vous travaillez à deux, chacun de vous se charge d'une de ces tâches ; si vous travaillez en solo, vous devez endosser les deux rôles en changeant d'outils chaque fois que nécessaire.

Si vous travaillez avec un partenaire, commencez par appliquer une bande de 5 cm de peinture le long de la bordure entre le plafond et le mur. Laissez un peu d'avance à la brosse par rapport au rouleau, mais pas trop : vous voulez que cette peinture s'incorpore parfaitement à celle que vous appliquez au rouleau. Si vous laissez trop d'écart entre les deux types d'application (c'est-à-dire si vous laissez sécher la peinture appliquée à la brosse avant de peindre au rouleau), des marques de décalage apparaissent, la peinture au rouleau agissant comme une deuxième couche sur la peinture sèche.

Pour appliquer la peinture à la brosse, procédez comme suit :

1. **Commencez par peindre les moulures du plafond, si le cas s'y prête, puis appliquez une bande de peinture tout autour du plafond à la limite des murs.**

2. **Lorsque les contours du plafond sont terminés, appliquez une bande de peinture le long des angles des quatre murs en procédant de haut en bas.**

3. **Appliquez ensuite une bande de peinture autour des fenêtres et des portes.**

4. **Peignez à la brosse toutes les surfaces que vous ne pouvez atteindre au rouleau, telles que les zones autour des radiateurs et des plafonniers. Peignez également autour des prises et commutateurs électriques.**

5. **Terminez cette phase de contour par les plinthes.**

   Pour ces surfaces rectilignes, utilisez une large spatule afin d'éviter de déborder sur les plinthes et les revêtements de sol.

Une fois la phase de contour terminée, le rouleau peut entrer en scène en commençant par le plafond et en procédant parallèlement au mur le plus long depuis l'angle près de la fenêtre vers l'intérieur de la pièce. Procédez ainsi par surfaces carrées de 50 cm de côté environ et, lorsque vous atteignez le mur opposé, revenez au mur de départ. Cette approche, illustrée sur la Figure 4.8, vous permet d'étaler la peinture sans créer de marques de décalage.

Pour les murs, procédez de la même façon de haut en bas. Faites régulièrement de petites pauses d'observation en reculant de quelques pas pour vous assurer que vous n'avez rien manqué et que vous ne laissez aucune marque derrière vous.

Pour un travail parfait sans coulure, surépaisseur et erreur, suivez les techniques à la brosse et au rouleau présentées ci-après.

Figure 4.8 : Procédez par petites étapes pour ne pas permettre à la peinture étalée de sécher avant de passer à la surface suivante.

Techniques à la brosse

Ne surchargez pas la brosse. Trempez-la dans la peinture jusqu'à la virole. Essorez-la sur le bord du camion ou du pot et trempez-la de nouveau jusqu'au tiers des poils et essorez l'excès de peinture en pressant la brosse contre la paroi du récipient plutôt qu'en la frottant sur le bord.

Pour les jonctions rectilignes, utilisez le bord étroit de la brosse en pressant légèrement pour plier les poils. Travaillez sans hâte par petites surfaces pour obtenir des raccords sans surcharge de peinture. Pour les angles, utilisez le bord large de la brosse pour étaler la peinture uniformément en pliant légèrement les poils du pinceau.

Techniques au rouleau

Pour assurer une couche de peinture uniforme, vous devez opérer une pression constante et égale sur le rouleau. Etalez la peinture de manière régulière, sans appuyer trop fort pour ne pas créer de bourrelets de peinture de part et d'autre du manchon. Travaillez par couche fine pour éviter les éclaboussures, dans un mouvement de va-et-vient horizontal. Lissez ensuite en croisant verticalement sans recharger le rouleau. Procédez ainsi par petites sections en débordant chaque fois légèrement sur la précédente pour obtenir de bons raccords. Gardez un chiffon humide à portée de main pour essuyer toute coulure, bavure ou éclaboussure.

Trempez fréquemment le manchon dans la peinture, sans l'immerger totalement ; la peinture doit rester à un niveau au-dessous de l'axe du rouleau pour éviter que la peinture ne se glisse à l'intérieur et provoque des coulures.

Lorsque vous travaillez sur une échelle, restez centré sur la surface que vous peignez, l'échelle bien en face de la zone sur laquelle vous travaillez. Centrez également votre poids sur l'échelle ; plutôt que de vous pencher ou de vous étirer, déplacez l'échelle. Un bon truc à ne jamais oublier consiste à toujours garder ses hanches entre les rails de l'échelle.

Fenêtres

Utilisez une petite brosse plate ou une brosse à l'extrémité bombée appelée *brosse à rechampir*. Commencez par les petits bois entourant les vitres à l'aide de la brosse à rechampir (ou d'une brosse pas trop large) en l'orientant toujours dans la même direction pour éviter les coulures (essuyez les éventuelles bavures sur les carreaux à l'aide d'un chiffon propre non pelucheux – avant séchage – tendu sur la lame d'un couteau à reboucher que vous faites glisser le long de la vitre ou protégez préalablement les vitres en collant sur leur pourtour du papier adhésif ou en utilisant un masque en métal ou en plastique). Peignez ensuite les traverses et montants de la fenêtre, comme illustré sur la Figure 4.9.

Peignez la traverse haute à coups de brosse horizontaux et lissez à petits coups de brosse verticaux sans recharger. Procédez de même pour la traverse basse. Terminez par les montants, la pièce d'appui et les ferrures que vous ne chargerez pas trop en peinture pour éviter les débordements inesthétiques qui pourraient finir par gêner leur fonctionnement.

Figure 4.9 : Commencez par les croisillons et terminez par l'encadrement et les ferrures.

Portes

Laissez le battant fixé à ses gonds pour travailler des deux côtés en même temps porte ouverte (le chambranle se peint en dernier). Retirez, toutefois, la poignée, le bouton de porte, la serrure ou tout autre accessoire fixé à la porte ou utilisez de la bande adhésive pour masquer ces éléments. Masquez également les gonds.

En général, dans la mesure où elles ne sont pas visibles, les épaisseurs dessous et dessus ne se peignent pas. Toutefois, parce que la peinture protège de l'humidité qui pourrait abîmer une porte ou la faire travailler, n'hésitez pas à peindre le rebord inférieur de la porte même s'il ne se voit pas. Pour les portes ordinaires isoplanes, vous pouvez utiliser indifféremment une brosse ou un rouleau en mousse de polyuréthanne (ou même un tampon). Vous pouvez, si vous le souhaitez, utiliser la brosse près des gonds et le rouleau pour le reste de la surface. Pour une porte à panneaux, suivez les étapes présentées ci-après et illustrées sur la Figure 4.10.

1. **Peignez les panneaux de la porte.**

   Commencez par les moulures décoratives autour des panneaux, puis les panneaux eux-mêmes.

2. **Peignez les chants horizontaux entre les panneaux.**
3. **Peignez les chants verticaux.**
4. **Peignez les traverses verticales.**
5. **Terminez par les traverses horizontales et les épaisseurs.**

Après avoir peint le battant, peignez le montant de la porte et terminez par les feuillures (parties du cadre sur lesquelles s'appuie la porte fermée) et le chambranle qui entoure la porte.

A. Commencez par peindre les moulures autour de chaque panneau.

B. Peignez ensuite les surfaces verticales.

C. Terminez par les surfaces horizontales.

Figure 4.10 : Peinture d'une porte à panneaux.

Lorsque vous peignez des moulures ou panneaux de portes, n'attendez pas trop longtemps avant de vous attaquer aux chants, sinon la peinture risque de coller alors que vous passez le pinceau près d'une surface peinte. Le cas échéant, n'essayez pas de lisser la surface avec une brosse humide ; attendez qu'elle sèche et poncez-la légèrement avant de la repeindre.

Plinthes et moulures

Utilisez une brosse plate dont la largeur correspond à taille de la boiserie à peindre. Une brosse que vous pouvez manipuler avec aisance à différents angles est particulièrement recommandée, dans la mesure où la peinture d'une plinthe ou d'une corniche peut parfois requérir la souplesse d'un contorsionniste. Une tâche qui relève d'une véritable prouesse – et pas des plus confortables – lorsque vous devez peindre avec précision une moulure à bout de bras ou vous déplacer littéralement couché au sol pour peindre quelques dizaines de mètres de longueur de plinthes sur une minuscule largeur, la brosse dans une main et l'outil de masquage dans l'autre.

Lorsque vous peignez des plinthes, veillez à bien nettoyer et dépoussiérer la pièce et protégez le sol pour éviter les bavures. En effet, la brosse chargée de peinture pourrait ramasser des fibres de moquette, des poussières ou autres salissures qui s'amassent dans l'interstice entre la plinthe et le revêtement de sol.

Sol

Une couche de peinture sur un vieux parquet constitue l'un des "ravalements de façade" les plus rapides et les moins coûteux. Il est plus facile et moins cher de repeindre un plancher que de poser une moquette, et le résultat est tout aussi efficace : un sol net et uniforme faisant apparaître la pièce plus grande. Le plus fastidieux dans cette tâche est que vous devez impérativement enlever tous les meubles de la pièce.

Pour effectuer tous travaux de sol, portez des genouillères. Vous trouverez de tels articles qui s'attachent à vos jambes et protègent vos genoux dans la plupart des GSB. Bien sûr, si vous faites du roller, par exemple, vous possédez probablement déjà des genouillères de sport que vous pouvez tout aussi bien utiliser.

Quelle que soit la finition du sol (peint, ciré ou vernis), vous devez poncer la surface pour appliquer la nouvelle couche de peinture sur un sol propre sans lustre ni brillance. Pour préparer la surface, utilisez une ponceuse que vous pouvez louer dans une entreprise de location (voir les Pages Jaunes de l'annuaire sous services de locations, outils et équipements).

Enlevez les vieux clous qui pourraient subsister d'un précédent revêtement. Vous pouvez vous servir d'un marteau en plaçant un morceau de carton sous sa panne pour protéger le support, mais un arrache-clou est préférable. Sa lame en forme de V légèrement recourbée se glisse sous la tête du clou. Il suffit ensuite de faire pivoter le manche pour retirer un clou sans abîmer le plancher. Utilisez un aspirateur pour dépoussiérer parfaitement la pièce, en vous concentrant particulièrement sur les fissures et les crevasses entre les lames et sous les radiateurs ou convecteurs électriques.

Utilisez une peinture à base d'huile et appliquez-la à l'aide d'un rouleau au manchon épais. Fixez une extension à la poignée pour éviter de vous courber en progressant façon Quasimodo pour étaler la peinture au sol. Appliquez la peinture au rouleau dans le sens du bois et utilisez une brosse sur tout le pourtour de la pièce en protégeant les plinthes en déposant un peu plus de peinture dans les crevasses ou espaces entre les lames.

Préparez soigneusement votre plan d'attaque pour ne pas vous retrouver coincé dans un angle de la pièce (ce qui pourrait être très embarrassant). Commencez par le pourtour de la pièce et tout espace entre les lames ; appliquez ensuite la peinture au rouleau. Progressez par sections de 60 cm de largeur environ. Appliquez la peinture sur toute la longueur du plancher d'un mur à l'autre, en utilisant le rebord d'une lame comme limite avant de revenir au mur de départ pour éviter les marques.

Entretien du matériel

Les brosses, rouleaux et camions doivent être nettoyés avant que la peinture ne commence à sécher. Le nettoyage est la phase terminale de tous travaux de peinture, indispensable si vous souhaitez conserver un matériel en bon état. Pour les peintures se diluant à l'eau, utilisez simplement l'eau courante et du savon ou détergent. Pour les peintures se diluant au white spirit, nettoyez immédiatement après usage le matériel avec ce solvant, puis lavez-le à l'eau et au savon. Certaines peintures exigent un solvant particulier, auquel cas vous devez consulter les recommandations du fabricant inscrites sur la boîte ou le bidon de peinture pour savoir quel produit utiliser. Quel que soit le cas, procédez avec soin : un matériel bien entretenu peut durer des années.

Les bâtonnets destinés à mélanger la peinture sont souvent incurvés à une extrémité. Ce côté permet d'extraire l'excès de peinture sur les rouleaux. Procédez comme indiqué sur la Figure 4.11. Pour les brosses, utilisez un vieux couteau en pressant doucement les soies à plat en partant de la virole. Nettoyez les rouleaux comme suit :

- Utilisez de l'eau pour éliminer la peinture à l'eau sur les brosses et rouleaux. Maintenez la brosse ou le rouleau sous un jet d'eau tiède en vous aidant de vos doigts, secouez pour essorer (ou utilisez une essoreuse spéciale que vous glissez à l'intérieur du manchon), puis essuyez avec un chiffon sec non pelucheux.
- Utilisez du white spirit pour éliminer la peinture à l'huile. Lorsque l'excès de peinture est retiré, terminez l'essorage avec l'outil approprié ou en secouant énergiquement jusqu'à ce que le manchon soit souple et propre.

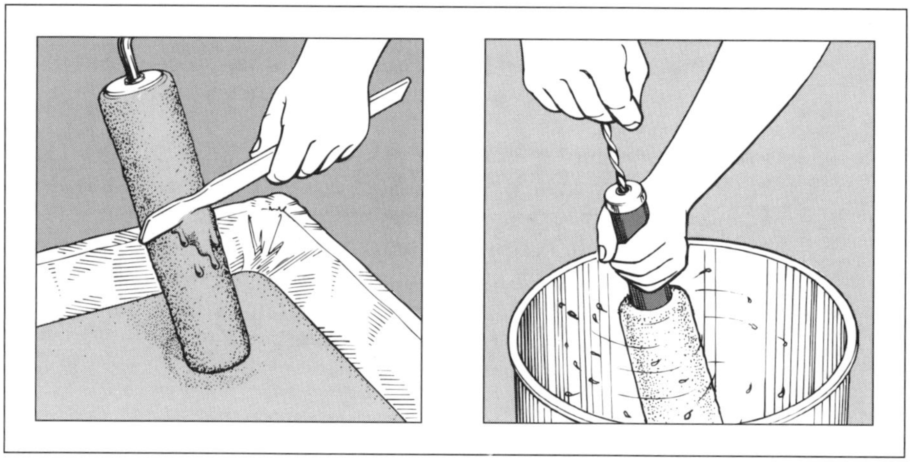

Figure 4.11 : Nettoyage d'un rouleau.

Peinture au pistolet

Quelques litres de peinture à l'eau et un pistolet à peinture peuvent réaliser de véritables miracles sur des surfaces irrégulières. Les peintures au pistolet (ou à la bombe pour les petites surfaces) sont idéales pour peindre tout support que le rouleau ne pourrait couvrir entièrement ou qu'il serait difficile de lisser à la brosse. Qui plus est, le matériel est sympa à utiliser.

Pour ce projet, louez un pistolet de qualité professionnelle. Les appareils puissants pulvérisent une grande quantité de peinture, ce qui est parfait lorsque vous souhaitez recouvrir des surfaces irrégulières. Les préparatifs sont généralement beaucoup plus longs que la projection de peinture elle-même. Toute la procédure se répartit en fait en cinq étapes :

- Préparation de la surface.
- Protection des endroits que vous ne peignez pas.
- Préparation du matériel.
- Projection de la peinture.
- Nettoyage du matériel.

Préparer la surface

Grattez la surface à l'aide d'une brosse en chiendent pour en retirer toute trace de peinture écaillée ou fendillée. Si vous remarquez des taches d'humidité, nettoyez-les à l'aide d'une solution composée à 50 % d'eau et 50 % de Javel. Si les traces d'humidité sont récurrentes, vous devez en déterminer l'origine et vous attaquer à la source du problème pour y apporter un remède efficace avant de peindre les murs. (Voir le Chapitre 16 pour en savoir plus sur les problèmes d'humidité.)

Masquer les zones à protéger

Utilisez des bâches en plastique que vous collez à l'aide de papier adhésif pour protéger toutes les surfaces que vous ne voulez pas peindre. Dans la mesure où la peinture est projetée par un système de pompe ou de compresseur, celle-ci sèche très rapidement. Des embruns de peinture peuvent ainsi se déposer sur les zones avoisinantes de la surface à peindre. Le séchage des peintures vinyliques et acryliques (à base d'eau) étant rapide, vous pouvez retirer les bâches dès que vous avez terminé.

N'oubliez pas d'éteindre tous les appareils de type chaudière ou chauffe-eau avant de les couvrir.

En plus des préparatifs de base, vous devez également protéger votre nez, vos yeux et votre bouche à l'aide d'un masque et d'une paire de lunettes de protection. Portez également un vieux sweat-shirt et un bonnet enfoncé jusqu'aux oreilles.

Préparer le matériel

Lorsque vous louez du matériel, tout particulièrement un pistolet à peinture, décrivez dans les détails votre projet pour que l'on vous recommande l'équipement le mieux adapté à la tâche.

PRÉCAUTIONS

Les pistolets pulvérisent la peinture à haute pression. Ces appareils ne sont pas des jouets et peuvent s'avérer très dangereux. La peinture projetée peut traverser la peau de toute personne vers qui vous auriez malencontreusement dirigé le pistolet. L'embout doit, certes, être très proche de la peau pour que cet incident se produise, mais le risque n'est pas à négliger.

Ne ressortez pas de la boutique de location sans un cours intensif sur la façon d'opérer. Ce cours devra vous expliquer comment effectuer les tâches suivantes :

- Déclencher et arrêter le mécanisme.
- Régler la pression de la peinture.
- Filtrez la peinture.
- Régler l'embout.
- Manipuler le pistolet.
- Déboucher le gicleur.
- Nettoyer le pistolet, le tuyau et le compresseur.

Projeter la peinture

Opérer un pistolet à air comprimé n'est pas très compliqué, mais un minimum de théorie et de pratique est nécessaire si vous voulez éviter les surcharges et projections irrégulières.

Si les commandes permettant d'opérer des pistolets à peinture peuvent varier selon les fabricants, leur principe de fonctionnement est toujours le même : une pompe aspire la peinture placée dans un récipient spécifique et la comprime à travers un tuyau jusqu'au pistolet. Lorsque vous tirez sur la gâchette, la peinture est envoyée avec force à travers un orifice, ce qui la fait exploser en minuscules particules.

La pression de la peinture et le diamètre de l'extrémité du pistolet (le *gicleur*) déterminent la quantité de peinture qui sort du pistolet. Vérifiez auprès du loueur que le pistolet est équipé d'un gicleur adapté à la peinture à l'eau. Si le pistolet est pourvu d'un embout réglable, assurez-vous de bien comprendre comment il fonctionne.

PRÉCAUTIONS

Dans la mesure où le gicleur est composé d'un minuscule trou, celui-ci peut facilement se boucher. Demandez au loueur de vous expliquer comment le déboucher au cas où cela se produirait. Il est absolument indispensable de bien comprendre comment nettoyer le pistolet en toute sécurité. La peinture est sous haute pression lorsqu'elle sort du pistolet, aussi prenez toutes les précautions nécessaires.

La meilleure technique pour peindre une surface à l'aide d'un pistolet à peinture consiste à effectuer des passages réguliers parallèlement au support et à angle droit. Après chaque passage, relâchez la gâchette pour éviter les surcharges et coulures (un léger arrêt sur un point provoquerait une accumulation de peinture). Considérez la Figure 4.12 pour une illustration de la bonne méthode à adopter.

A. Filtrez la peinture selon les indications du fabricant.

B. Opérez un mouvement parallèle au support régulier et à angle droit.

Figure 4.12 : Bien comprendre comment utiliser un pistolet à peinture est la clé d'un travail bien fait.

Effectuez plusieurs passages sur une même surface pour bien la couvrir et éviter de laisser des zones plus claires. Lorsque vous avez terminé votre première section, reculez-vous légèrement pour vous assurer que vous avez couvert la surface uniformément. Si la peinture projetée semble former des bandes, vous n'avez pas effectué suffisamment de passages. Un peu de pratique est nécessaire pour bien saisir le truc.

Il vaut mieux multiplier de fines couches en recommençant la procédure plusieurs fois que surcharger un mur d'une couche de peinture épaisse qui séchera de façon irrégulière et qui, à la longue, commencera à s'écailler.

Nettoyer le matériel

Pulvériser de la peinture à l'aide d'un pistolet à air comprimé est très rapide ; nettoyer le matériel après usage l'est beaucoup moins. Mais le temps que vous économisez grâce à cette méthode par rapport aux techniques à la brosse ou au rouleau vaut bien ces quelques minutes de nettoyage supplémentaires.

La procédure requise varie d'un appareil à l'autre, aussi veillez à ce qu'un technicien vous explique comment nettoyer l'unité que vous louez. En règle générale, vous devez faire couler l'eau à travers le système jusqu'à ce que toute la peinture soit évacuée de la pompe, du tuyau et du gicleur. Sur la plupart des pistolets à peinture, l'embout est démontable, offrant ainsi une ouverture plus large pour y faire couler davantage d'eau. Au bout de quelques minutes, l'eau va se clarifier. Lorsque l'intérieur du système est propre, lavez l'extérieur, tout particulièrement le pistolet et le tuyau qui lui est relié.

Chapitre 5

Peinture extérieure

Dans ce chapitre :

- Choix de la couleur.
- Choix du type de peinture.
- Quantité de peinture nécessaire.
- Outillage (et matériels pour travailler en hauteur).
- Préparation des surfaces.
- Le meilleur moment pour peindre.
- Traitement des différentes parties de la maison.
- Nettoyage du matériel.

Choisir une peinture n'est pas une tâche simple. Si l'on considère toutes les couleurs et nuances proposées sur le marché, tous les types et marques de peinture, ainsi que les différentes couleurs qui composent le décor dans lequel la peinture doit s'intégrer, les options sont vertigineuses. Avant toute chose, vous devez vous assurer qu'elle s'harmonise avec le décor souhaité, en l'occurrence, pour une peinture extérieure, votre voisinage.

Choix de la couleur

Vous pouvez parvenir à la bonne finition (peinture ou vernis) et au coordonné de couleurs idéal selon différents moyens. La première méthode consiste à vous promener dans le quartier pour examiner les différentes combinaisons de couleurs et de finitions sur les maisons qui vous plaisent. Le choix des couleurs, qui est le résultat évident d'un bon goût, peut apporter à une maison un charme absolument remarquable. Inversement, un assemblage de couleurs non coordonnées aura un effet pour le moins négatif. Des façades bleues, des moulures blanches et des volets rouges conviendront probablement à un restaurant local au thème patriotique, mais vous pouvez compter sur des commérages, critiques et peut-être même quelques plaintes animées de la part de vos voisins si vous décidez d'habiller votre maison façon Marianne.

N'OUBLIEZ PAS

Une petite excursion dans tout quartier résidentiel vous apprendra que nombre de personnes ne prennent pas toutes les considérations nécessaires avant de porter leur choix sur telle ou telle peinture ou finition extérieure. Ne sous-estimez jamais l'importance du rôle que peuvent jouer un type et une couleur de peinture dans la personnalisation d'une maison. Et n'oubliez jamais : une peinture ou teinte bien pensée peut accroître la valeur immobilière de votre bien (tout comme des couleurs trop criardes peuvent faire fuir des acheteurs potentiels et baisser votre prix de vente).

Une autre façon d'appréhender la décoration extérieure consiste à rechercher l'assistance d'un expert. De nombreux magasins spécialisés offrent, en plus des brochures de palettes de couleurs, des services de consultants pour vous suggérer des combinaisons de couleurs pour vos façades, moulures et autres surfaces. Certaines grandes entreprises de peinture offrent également un service de sélection de couleurs assistée par ordinateur. Pour profiter de ses avantages, apportez une photo couleur de votre maison chez le distributeur. L'ordinateur affiche alors votre photo dans une variété de couleurs et nuances qui vous permettra de voir exactement à quoi peut ressembler votre maison suivant les choix.

Créer votre propre combinaison de couleurs "originale" n'est généralement pas une bonne idée. Si vous ne voyez jamais de maisons violettes avec des volets verts, c'est tout bonnement parce qu'elles auraient l'air bien trop ridicule ! Restez simple !

TRUC

Tirez profit de ce que vous avez déjà. Avant l'achat d'une peinture, examinez les éléments de votre maison dont la couleur est fixe. Par exemple, n'optez pas pour des couleurs de peinture ou de vernis qui entreraient en conflit avec la couleur des bardeaux ou les briques ou pierres qui ornent les cheminées ou jardinières. Tenez également compte de la couleur des autres maisons de votre quartier, tout particulièrement celles de vos voisins les plus proches. N'optez pas pour une couleur ou finition qui est une copie carbone de la maison d'à côté ou qui est considérablement différente de toutes les autres bâtisses de votre quartier. Si vous décidez de peindre, par exemple, votre garage en rouge, alors que tout le reste de votre voisinage semble avoir une préférence pour les pastels et les tons naturels, votre maison attirerait l'attention et conduirait probablement aussi vos voisins à penser que vous n'êtes qu'à une brique de l'extravagance douteuse.

Trois types de surface sont à considérer en matière de peinture extérieure :

- Les murs extérieurs. C'est la partie la plus importante, le corps de la maison.

- Les encadrements. Si vous peignez ces parties dans une couleur qui contraste trop avec la couleur des murs, votre maison pourra apparaître plus petite, car elles sembleront découper les surfaces murales en petits morceaux. Pour que votre maison paraisse plus grande, il est préférable de peindre ces parties dans la même couleur que les murs ou dans une teinte qui met en valeur le corps de la maison.

- Fenêtres, portes, volets. N'oubliez pas que vous pouvez utiliser une couleur plus accentuée pour mettre en valeur une partie séduisante de la maison ou atténuer une particularité moins attrayante en lui appliquant la même couleur que le corps de la maison.

A l'instar de toutes les autres parties de la maison que vous voulez masquer, vous pouvez camoufler les gouttières en les peignant de la même couleur que la maison. Une précaution : dans la mesure où le métal se dilate ou se contracte en fonction de la température, les revêtements de façade épais ne sont pas appropriés, car ils finissent par s'écailler. Délayez la peinture dans le seau (reportez-vous à l'encadré "Diluer une peinture", plus loin dans ce chapitre) et étalez-la à la brosse de sorte de ne laisser qu'une fine couche sur les surfaces métalliques.

Choix du type de peinture

La peinture est un revêtement qui étale un film protecteur sur la surface du matériau. En règle générale, elle est la finition préférée pour toute surface lisse, encadrement en bois ou en métal (tel que le fer ou l'aluminium).

Lorsqu'il est utilisé sur du bois neuf, le vernis pénètre à l'intérieur du matériau tout en laissant un film de protection en surface. Grâce à cette haute pénétration, les boiseries vernies tendent à se décolorer avec le temps, alors que le bois peint finit toujours par s'écailler. Les pâtes à bois teintées et vernis incolores sont généralement utilisées sur tous les bois naturels et tous les travaux d'extérieur, tels que les clôtures et terrasses.

Peinture émulsionnée ou à l'eau (vinylique et acrylique)

Dans le passé, les experts recommandaient de ne jamais utiliser des peintures à base d'eau sur des peintures à l'huile (celles-ci étant conçues pour s'éroder avec le temps). Aujourd'hui, grâce à la magie des technologies modernes, vous pouvez utiliser sans risque des peintures à base d'eau sur toute finition extérieure. Ces nouveaux revêtements acryliques extérieurs sont simples à manipuler, résistent aux intempéries, déposent un film protecteur solide et causent beaucoup moins de pollution atmosphérique que les peintures à l'huile. Pour toutes ces raisons, les peintures extérieures à base d'eau constituent aujourd'hui le choix de prédilection de tous les propriétaires et professionnels du bâtiment.

Gardez bien à l'esprit qu'il existe de nombreuses catégories différentes de peinture. Faites de préférence vos achats chez un fournisseur de matériaux professionnels. Dans la mesure où les pros doivent garantir leurs travaux, ils utilisent des marques de qualité qui font rarement l'objet de plaintes. Le prix constitue un autre facteur de qualité : plus le prix d'une peinture est élevé, plus elle aura tendance à offrir de meilleures garantie, résistance et élasticité. Le coût d'une peinture n'est qu'un facteur secondaire comparé à votre investissement personnel dans votre projet. Aussi, n'hésitez pas à acheter la meilleure qualité que vous puissiez vous offrir.

Les revêtements extérieurs laqués se décolorent au soleil et la finition ternit avec le temps. Mais si la peinture que vous recouvrez a conservé sa brillance, il est nécessaire de la poncer pour que la nouvelle peinture puisse s'y accrocher. Passez ensuite une sous-couche avant d'étendre votre peinture de finition.

Peinture à l'huile (glycérophtalique)

Ces produits conviennent mieux sur certaines surfaces. Dans la mesure où ils sont généralement plus simples à nettoyer et donnent un aspect fini le plus souvent brillant, les pros préfèrent utiliser ces peintures sur la maçonnerie et les émulsions sur les menuiseries. Par exemple, la poussière et la saleté se nettoient plus facilement sur la peinture à l'huile appliquée à l'encadrement d'une porte ou d'une fenêtre.

Ce type de revêtement peut également être choisi pour des extérieurs de maisons situées dans des zones où le niveau de pollution élevé pourrait endommager la peinture. Pour toute personne suffisamment ambitieuse pour frotter l'extérieur de sa maison, les glycérophtaliques offrent une meilleure surface nettoyante qu'une peinture à l'eau. (Nous n'arrivons même pas à bien récurer notre baignoire !)

Pour les couloirs et tous les lieux de passage, il est préférable de ne pas utiliser des peintures à l'eau où les traces finiraient par s'incruster. Certaines glycérophtaliques, ainsi que les polyuréthanes qui offrent une haute résistance à l'abrasion, aux rayures et aux produits chimiques, sont spécifiquement conçues pour le sol.

Diluer une peinture

La plupart des peintures peuvent être appliquées directement à partir du pot. Certaines circonstances, toutefois, exigent que la peinture soit plus liquide, notamment pour des applications au pistolet. Lisez toujours les instructions sur les emballages avant de procéder.

L'eau est le diluant approprié pour les peintures en émulsion vinyliques et acryliques. Pour les glycérophtaliques, utilisez du white spirit. Notez que l'eau utilisée pour diluer la peinture doit être limpide. Les minéraux d'une eau trop calcaire pourraient modifier la couleur de la peinture. Si l'eau de votre maison est trop calcaire, utilisez de l'eau distillée.

Traitement du bois

Les produits de type "traitement du bois" incolores constituent un excellent choix pour tous les patios, clôtures et façades en bois neuf. Ces produits contiennent de l'huile qui offre une très bonne pénétration sur toutes les surfaces en bois brut tout en révélant le grain et la texture du bois. Pour une meilleure protection, n'hésitez pas à appliquer deux couches.

Les traitements teintés contiennent davantage de pigment que les incolores et tendent à couvrir et masquer le grain et la texture du bois. Dans la mesure où le bois traité possède une teinte verte ou marron, les incolores ne couvriront pas la couleur du bois. Utilisez un produit teinté pour tous travaux de bois déjà traité. Sur du bois de séquoia, même un traitement incolore pourra modifier la couleur naturellement rouge du bois. Les produits teintés constituent généralement un bon choix sur tous les bois rouge foncé.

Les traitements acryliques masquent plus ou moins le grain et la texture du bois. Dans la mesure où ils ne pénètrent pas dans le bois comme les produits à base d'huile, ils agissent davantage comme une peinture. Utilisez-les en couche de finition sur des bois déjà traités où aucune pénétration ne peut plus être possible.

N'OUBLIEZ PAS

Les travaux de ravalement sont si laborieux que le coût d'un produit de finition ne représente qu'une infime partie de tout projet. Ne lésinez pas sur la qualité. Achetez le meilleur produit disponible.

Quantité de peinture nécessaire

Pour déterminer la quantité de peinture dont vous avez besoin pour les fenêtres, portes et encadrements, reportez-vous au Chapitre 4.

Calculer la quantité nécessaire pour des murs extérieurs peut se révéler plus complexe que pour des murs intérieurs, car les murs extérieurs sont généralement plus rugueux. Pour les maisons en bois (plus particulièrement lorsque les lattes de bois se chevauchent), vous devez également tenir compte du bord masqué de chaque pièce. Il est préférable de commander généralement entre 15 et 25 % de peinture supplémentaire que le résultat obtenu d'après le calcul du Chapitre 4.

Outillage (et matériel pour travailler en hauteur)

Pour appliquer de la peinture sur des murs extérieurs, différents outils sont disponibles en fonction du type de surface à traiter et de la qualité de peinture à appliquer. Outre le matériel nécessaire pour préparer les supports, vous aurez également besoin de brosses, tampons, rouleaux et/ou pistolets à peinture.

Peinture à la brosse

Le matériel de peinture extérieure se compose généralement de brosses larges. Pour de grandes surfaces, la règle de base consiste à utiliser la brosse la plus large possible. Toutefois, pour les bricoleurs du dimanche qui ne sont pas dotés d'avant-bras à la Schwarzy, agiter une brosse de 80 mm toute la journée peut se révéler éreintant. Le meilleur choix consiste à utiliser une brosse que vous pouvez manipuler à bout de bras pendant un certain laps de temps sans ressentir trop de fatigue. Si vous avez besoin des deux mains pour soulever votre brosse, c'est qu'elle est trop grosse.

Notre recommandation du Chapitre 4 concernant l'achat d'une brosse de qualité pour les peintures intérieures est également valable pour les travaux d'extérieur. Utilisez une brosse synthétique en Nylon (ou Nylon et polyester) avec virole inoxydable pour la peinture à l'eau et une brosse en soie naturelle ou en polyester pour la peinture à l'huile.

Vous pourrez gérer pratiquement toutes les situations avec un assortiment de trois brosses plates (voir Figure 5.1) de tailles différentes. Peignez les bois des fenêtres, portes et autres encadrements avec des brosses à rechampir, petites brosses dont l'extrémité est bombée, ou avec des brosses plates.

Peinture au tampon

Les *tampons* sont des applicateurs de peinture généralement constitués d'un mohair monté sur une semelle de mousse et une plaque rigide à poignée, large de 25 à 180 mm. Les plus larges et épais conviennent mieux pour les projets d'extérieur (voir Figure 5.2). Ces outils ne laissent aucune marque de brosse et sont adaptés non seulement aux surfaces lisses, mais également aux parois rugueuses (maçonnerie ou lattes de bois). La peinture au tampon est particulièrement conseillée pour les bords inférieurs des façades ou bardeaux en bois.

Figure 5.1 : Un assortiment de brosses plates pour tous travaux extérieurs.

Figure 5.2 : Les tampons permettent d'appliquer la peinture uniformément sur une large surface et conviennent particulièrement aux parois rugueuses.

Peinture au rouleau

A l'instar des tampons, les rouleaux conviennent parfaitement pour les travaux de ravalement de façade. Vous pouvez utiliser pour l'extérieur exactement le même assortiment de rouleaux que vous utilisez pour repeindre votre salon. En fonction du type de surface à recouvrir, différents types de manchon sont nécessaires, que l'on peut diviser en quatre grandes familles :

- Manchon mousse. Ce type de manchon en mousse polyuréthanne, polyvalent, donne généralement une finition lisse ou à grain très fin.
- Manchon de laine. Il s'agit d'un mélange de laine de mouton et de Nylon ou en crylon ou encore polyvalent. Ce type de manchon convient pour tous usages courants ; les longues peluches, donnant un gros grain, conviendront mieux aux façades rugueuses et crépis rustiques.
- Manchon mohair. Ces rouleaux laqueurs sont généralement à poils très serrés et conviennent parfaitement pour les peintures satinées, brillantes, ainsi que les vernis et laques.
- Manchon caoutchouc. Les reliefs de ces manchons conviendront plus particulièrement aux crépis décoratifs.

L'achat d'un bon matériel est toujours rentable, aussi choisissez un rouleau dont le manchon se fixe sur une structure métallique solide. Assurez-vous également que le manche peut s'adapter à une poignée extensible.

Ces poignées, disponibles en différentes longueurs, permettent à l'utilisateur de recouvrir davantage de surface sans se baisser, s'étirer ou se pencher dangereusement de l'échelle.

Peinture au pistolet

Les travaux de peinture extérieure signifient généralement appliquer la même couleur de peinture sur de grandes surfaces, ce qui en fait de parfaits candidats pour les pistolets à peinture. Pour certaines tâches délicates, rien ne remplace un tel équipement. Si vous peignez une grande maison, une grange, des panneaux en bois rugueux, des clôtures ou toute autre surface difficile, la pulvérisation est indiscutablement la meilleure solution.

GADGETS

Vous pouvez louer un ensemble compresseur-pistolet adaptable sur perceuse électrique et très simple à manipuler ou des pistolets électriques légers d'amateur (où la peinture est pulvérisée par une pompe à vibreur) dans toutes les entreprises de location.

Les résultats sont fonction de la dilution de la peinture, du gicleur utilisé et de la méthode employée pour déplacer le pistolet.

Pour trouver le bon mouvement, faites quelques essais sur un grand carton. Si vous opérez par petits mouvements, vous devrez passer plusieurs fois sur une même zone provoquant des coulures. Si vous procédez par arc de cercle, il en résultera des surcharges au centre. Le geste idéal consiste en un mouvement parallèle au support, régulier, d'un mètre d'envergure à peu près, avec un jet continu à angle droit du support (voir Figure 5.3).

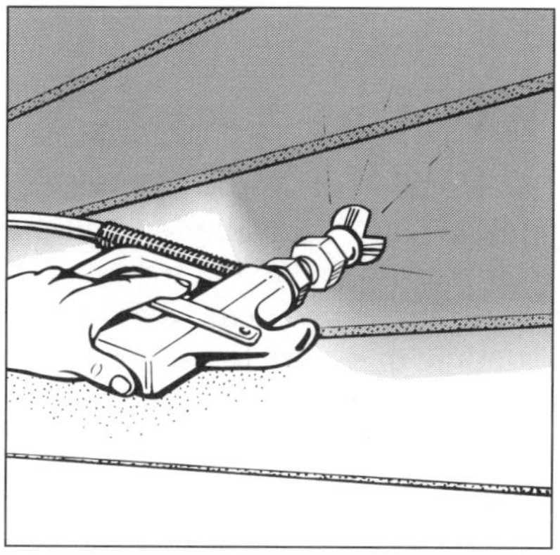

Figure 5.3 : Application d'une peinture à l'aide d'un pistolet.

Les peintures trop épaisses laissent une texture de finition style pelure d'orange et les dilutions trop fluides recouvrent mal la surface et provoquent des coulures. Pour une couverture idéale, faites quelques réglages de dilution et de gicleur. Pour vous assurer que la viscosité de la peinture est parfaite, vous pouvez acheter un *viscosimètre*, appareil mesurant la viscosité (ou la fluidité) de la peinture.

Lorsque vous projetez de la peinture, celle-ci est pulvérisée en minuscules particules (ou atomisée) pouvant être balayées par le vent sur de grandes distances. Ces particules de peinture flottantes sont une menace pour les propriétés avoisinantes, car elles peuvent atterrir sur des maisons, des voitures, des chiens en pleine sieste, etc. Pour cette raison, certains décrets municipaux interdisent l'usage de pistolets à peinture à l'extérieur. Si vous peignez la nouvelle voiture de votre voisin avec un revêtement de façade, vos relations de voisinage pourront prendre des tournures beaucoup plus personnelles et rapprochées que vous ne l'imaginiez. Ne vaporisez jamais de la peinture par temps venteux ou même par temps calme si vous vivez dans un quartier où les maisons sont attenantes les unes aux autres.

Les peintures et autres produits tels que les solvants et les nettoyants sont tous toxiques et ne doivent donc pas être ingérés. Lisez et respectez les avertissements mentionnés sur les étiquettes. Gardez également à l'esprit que les émanations de produits chimiques toxiques sont aussi des poisons et que les émanations de produits inflammables peuvent aussi s'enflammer. Ne vaporisez jamais un produit inflammable près d'un feu ou d'une source de chaleur. Ne fumez pas pendant que vous pulvérisez de la peinture (ou même pendant que vous transportez de la peinture ou tout autre produit inflammable). Portez un masque respiratoire lorsque vous utilisez un pistolet à peinture, ainsi que des lunettes de protection.

Echelles et échafaudages

Pour les travaux de peinture extérieurs, différents types d'échelles, d'escabeaux et d'échafaudages sont disponibles pour travailler en hauteur en toute sécurité. Les échelles peuvent être en bois ou en aluminium (plus légères), simples, coulissantes ou à usages multiples (un système de blocage des articulations permet à l'échelle d'opérer comme une échelle simple, double ou coulissante). Le garde-corps d'un escabeau offre une plus grande sécurité sur la plate-forme, et les échafaudages, nantis d'un plancher plus ou moins large, permettent de travailler sur une plus grande surface à la fois (un avantage par rapport à une échelle où il est nécessaire de redescendre chaque fois que vous voulez la déplacer pour atteindre une autre partie du support).

Ne vous penchez pas inconsidérément pour atteindre une zone hors de portée, car vous pourriez perdre l'équilibre ou faire basculer votre poids et entraîner l'échelle avec vous dessus !

Lorsque vous déplacez une échelle, tenez d'une main un échelon à hauteur de tête et de l'autre l'échelon le plus bas possible. Plaquez-la au mur et tirez le bas vers vous pour obtenir un angle d'environ 70° par rapport au mur de soutien, soit environ, pour chaque mètre de hauteur, un écartement de 25 cm. (La Figure 5.4 illustre ces explications.) Enfin, avant de grimper, assurez-vous que l'échelle est bien calée. Une bonne précaution consiste à consolider le dispositif en plantant deux piquets dans le sol pour lier les pieds.

Au moment de l'achat, vérifiez sur le matériel le taux de charge maximal. Les échelles courantes légères ne sont généralement pas prévues pour supporter de très lourdes charges. Si vous pesez plus de 90 kilos, achetez une échelle à plus haute capacité que les modèles courants. (N'oubliez pas d'inclure le poids de vos vêtements, outils et produits utilisés dans le calcul de cette charge.)

Trop près du bas mur.

Trop loin du bas mur.

Ecartement idéal.

Figure 5.4 : La distance entre le mur et le bas de l'échelle doit être égale au quart de sa hauteur.

Avant d'utiliser une échelle ancienne, procédez à un examen attentif pour vérifier qu'elle est en bon état. Réparez ou remplacez tout barreau mal assujetti, fendu ou pourri. Vérifiez également les fixations et resserrez tout ce qui vous semblerait trop lâche. Ouvrez toujours une échelle double complètement et fixez ses crochets de sécurité pour assurer sa stabilité (et la vôtre !) avant de grimper. Graissez toutes les armatures et parties coulissantes avec un lubrifiant adapté, mais attention à ne pas en déposer sur les barreaux. Il est également préférable de porter des semelles antidérapantes plutôt que des semelles légères, car les barreaux risqueraient de vous "couper" les pieds rapidement.

TRUC

Les peintres professionnels évitent les déplacements intempestifs des échelles et échafaudages en peignant tout ce qui est à leur portée en une fois : mur, encadrements, gouttières, etc. Les propriétaires préfèrent généralement peindre les murs et encadrements en deux applications. Vous pouvez alors commencer par les encadrements, puis le mur, ou inversement. Si vous choisissez de peindre ces parties en deux étapes, commencez de préférence par les encadrements, ainsi vous n'aurez pas à vous préoccuper de la peinture fraîche du mur pour y dresser l'échelle.

Si vous peignez votre maison en blanc ou en gris, vous voudrez probablement peindre les encadrements d'une couleur différente. Si vous choisissez une autre couleur, peignez de préférence les encadrements et fenêtres de la même couleur que les murs (même type et même couleur de peinture). Si vous optez pour le look monochromatique, vous n'aurez besoin que de très peu d'accessoires (un seul pot de peinture, une ou deux brosses) pour compléter le travail au fur et à mesure de votre avancée.

TRUC

Investissez dans un pantalon ou une combinaison de peintre. Non seulement vous aurez l'air professionnel, mais ces vêtements offrent également de nombreuses poches et passants très pratiques pour porter tous vos outils sur vous. Ces accessoires sont généralement très résistants et conçus pour absorber la peinture éclaboussée ou renversée de sorte qu'elle n'entre pas en contact avec la peau.

Préparation des surfaces

La plupart des travaux mal faits sont le résultat d'une mauvaise préparation, non d'un mauvais choix de peinture. La première étape consiste à déceler et à corriger tous les défauts de la surface que vous avez l'intention de repeindre. Si, après cinq ans ou plus, la dernière couche de peinture est terne, mais en bon état, vous pouvez vous contenter d'appliquer une nouvelle couche de peinture et espérer qu'elle dure quelques bonnes années. En revanche, si la peinture a commencé à craqueler ou s'écailler, vous devez déterminer la cause du problème et y remédier avant de commencer à peindre. La Figure 5.5 illustre quelques défauts que vous pouvez rencontrer avec de vieilles peintures.

L'*écaillage* est le résultat d'une peinture trop diluée ou d'une mauvaise préparation du support (surface poreuse mal enduite, peinture brillante non dépolie, moisissures mal éliminées sur bois, etc.). Le problème de *cloquage* est dû à l'application d'une peinture imperméable sur un support humide ou exposé au grand soleil. Le *farinage excessif* est un problème qui apparaît généralement avec le temps sur des peintures de mauvaise qualité (ou trop diluées). Les *craquelures* sont le résultat de l'application d'une couche sur une autre non encore bien sèche ou d'une superposition de deux peintures de substances différentes et incompatibles. Enfin, les *moisissures* et peintures qui s'effritent (*pelage*) sont provoquées par l'humidité excessive intérieure.

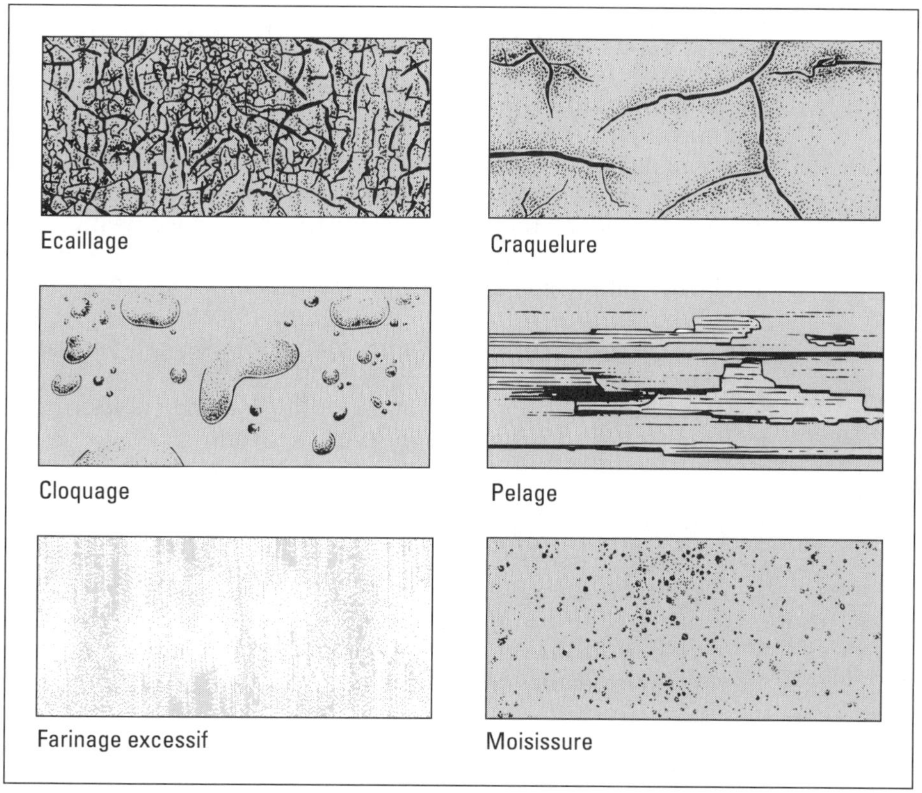

Figure 5.5 : Appliquer une nouvelle couche de peinture sur de tels défauts ne fera qu'accentuer le problème.

En règle générale, une bonne préparation des fonds pour pouvoir peindre dans les meilleures conditions possibles une maison inclut les étapes suivantes :

1. **Réparez les planches cassées des maisons de bois ou les encadrements endommagés et corrigez tous les défauts pouvant causer une peinture ratée.**

2. **Rebouchez fissures et trous.**
3. **Lessivez à haute pression tout l'extérieur de la maison.**
4. **Grattez et poncez la peinture écaillée.**
5. **Rebouchez les petites fissures et trous causés par les clous.**
6. **Appliquez un apprêt (couche d'impression, enduit ou autre).**
7. **Appliquez la couche de finition.**

Remédier à un problème de peinture écaillée

Si la peinture s'effrite, la cause est probablement l'humidité intérieure. Après avoir passé plusieurs couches, la première couche n'adhère plus et s'effrite au niveau du bois. Si cette description ressemble à votre situation, alors il vaut mieux vous asseoir : la seule solution consiste à gratter et poncer ou à utiliser un décapant thermique pour retirer l'ancienne peinture jusqu'au support. Vous devez ensuite appliquer une couche d'impression suivie d'une couche de finition émulsionnée spécifique pour les façades.

Si seule la dernière couche s'écaille, soit en totalité, soit par blocs, le remède est assez simple. La liste ci-après décrit les différents types de problèmes possibles sur une couche de finition, explique comment les résoudre et donne quelques conseils pour les éviter à l'avenir :

- **Non-adhérence totale :** Si la couche de finition s'effrite complètement, la cause est probablement une mauvaise préparation de la surface lors des derniers travaux de peinture. Une couche de peinture à l'eau a peut-être été appliquée sur une peinture à base d'huile qui commençait à fariner ou la surface n'a pas été soigneusement lessivée avant de peindre. Vous devez soit attendre jusqu'à ce que la peinture tombe complètement, soit la décaper vous-même.

  Pour éviter que ce problème ne se reproduise, veillez à toujours bien nettoyer et préparer la surface avant de la repeindre. Si vous peignez sur un support instable, farineux, ajoutez un produit spécial à la peinture afin de renforcer l'adhérence de la peinture. Mélangez le produit à la peinture (conformément aux instructions du fabricant) et appliquez-le à l'aide d'une brosse, d'un rouleau ou d'un pistolet. Si une deuxième couche de peinture est nécessaire, appliquez-la sans ajout. Un autre moyen d'éliminer ce type de problème dû à une application de peinture sur une ancienne peinture farineuse consiste à utiliser une peinture émulsionnée spécialement conçue pour recouvrir les "surfaces à problèmes".

- **Peinture écaillée par endroits :** Si la peinture s'écaille uniquement par endroits, partez du principe que vous avez un problème d'humidité et recherchez-en la cause. Par exemple, la peinture a tendance à s'écailler près de la sortie d'aération du sèche-linge en raison de l'air chaud qui s'y échappe. Dans ce cas et pour éviter ce genre de problème, éloignez le tuyau d'aération du mur, ce qui limitera le contact humide avec la peinture.

- **Peinture écaillée sur les soffites :** Si la peinture est en bon état sur toute la surface de la maison, excepté sous les soffites (faces intérieures des linteaux), sur la voûte du porche ou sur les côtés qui couvrent les extrémités du gable, le problème est probablement causé par une trop forte humidité et une trop faible ventilation. Remplacer le système de ventilation des soffites aléatoire par un système métallique continu qui répartit l'air sur toute la longueur du conduit peut être une bonne solution. Vous pouvez vous procurer des petits systèmes de ventilation ronds pour soffites dans toutes les grandes surfaces de bricolage. Faites simplement un trou de la même taille que le système sous le soffite et insérez-le. Ces ventilateurs permettent à l'air de circuler dans le soffite et fournissent une voie d'aération pour expulser l'humidité excessive.

  Un mauvais lessivage des surfaces à peindre peut également provoquer des problèmes de peinture qui s'écaille sur les soffites et les voûtes des porches. Si les murs extérieurs de la maison peuvent entrer en contact avec la pluie, les soffites et les voûtes des porches qui ne sont pas exposés aux pluies peuvent considérablement s'encrasser. Lors du nettoyage des parois extérieures, apportez une attention toute particulière à ces zones non exposées et nettoyez-les en profondeur.

- **Peinture écaillée sur les gables :** Si la peinture s'écaille uniquement sur les gables de la maison, le problème est causé par un taux d'humidité trop fort et une ventilation insuffisante dans le grenier. Pour mieux aérer le grenier, installez de plus grands ventilateurs de gable ou des ventilateurs de conduits continus.

- **Peinture écaillée autour des fenêtres et des portes :** L'encadrement des fenêtres et portes constitue un autre emplacement privilégié pour les problèmes de peinture, tout particulièrement sur les maisons en brique ou en stuc. En hiver, l'air chaud intérieur a davantage tendance à retenir l'humidité que l'air froid extérieur. Dans les murs extérieurs, le chemin de la moindre résistance pour la migration de l'humidité se situe souvent entre les portes et fenêtres elles-mêmes et leur encadrement. Lorsque l'humidité atteint l'encadrement extérieur, elle se condense sous la peinture qui ne peut plus adhérer.

Pour neutraliser l'humidité dans sa course, utilisez un produit acrylique spécifique pour reboucher tous les écarts et fissures entre les murs et les encadrements intérieurs. Démontez également les prises murales pour boucher soigneusement l'espace qui pourrait exister entre le boîtier lui-même et le mur. Reboucher ces espaces retarde le flot d'humidité qui traverse les murs de l'intérieur vers l'extérieur.

Avant de repeindre, retirez toute la peinture qui s'écaille de la fenêtre extérieur et de sa structure. Veillez à procéder en profondeur, au-delà d'un pelage apparent, car ce type de problème s'étend souvent à des couches de peinture qui semblent tout à fait saines. Lorsque l'ancienne peinture est décapée, appliquez un apprêt acrylique, puis deux couches de peinture acrylique pour ce type de support. Les peintures acryliques sont plus souples et permettent à l'humidité de s'échapper plus facilement que les peintures à l'huile.

- **Peinture écaillée au point d'intersection des poteaux du porche et de la maçonnerie :** Si la peinture à la base des poteaux de votre porche s'effrite, le menuisier n'a probablement pas bien scellé l'extrémité des poteaux ou colonnes. L'eau qui tombe sur le porche en béton peut glisser le long des poteaux et stagner dans une intersection mal scellée causant des dégâts au niveau de la peinture.

  Pour réparer des fuites autour des poteaux, commencez par gratter la peinture écaillée. Scellez correctement la zone défectueuse du bois avec une couche d'impression grasse, puis appliquez une couche de finition de votre choix. Vous pouvez également appliquer sur les poteaux deux couches de revêtement de façade acrylique. Attendez que le bois sèche bien, puis utilisez un reboucheur acrylique pour sceller correctement les intersections entre maçonnerie et bois. Ce rebouchage évitera à l'avenir que l'eau des pluies s'infiltrent dans les espaces et fissures.

Calfeutrer l'extérieur

L'isolation thermique est indispensable dans une maison, soit pour freiner la déperdition calorifique, soit pour la protéger des atteintes atmosphériques (chaleur, froid, pluie). Différents types de calfeutrage sont disponibles. Il peut s'agir de joints à languettes, de bandes de mousse à coller, de mastics silicone, etc. (voir Figure 5.6). Si leur application est aisée, ils ne se posent pas n'importe où. En particulier, les dispositifs de récupération et d'évacuation d'eau des fenêtres (les gorges de récupération) doivent pouvoir continuer à fonctionner correctement.

Grattez toute peinture écaillée adjacente aux zones isolées. Puis calfeutrez de nouveau tous les interstices entre deux éléments immobiles. (Non, nous ne parlons pas de votre beau-frère et de son canapé !) Il s'agit plutôt des interstices autour des prises électriques extérieures, des tuyaux de plomberie, entre les encadrements et planches à clins des maisons de bois, etc. Laissez les joints prendre leur place quelques jours avant de nettoyer l'extérieur de la maison à haute pression.

Lessiver

Les peintures modernes sont si efficaces que vous pouvez peindre sur pratiquement tous les supports, mais n'en faites rien. La peinture peut recouvrir la poussière et la saleté, mais elle ne s'y accrochera pas. La saleté s'installe entre la surface et la peinture, laquelle finit par s'effriter. Un bon nettoyage est le secret d'une peinture saine et durable.

Figure 5.6 : Pose d'un joint silicone entre un encadrement et des planches de bois.

Nettoyer toute la surface de votre maison peut vous sembler une tâche insurmontable, toutefois un nettoyeur à haute pression rendra ce projet aussi simple qu'amusant. Vous pouvez acheter un nettoyeur HP dans toutes les grandes surfaces de bricolage ou en louer un dans un magasin de location. En fait, cet outil est si pratique que nous avons inclus quelques tâches le mettant en œuvre au Chapitre 16.

Laver sa maison avec un système à haute pression est le meilleur moyen de la nettoyer à fond, d'autant plus que la pulvérisation de l'eau est si puissante qu'elle emporte avec elle tous les morceaux de peinture qui n'adhèrent plus et qui s'effritent. Cependant un tel instrument n'est pas totalement indispensable ; vous pouvez également vous en sortir avec un peu d'huile de coude, un seau d'eau savonneuse et une bonne brosse.

Remédier à un problème de farinage

Avec le temps, la plupart des surfaces peintes farinent ou s'*oxydent*. Certaines peintures extérieures à base d'huile sont spécifiquement conçues pour fariner afin que la surface soit naturellement lavée et nettoyée par la pluie. Mais si vous appliquez une peinture à l'eau sur une peinture farineuse, celle-ci risque fort de s'écailler.

APPROUVÉ

Pour constater l'état farineux ou non d'une peinture, passez la paume de votre main sur la surface. Si la couleur se dépose sur votre main, la peinture commence à fariner. Lavez la surface avec de l'eau et une bonne dose de produit d'entretien pour supprimer toutes les poussières de peinture. Dans la mesure où ces résidus de peinture sont microscopiques, vous devez également gratter la surface et la rincer au fur et à mesure à l'eau claire. Laissez le support sécher avant d'appliquer la couche de peinture.

Combattre la moisissure

Une peinture peut également s'écailler ou s'effriter si elle est appliquée sur une couche recouverte de saleté ou de moisissure. Vous devez donc retirer toute trace de saleté et de moisissure avant de peindre. La saleté retient la moisissure, si bien que si vous avez des problèmes de moisissure récurrents, vous pouvez nettoyer votre maison à haute pression une fois par an pour vous en débarrasser.

Si les façades ou encadrements de votre maison comportent des taches sombres (marron, grises ou noires), il peut s'agir soit de simples salissures, soit de moisissure. Pour vérifier la nature de ces taches, essayez de les laver avec un détergent. Si les tâches disparaissent, vous avez affaire à de la saleté et pouvez procéder à la préparation de la surface. Si les tâches ne disparaissent pas, le coupable est probablement la moisissure.

La moisissure étant un champignon, elle se développe sous l'effet de la chaleur et de l'humidité. Vous devez commencer par supprimer les problèmes d'humidité pour pouvoir vous débarrasser des moisissures. Pour garantir une bonne circulation de l'air afin de garder les murs de la maison secs, ne stockez aucun bois de chauffage ou autres matériaux près de la maison. Arrangez-vous également pour que les branches des arbres ne fassent pas trop d'ombre et que vos murs extérieurs soient régulièrement baignés par la lumière du soleil.

Pour éradiquer les spores sur les zones où la couche de moisissure est épaisse, nettoyez la maison à l'aide d'une solution moitié eau et moitié chlore. La meilleure approche consiste à asperger la surface attaquée par la moisissure avec un tuyau d'arrosage. Pour décrocher salissures et moisissures, laissez la surface ainsi mouillée pendant cinq minutes, puis appliquez votre mélange chloré à l'aide d'un arrosoir. N'oubliez pas de porter des vêtements de travail qui ne perdront rien de leur charme avec quelques tâches de Javel supplémentaires et portez des lunettes pour protéger vos yeux. Laissez la solution agir pendant quelques minutes, puis nettoyez la moisissure au jet d'eau avec votre tuyau d'arrosage ou de préférence un nettoyeur à haute pression. Rincez à grande eau pour évacuer tout résidu de chlore et de moisissure. Laissez la surface sécher pendant quelques jours, ou plus en fonction du temps, avant d'appliquer la première couche de peinture.

La plupart des peintures extérieures de bonne qualité contiennent des additifs anti-moisissures. Toutefois, si les traces de moisissure sont importantes, il est préférable de vous procurer un *fongicide* spécialement conçu pour combattre ce problème. Une application de ce produit peut être la seule réponse à une façade sujette aux moisissures orientée au nord et recevant peu ou pas de lumière directe du soleil.

N'OUBLIEZ PAS

Réfléchissez toujours aux conséquences de vos travaux sur l'environnement en limitant, notamment, l'utilisation de produits chimiques. Plutôt que d'utiliser un mélange eau-chlore à 50/50 sur des surfaces ne contenant que de légères traces de moisissure, diluez davantage la solution. Augmentez la proportion uniquement si les taches ne disparaissent pas. Rincez toujours soigneusement après nettoyage.

Décapage

Si l'ancienne peinture tombe complètement en morceaux jusqu'à faire apparaître le bois nu ou tout autre support, vous devez la décaper. Vous pouvez faire appel à des professionnels pour enlever la peinture à l'aide de décapants chimiques ou d'une sableuse. Nous ne conseillons pas aux amateurs d'entreprendre l'une ou l'autre de ces méthodes : les décapants chimiques utilisés par les pros sont trop dangereux pour les novices, et si le réglage de la pression sur la sableuse est trop élevé, un bricoleur inexpérimenté pourrait causer de graves dommages, voire faire tomber un mur de sa maison. Si vous optez pour un décapage à la sableuse, louez les services d'un professionnel *expérimenté* susceptible de vous fournir des références de clients satisfaits et appelez ou rendez visite à ces personnes pour vérifier ses références. Nous tenons à attirer votre attention sur le fait que tous les peintres ne sont pas nécessairement expérimentés dans le domaine du sablage.

Si la peinture s'effrite uniquement par endroits, par exemple la partie située sous une fenêtre, vous pouvez entreprendre cette tâche vous-même. Mais nous ne vous conseillons toujours pas d'utiliser des produits chimiques ou de sabler cette zone. Pour décaper de petites surfaces, choisissez l'une des méthodes présentées ci-après et illustrées sur la Figure 5.7 :

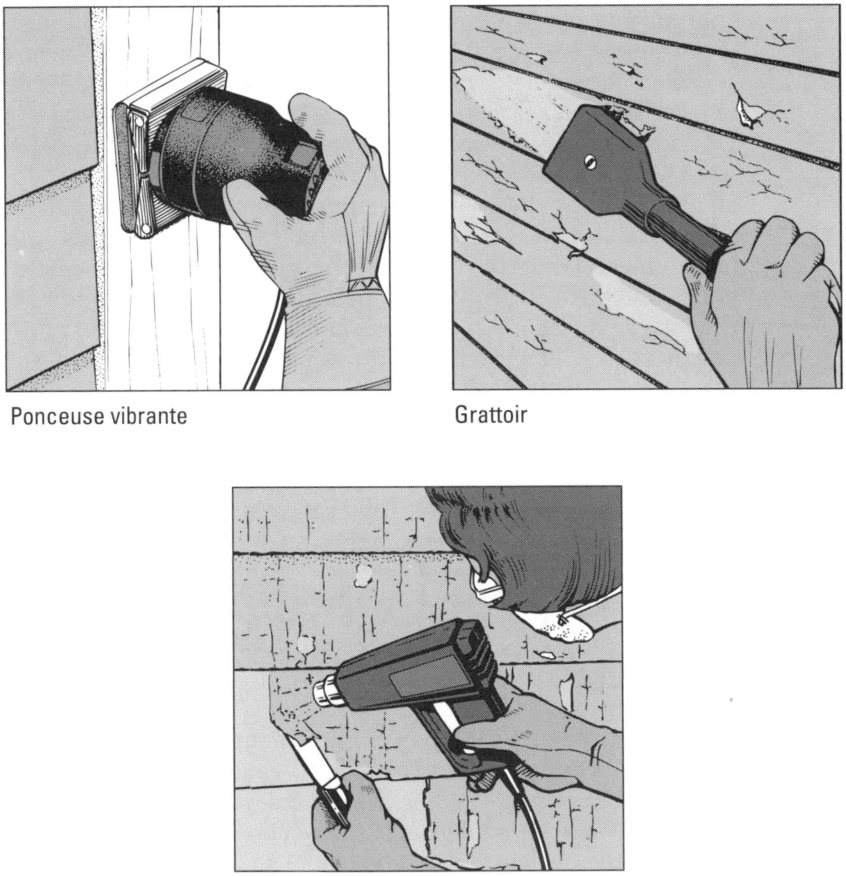

Ponceuse vibrante

Grattoir

Décapeur thermique

Figure 5.7 : Trois outils pratiques pour décaper des peintures en mauvais état sur de petites surfaces.

- **Une ponceuse électroportative ou orbitale :** Les ponceuses électriques sont beaucoup moins fastidieuses à manipuler que les simples cales à poncer. Le ponçage à la machine est simple, rapide et parfois amusant. Toutefois, il présente l'inconvénient de dégager suffisamment de poussière pour étouffer Lawrence d'Arabie. (Si l'appareil que vous utilisez n'est pas nanti d'un système d'aspiration, portez un masque respiratoire.) Certaines nouvelles ponceuses, excentriques ou à patins triangulaires, permettent l'aspiration de la sciure et de la poussière, ce qui résout également le problème de l'encrassement du papier abrasif. Evitez les ponceuses circulaires qui laissent des marques sur le support à décaper.

- **Un grattoir :** Les grattoirs sont disponibles en différentes tailles. S'ils sont moins amusants à manipuler que les ponceuses électriques, ils n'en sont pas moins efficaces, tout particulièrement sur de petites surfaces. Pour une efficacité optimale, affûtez la lame du grattoir avec une petite lime avant son utilisation et répétez cette opération plusieurs fois au cours du décapage.

- **Un décapeur thermique :** Vous pouvez utiliser un décapeur thermique pour enlever toute trace de peinture tenace. Ces outils sont très efficaces pour décaper de multiples couches de peinture à base d'huile.

Si vous optez pour ce type de décapage, gardez bien à l'esprit que de l'air suffisamment chaud pour brûler et ramollir la peinture est également suffisamment chaud pour embraser du bois sec ou des papiers. Utilisez cet outil avec précaution et gardez un tuyau d'arrosage à portée de main pour pouvoir éteindre un feu provoqué par des pelures de peinture enflammées ou des pièces de bois pourries susceptibles de flamber au surchauffement. (Un seau de fer peut être très utile pour y déposer les pelures de peinture récoltées au grattoir ou au couteau de peintre.)

Comme mentionné plus avant, certaines méthodes de décapage ne sont pas recommandées aux amateurs :

- **Décapant chimique :** Utiliser ces produits chimiques hautement toxiques en quantités suffisamment importantes pour ôter les couches de peinture de toute la surface d'une maison est absolument aberrant. Comptez plutôt sur un grattoir bien affûté et une bonne dose d'huile de coude.

- **Ponceuse circulaire :** Si vous avez de l'expérience dans le domaine du décapage à sec, cet outil vous aidera à effectuer des décapages très rapidement. Dans le cas contraire, sachez qu'une ponceuse circulaire est très difficile à manipuler et laisse souvent des marques sur le bois.

- **Brûle-peinture :** Il s'agit d'un autre type de décapeur thermique, une lampe à souder à gaz butane munie d'une buse plate et large, qui présente l'avantage de pouvoir travailler sans fil, mais l'inconvénient d'être bien plus dangereux. Si le dosage de la puissance de la flamme et du temps passé sur une surface est mal calculé, un incendie peut très vite se déclarer. Soyez raisonnable : optez de préférence pour la version à résistance électrique afin de ne pas risquer d'endommager les supports à traiter.

- **Tronçonneuse :** C'était juste pour voir si vous suiviez…

Avant de commencer à décaper, vous devez savoir que la poussière de peinture est dangereuse pour la santé. Portez toujours un masque et des lunettes de protection lorsque vous effectuez un décapage ; portez également des gants en caoutchouc pour protéger vos mains. Certaines peintures extérieures étaient autrefois à forte teneur en plomb. Si vous pensez que l'ancienne peinture que vous décapez est chargée en plomb, faites tester les pelures par un labo. (Reportez-vous à l'encadré intitulé "Décaper de la peinture à base de plomb" au Chapitre 4.)

Rebouchage des trous et fissures

Reboucher des trous, des fissures et toutes sortes de dégradations sur bois, maçonneries et plâtres avant de peindre permet à la fois d'améliorer la finition de la peinture, mais également d'allonger sa durée de vie. Les trous et les fissures extérieurs retiennent l'eau des pluies, ce qui finit inévitablement par dégrader la peinture.

Reboucher un trou ou une fissure sur une façade extérieure n'est pas très différent de reboucher un trou dans un mur de salon ; la différence principale étant le type de reboucheur utilisé. Pour les surfaces extérieures, les plus courants sont sous forme de pâte ou de poudre à mélanger à l'eau. Quel que soit le type utilisé, veillez à ce que le produit de rebouchage soit bien prévu pour l'extérieur.

Pour reboucher les trous et toute dégradation de surfaces extérieures, procédez comme suit :

1. **Nettoyez le trou ou la fissure à reboucher.**
2. **Remplissez la zone avec le produit de rebouchage.**

   Appliquez le produit à l'intérieur du trou ou de la fissure et lissez la surface pour amener au niveau du mur.

3. **Laissez le produit sécher et durcir selon les indications inscrites sur le paquet.**

4. **Poncez à la cale à poncer ou à la ponceuse électrique.**

   Les produits de rebouchage pour surfaces extérieures réduisent légèrement en séchant, si bien qu'il peut être nécessaire d'appliquer une deuxième couche. Veillez à bien dépoussiérer la zone à la brosse avant d'appliquer la seconde couche. Lorsque cette dernière est sèche, lissez et poncez de nouveau.

Pour réparer le bois endommagé, vous pouvez utiliser des reboucheurs à base de résines époxydes. Ces produits sont disponibles sous forme de deux composants (adhésif et durcisseur) que vous devez mélanger selon les instructions du fabricant. Ce type de reboucheur commence à sécher rapidement (3 à 5 minutes) ; ne préparez donc que la quantité nécessaire pour une application de 5 minutes maximum.

Utilisez un couteau de peintre pour appliquer la pâte sur la partie endommagée et amener au niveau de la surface. Ce reboucheur ne réduit pas autant que les produits comportant déjà un adhésif spécial destiné à l'usage extérieur. Toutefois, deux couches pourront être nécessaires pour recouvrir complètement une large cavité. Dès que le produit est sec, vous pouvez le poncer, le percer ou même le sculpter.

Apprêt

Si l'ancienne peinture est saine pour l'essentiel, seules les parties grattées ou réparées devront recevoir un apprêt. Si vous appliquez une peinture à l'eau sur un support brillant ou laqué, vous devrez prévoir un apprêt pour toute la maison. Une couche d'impression spécifique ou polyvalent est généralement nécessaire pour boucher les pores des surfaces absorbantes (supports qui n'ont jamais été peints, plâtre, etc.). Un produit durcisseur est utilisé pour homogénéiser et stabiliser toute maçonnerie et plâtrerie qui s'effritent, s'écaillent ou se farinent. Un enduit aluminium s'emploie sur les maçonneries tachées. Une peinture antirouille est nécessaire sur les métaux (fers, aciers, etc.). Enfin, le bois exposé à l'humidité doit recevoir une peinture d'imprégnation insecticide, fongicide et hydrofuge.

TRUC

Une impression de couleur blanche est difficile à masquer sous une seule couche de peinture colorée. Si vous avez l'intention d'appliquer une seule couche de peinture après une première couche d'impression, demandez au spécialiste de mélanger l'impression avec un colorant approchant la teinte de la couche de finition.

Le meilleur moment pour peindre

Le meilleur moment pour entreprendre vos travaux de peinture se situe entre le printemps et l'été, après les giboulées, mais avant que l'air ne se charge d'insectes et de poussière. Ne peignez pas par temps venteux, car le vent peut faire sécher la peinture trop rapidement ou projeter de la poussière ou des insectes sur la peinture fraîche. D'une manière générale, évitez de peindre à une température inférieure à 10°C ou supérieure à 20°C. Pour des informations spécifiques à la peinture que vous appliquez, vérifiez les recommandations inscrites sur le pot de peinture.

Si une peinture acrylique ou vinylique peut s'appliquer sur une surface très humide, vous devez impérativement éviter d'appliquer une peinture à base d'huile sur une surface même légèrement humide. Ne peignez jamais par temps humide, au lendemain d'un jour de pluie ou si un après-midi pluvieux est prévu. Avez-vous déjà vu des pros enfreindre ces règles ? Oui. Mais vous trouvez également de nombreuses façades aux peintures écaillées.

Ne peignez pas non plus sur une surface directement ensoleillée. Le cas échéant, la peinture que vous venez d'appliquer sur une partie du support commence à sécher avant même que vous n'ayez eu le temps de peindre la partie adjacente. Vous appliquez votre peinture sur des zones déjà sèches et obtenez pour finir des marques distinctes de brosses. Procédez au même rythme que le soleil, avec un petit temps d'avance : commencez par peindre le mur ombragé de la maison, et déplacez-vous avec le soleil de façon à toujours travailler à l'ombre.

Retirez tous les volets de la maison et stockez-les dans le garage ou tout autre endroit abrité. Il est également préférable de dégonder toutes les fenêtres et portes pour travailler dessus à plat sur deux tréteaux si vous devez le repeindre. Vous pourrez ainsi travailler non seulement plus facilement, mais également par temps de pluie.

Traitement des différentes parties de la maison

Tout emballage de peinture indique la quantité de surface recouverte par son contenu. Cette couverture varie en fonction de l'état de l'ancienne peinture, de la porosité, de la texture, de la couleur du support et de la quantité que vous renversez sur vos chaussures. Les surfaces très poreuses absorberont beaucoup de peinture d'impression, tout comme les supports à relief, tels que les crépis. Une ancienne peinture sombre pourra exiger plusieurs couches de nouvelle peinture pour être totalement masquée. Pour tester les recommandations inscrites sur un pot de peinture, appliquez environ un quart de son contenu, vous devriez recouvrir un quart de la quantité de surface prévue. Si vous avez recouvert plus de surface que prévu, appliquez la peinture plus généreusement.

N'essayez pas d'étirer la peinture en l'appliquant en couche si mince qu'elle couvre plus de surface qu'il n'est suggéré sur le pot. Le taux de couverture suggéré par le fabricant est destiné à fournir une parfaite protection de la surface peinte, ainsi qu'une bonne couverture de l'ancienne couleur de peinture.

La plupart des peintures peuvent s'appliquer directement au sortir du pot, sans aucune dilution supplémentaire. Toutefois, si vous devez diluer votre peinture, reportez-vous à l'encadré "Diluer une peinture", plus avant dans ce chapitre.

TRUC

Les peintures peuvent présenter de légères variations de couleur d'un pot à l'autre, tout particulièrement les peintures diluées par le revendeur. Si vous devez peindre une grande surface (telles que les murs extérieurs de votre maison) requérant plus de peinture que ne peut contenir un pot de peinture, calculez la quantité nécessaire pour une face, puis versez cette quantité dans un seau ou un pot plus grand, créant ainsi une couleur unique pour toute la façade de la maison. Changez de pot de peinture uniquement lorsque vous arrivez à une arrête de mur.

Avant de commencer à peindre, protégez toutes les plantations près de la maison en les recouvrant de bâches en plastique (ne laissez pas ces bâches trop longtemps ou vos plantes risqueraient de brûler). Protégez également le sol de votre terrasse ou patio avec du papier (le plastique pourrait devenir trop glissant).

Commencez toujours par le haut. Et glissez dans vos poches, avant de grimper à l'échelle, du papier à poncer, un grattoir, une brosse métallique, ainsi qu'un couteau de peintre. Pendant que vous peignez, nettoyez ou réparez tout défaut que vous auriez manqué durant la préparation.

Les portes

Pour les portes, choisissez de préférence une peinture glycérophtalique brillante, plus durable et plus facile à nettoyer qu'une peinture émulsion (à l'eau). Si l'ancienne peinture est très brillante, utilisez préalablement un produit pour dépolir la finition et nettoyez la surface.

TRUC

Si la porte est plane, vous pouvez indifféremment la peindre à la brosse, au tampon ou au rouleau. Les épaisseurs de portes se font au rouleau à rechampir ou à la brosse. Peignez par sections d'une demi-hauteur et d'une demi-largeur en commençant par l'angle supérieur gauche et en finissant par l'angle inférieur droit. Terminez par les épaisseurs. Pour les portes à panneaux, utilisez de préférence une brosse et commencez par les moulures, puis les panneaux, puis les chants horizontaux et verticaux, et enfin les épaisseurs. Poncez et peignez toujours dans le sens du grain. Pour les portes vitrées, commencez par les moulures autour des vitrages, puis les chants horizontaux, verticaux et les épaisseurs.

Les fenêtres

Pour les fenêtres, utilisez une petite brosse plate, une brosse ronde (ou pouce) de 25 mm et/ou une brosse à rechampir. Commencez par la traverse haute du châssis (le bois horizontal en haut de la fenêtre), puis la traverse basse, puis les montants et enfin (éventuellement) les petits bois à l'intérieur de la fenêtre. Peignez ensuite le dormant (le cadre fixe) en commençant par la traverse haute, puis la pièce d'appui et enfin les montants. Les ferrures se peignent en même temps que leurs montants et traverses. Si vous peignez avec les fenêtres non dégondées, ne les fermez pas tant que le cadre fixe et les châssis ne sont pas complètement secs.

Peignez à longs coups de brosse horizontaux (pour les traverses) et verticaux (pour les montants), puis croisez à petits coups de brosse dans le sens opposé (verticaux pour les traverses et horizontaux pour les montants). Enlevez les coulures immédiatement d'un léger coup de pinceau et lissez dans le sens des boiseries sans recharger.

Pour former un écran contre l'humidité entre la vitre et la boiserie, laissez bien la peinture pénétrer entre ces deux parties pour faire le joint entre elles en dépassant légèrement avec le pinceau (comme sur la Figure 5.8). Pour créer une ligne bien droite, utilisez une brosse de qualité et diluez correctement la peinture. Enveloppez un chiffon propre non pelucheux autour de la lame d'un couteau de peinture pour nettoyer la peinture sur la vitre. Pour éviter les traces de peinture, veillez à ce que la partie du chiffon en contact avec la vitre soit toujours propre.

Que vous choisissiez d'utiliser du papier adhésif crêpé pour protéger les carreaux ou de peindre soigneusement, puis d'utiliser un grattoir pour éliminer les débordements une fois la peinture sèche, le résultat est le même. Il n'y a pas de règle. La plupart des pros n'utilisent des rubans adhésifs que lorsqu'ils peignent au pistolet, mais vous pouvez trouver cette méthode plus convenable. Pour masquer une fenêtre, collez le papier adhésif sur le pourtour des carreaux en prenant soin de laisser un minuscule espace entre la boiserie et le verre. Après avoir appliqué le papier adhésif, utilisez la pointe d'un couteau de peintre pour faire pression sur le papier afin que la peinture ne se glisse pas dessous.

Figure 5.8 : Laissez bien la peinture pénétrer entre le bois et la vitre pour faire le joint entre eux.

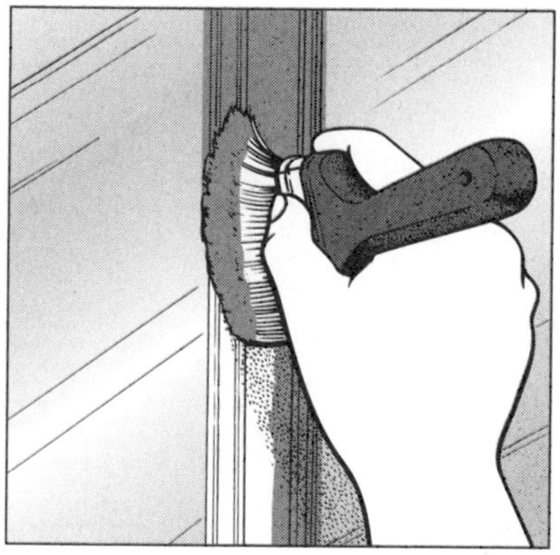

Appliquez le papier adhésif uniquement le jour où vous peignez et retirez-le dès que la peinture est sèche. N'attendez pas trop longtemps, sinon le soleil risquerait de faire fondre l'adhésif et de rendre son retrait plus difficile.

Vous pouvez également utiliser un masque en métal ou en plastique (vendu dans le commerce) pour protéger le verre. Déplacez cet outil au fur et à mesure que vous peignez en veillant toujours à ce que la peinture pénètre bien entre le bois et le verre pour faire le joint.

Murs de briques ou stuc

Vous pouvez peindre les murs de briques, en stuc ou en ciment d'une maison avec une peinture vinylique ou acrylique pour extérieur. Commencez par nettoyer soigneusement la maçonnerie pour la débarrasser de toutes ses saletés accumulées. Brossez à la brosse en chiendent sous un jet d'eau claire (n'utilisez aucun détergent qui risquerait de provoquer des taches blanches indélébiles), puis appliquez deux couches de peinture à la brosse à badigeon ou à l'aide d'une brosse large à longs poils très utile pour ce type de surface rugueuse (Figure 5.9).

Réfléchissez bien avant de peindre un mur de briques. La finition est souvent décevante et le décapage pratiquement impossible.

Figure 5.9 : Peignez une surface rugueuse à l'aide d'une brosse à badigeon ou d'une brosse large à longs poils.

Dans la mesure où l'humidité de l'hiver passe à travers la maçonnerie et provoque le cloquage et l'écaillage des peintures, il n'est pas conseillé de peindre les surfaces en stuc dans les climats froids. Un produit d'entretien spécifique pour maçonnerie est tout ce dont vous avez besoin le plus souvent pour rénover une façade en stuc. Appliquez le nettoyant pour décoller la saleté, puis débarrassez la surface de ses impuretés au nettoyeur à haute pression. Si la surface a toujours l'air aussi sale, envisagez de louer les services d'un professionnel pour passer une autre couche de ciment au pistolet ou à la brosse. Si vous habitez dans une région chaude, vous pouvez appliquer sur une surface en stuc une couche de peinture à résine acrylique (mais demandez, au préalable, l'avis d'un professionnel).

Pièces métalliques

Avant de peindre toute pièce métallique neuve, vous devez la nettoyer au chiffon non pelucheux imbibé de white spirit. Appliquez ensuite un primaire d'adhérence (peinture d'accrochage) ou une impression pour métaux et laissez sécher. Le temps de séchage est généralement inscrit sur l'emballage. La couche de finition se fait ensuite à l'aide d'une peinture à base de résine alkyde (à base d'huile) spécialement recommandée pour ce type de support. Vous pouvez appliquer la couche de finition indifféremment à la brosse, au rouleau, au tampon ou au pistolet.

Si le métal que vous voulez peindre est vieux et rouillé, commencez par le dérouiller complètement, en débordant largement sur les parties saines, à la brosse métallique (Figure 5.10) et à la lime pour chasser jusqu'au moindre point de rouille. Passez ensuite une couche de peinture antirouille, puis une sous-couche avant d'appliquer un produit de finition spécialement conçu pour les métaux.

Une autre méthode pour traiter les métaux rouillés consiste, après avoir brossé le métal pour faire tomber les parties les plus atteintes, à passer un *stop-rouille*, un produit inhibiteur liquide à base d'acide tannique, qui transforme la rouille en une couche de fond noirâtre apte à recevoir une peinture de finition.

Pour les petites surfaces métalliques, vous pouvez utiliser une peinture à la bombe (Figure 5.10) diluée à la bonne viscosité. L'utilisation d'aérosols pour ce type de surface est très pratique et sans danger si vous suivez les recommandations inscrites sur l'emballage.

Figure 5.10 : Une brosse métallique équipée d'une lime est idéale pour dérouiller et décaper une pièce de métal. Pour les petites surfaces, utilisez une peinture en aérosol conçue pour ce type de support.

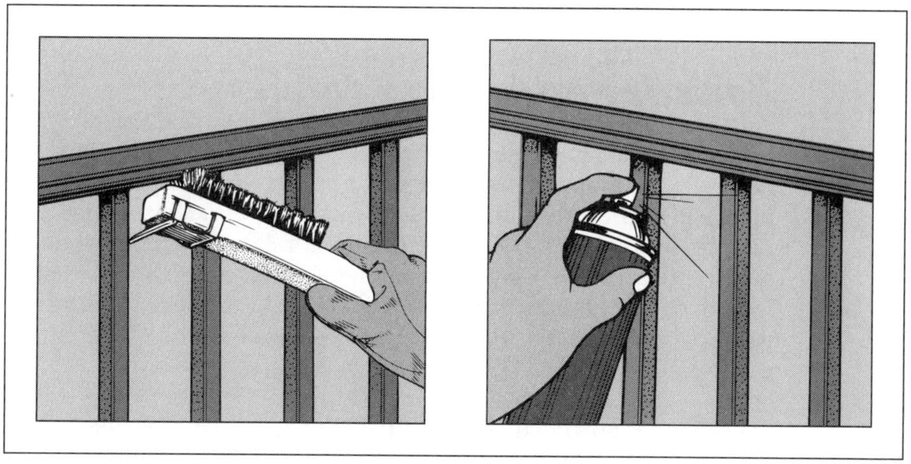

Si vous optez pour une application en pulvérisation au pistolet sur une grande surface, achetez un primaire et une peinture destinés à ce type d'application sur métaux. La plupart des peintures à l'huile doivent être diluées avant une pulvérisation. Les solvants à utiliser et les proportions de dilution appropriées sont inscrits sur les pots de peinture. Pour un résultat optimal, vous devez soigneusement régler la pression du pistolet et trouver l'exacte viscosité de la peinture ; faites quelques essais sur un carton avant de procéder.

N'oubliez pas que le métal constitue un support de peinture "impardonnable". Contrairement au bois, le métal n'a aucun pouvoir d'absorption. Toute la peinture pulvérisée sur le métal reste en surface, si bien que si vous l'appliquez en couche trop épaisse, des coulures ou différences de niveaux pourront apparaître. Etalez ou pulvérisez la peinture en couches fines en effectuant plusieurs passages. Ne paniquez pas si le métal n'est pas recouvert par le premier passage du pistolet : si vous suivez bien les recommandations inscrites sur l'emballage, les multiples passages de fines couches produiront la finition espérée.

Que vous projetiez la peinture à la bombe ou au pistolet, vous devez opérer un mouvement parallèle au support, régulier, continu en tenant l'instrument à angle droit de la surface à peindre. Tenez la bombe verticalement à 15 cm au moins du support et le pistolet à 30 cm de préférence. Relâchez la gâchette lorsque vous atteignez le bord de la surface. Si vous maintenez la pression lors d'un passage retour, vous doublez la couche en projetant plus de peinture sur les bords que sur la surface, ce qui surchargerait les bords et provoquerait des coulures.

Boiseries extérieures vernies

Pour mettre en valeur une porte extérieure, par exemple, dans sa couleur naturelle, vous pouvez opter pour un vernis ou un produit au polyuréthanne incolore. Sachez, toutefois, que les surfaces vernies exposées à la lumière directe du soleil et à l'humidité requièrent davantage d'entretien qu'une surface peinte. Elles exigent généralement des applications régulières, tous les ans de préférence, ou un entretien à l'éclaircisseur pour meubles afin de rattraper la teinte naturelle d'un bois qui ne serait que légèrement décoloré par le soleil.

Si le vernis d'une porte extérieure de votre maison s'écaille, vous devez commencer par la décaper. Utilisez un décapant chimique pour vernis pour mettre le bois à nu, puis poncez la porte au papier de verre très fin et dépoussiérez. Vous pouvez ensuite appliquer un vernis marin ou un produit au polyuréthanne (plastique). Ce type de finition contient des composants absorbants particulièrement résistants aux rayons ultraviolets et infrarouges. Pour une meilleure protection, appliquez au moins deux couches de finition.

TRUC

Si vous possédez une porte extérieure recouverte d'un vernis ou de polyuréthanne, n'attendez pas qu'elle se décolore totalement pour la rénover. Appliquez plutôt une nouvelle couche de finition une fois par an. Poncez légèrement la porte au papier de verre très fin, dépoussiérez et appliquez une couche de finition. En effectuant cette tâche tous les ans, votre travail ne prendra jamais plus d'une heure.

Nettoyage du matériel

Utilisez de l'eau savonneuse tiède pour nettoyer les peintures acryliques et vinyliques et du white spirit pour les autres (glycérophtaliques, vernis, etc.).

Pour réduire l'étape de nettoyage, recouvrez toute surface que vous ne voulez pas peindre. Nettoyez immédiatement, à l'aide d'une brosse ou d'une éponge imbibée du solvant approprié, toutes les tâches et éclaboussures de peinture.

Vous pouvez récupérer du white spirit de nettoyage en le versant dans un bocal étanche ; après quelques jours, la peinture se déposera au fond et vous pourrez réutiliser le solvant.

Chapitre 6

Rénovation et entretien des boiseries et meubles

Dans ce chapitre :

- Nettoyage et rénovation.
- Décapage et réparations.
- Teintes et vernis à bois.
- Nettoyage des accessoires d'ameublement et poignées.
- Peinture sur bois brut ou coloré.
- Décoration au pochoir.

Votre maison contient de nombreuses boiseries que vous souhaiteriez repeindre ou vernir ? Vous venez d'acheter un bureau dans un vide-grenier et vous voudriez lui apporter une nouvelle jeunesse ? La perspective apparemment laborieuse de décaper et restaurer ces éléments vous empêche peut-être de lever le petit doigt dans leur direction.

Pour commencer, ne pensez pas qu'une mise à nu du bois est toujours indispensable ; parfois, un bon nettoyage est tout ce qu'il faut pour redonner à une surface en bois son lustre d'antan. Toutefois, si un décapage complet est absolument nécessaire, pas de panique. Ce chapitre vous fournit toutes les infos dont vous avez besoin pour décaper et appliquer un produit de finition sur vos meubles et autres surfaces en bois. Il contient également quelques conseils utiles si vous souhaitez leur apporter un peu de gaieté avec des décorations personnalisées au pochoir.

Nettoyage et rénovation

Pour transformer une surface en bois, vous pouvez opter pour l'une des trois méthodes suivantes, en fonction du support et du résultat que vous voulez obtenir :

- Restaurer : Nourrir, rénover ou raviver la finition existante.
- Remplacer la finition actuelle : Enlever l'ancienne finition en surface et appliquer un nouveau produit de finition pour bois.
- Mettre à nu : Décaper totalement un bois vernis ou teinté.

Ces trois procédés sont progressivement plus complexes. Aussi, si vous pouvez récupérer un meuble ou toute pièce de bois à l'aide de l'une des deux premières méthodes, vous pourrez vous estimer heureux.

Commencer par un bon nettoyage

Avec le temps, meubles et boiseries peuvent accumuler toutes sortes de couches de cire, graisse de cuisine et autres saletés. Si le bois commence à s'assombrir ou se salir, ne croyez pas que vous deviez impérativement le décaper et lui appliquer une nouvelle finition. Commencez plutôt par le nettoyer à fond pour évaluer l'état de la finition d'origine.

Pour éliminer de la vieille cire et toute trace de saleté, suivez ces étapes :

1. **Trempez un chiffon propre non pelucheux dans un solvant tel que du white spirit.**

   Ces produits, disponibles dans toutes les grandes surfaces de bricolage, sont excellents pour éliminer la cire et autres saletés. Il existe également des *décireurs* et autres lotions nettoyantes, très efficaces pour éliminer les vieilles cires et l'encrassement des meubles et boiseries. Versez une bonne dose du produit au centre d'un morceau de tissu en coton (un vieux bout de tee-shirt, une chaussette ou un chiffon) directement à partir de la bouteille.

   Si vous travaillez à l'intérieur, ouvrez toutes les fenêtres pour bien ventiler la pièce de manière à disperser les émanations de solvant qui pourraient provoquer des irritations. Ces produits sont également explosifs, aussi n'oubliez pas d'éteindre toutes les flammes libres (telles que les veilleuses, brûleurs à gaz, etc.), et ne fumez pas pendant que vous travaillez.

2. **Frottez le morceau de tissu imbibé sur une petite portion du bois, puis essuyez avec un chiffon propre et sec.**

   Faites un essai sur une partie du bois non visible, telle que le dessous d'une table, avant de passer au reste de la surface si les résultats sont concluants.

3. **Si la finition apparaît intacte sur la zone testée, frottez le produit sur toute la surface pour la rénover complètement.**

   Dans le cas d'une surface très sale ou couverte de plusieurs couches de cire, vous devrez peut-être effectuer un deuxième ou troisième nettoyage.

4. **Si par endroits la finition semble partie, appliquez une teinte assortie à la couleur du bois sur les parties usées.**

   Pour les détails de l'opération, reportez-vous à la section "Vernis", plus loin dans ce chapitre.

Rénover la couche de finition

Parfois, même un bon nettoyage n'est pas suffisant pour rendre la beauté de l'essence d'une vieille surface en bois. Une remise à neuf ne fait qu'enlever la couche terne et sale, mais cette opération ne peut faire des miracles. Si le bois présente l'un des problèmes suivants, vous devrez peut-être enlever la finition incolore existante – mais pas nécessairement décaper toute la couleur (la teinte) du bois :

- La finition s'écaille par endroits.
- La surface présente des traces et tâches blanchâtres, probablement causées par toutes sortes de liquides renversés.
- La finition incolore se détache des couches de base.

Choisir son poison

Pour retirer une ancienne finition sur une surface en bois, vous avez besoin d'un décapant chimique approprié au type de finition.

TRUC

Pour déterminer le type de finition du bois, commencez par tester une zone non visible de cette surface (Figure 6.1). Versez du dissolvant pour vernis à ongles (contenant de l'acétone) ou tout autre produit plus spécifique sur un bout de coton ou sur un chiffon propre et appliquez-le sur la finition. Si celle-ci commence à cloquer et à plisser en quelques minutes, il s'agit d'un bois vernis, teinté ou laqué. Si la finition n'est pas attaquée par le produit dissolvant, il s'agit alors probablement d'un polyuréthane, auquel cas vous devrez utiliser un décapant pour peinture.

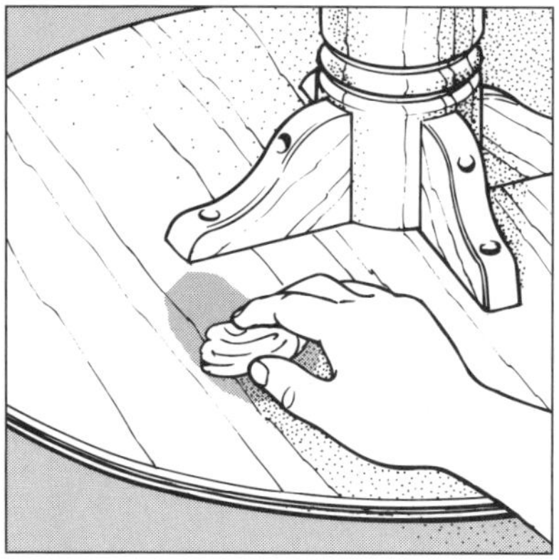

Figure 6.1 : Pour déterminer le type de finition d'une surface en bois, faites un test au dissolvant sur une portion non visible.

PRÉCAUTIONS

De nombreux dissolvants et décapants contiennent des produits chimiques hautement toxiques et dangereux s'ils ne sont pas correctement utilisés. Lisez toujours les précautions d'usage mentionnées sur les étiquettes avant toute utilisation et gardez bien à l'esprit ces quelques recommandations de base :

- Si l'étiquette mentionne que le produit doit être utilisé dans une pièce ventilée, travaillez avec cette substance uniquement à l'extérieur ou dans une pièce bien aérée. La plupart des décapants chimiques sont bien trop toxiques pour une utilisation en sous-sol où l'aération est limitée.
- N'utilisez pas ces produits près d'une flamme libre. Assurez-vous d'éteindre toutes les veilleuses. Et n'oubliez pas que les émanations de produits inflammables sont aussi inflammables.
- Ne fumez pas, ne mangez pas et ne buvez pas non plus en travaillant avec ces produits. Et n'oubliez pas que les émanations de produits toxiques sont également toxiques. Portez un masque respiratoire approprié à cet usage lorsque vous travaillez avec des substances provoquant des émanations toxiques.
- Après usage, lavez tout chiffon imbibé dans un récipient en métal et jetez les bouteilles vides dans les containers appropriés, conformément aux recommandations inscrites sur les étiquettes des produits.

Plutôt que d'utiliser ces produits toxiques et dangereux, vous pouvez essayer des décapants vendus sous forme de gels ou de pâtes, lesquels sont non toxiques, non inflammables et biodégradables. Ces produits, conçus dans le respect de l'environnement, peuvent décaper à la fois la peinture à l'eau et à l'huile, ainsi que les vernis. Leurs émanations ne sont pas dangereuses, il suffit d'un peu d'eau et de savon pour les nettoyer, et vous n'avez pas besoin de porter des gants pour les utiliser !

Quelques fournitures utiles

Voici une liste de quelques autres matériaux et outils dont vous aurez besoin pour remplacer une finition de bois abîmée :

- Tampon métallique ou laine d'acier.
- Brosses douces en différentes déclinaisons (dont une vieille brosse à dents pour frotter aux endroits étriqués).
- Un tablier de protection dans une matière résistante, en toile ou en jeans par exemple, pour recouvrir vos vêtements.
- Chiffons propre non pelucheux.
- Gants en caoutchouc (pas en latex).
- Lunettes de protection.
- Papiers abrasifs à grain moyen et fin.
- Couteau de peintre ou grattoir triangulaire.
- Bâches de protection pour le sol, les murs et autres surfaces à préserver des éclaboussures.

Rénover une finition étape par étape

Pour éviter tout risque d'explosion ou d'incendie, n'utilisez pas ces produits chimiques près d'une flamme libre (dont les veilleuses de chaudière). Sachez également que tous les décapants et dissolvants qui contiennent du chlore peuvent endommager une chaudière si le produit pénètre dans la chambre de combustion. Le chlore peut s'associer à l'hydrogène au cours de l'opération de combustion, formant de l'acide chlorhydrique qui peut détruire l'échangeur de chaleur de la chaudière. Avant d'utiliser ces produits, pensez à éteindre votre chaudière et à ouvrir les fenêtres. Si les objets que vous voulez décaper se trouvent dans une pièce non ventilée, déplacez-les et opérez à l'extérieur ou dans une pièce correctement aérée et réinstallez-les lorsque vous avez terminé.

Lorsque vous utilisez des décapants pour vernis à bois, suivez toujours les recommandations des fabricants. Voici quelques grandes lignes de la procédure impliquée :

1. **Protégez les surfaces alentour par des bâches en plastique recouvertes de plusieurs couches de papiers journaux.**

2. **Versez à peu près une tasse de décapant dans un petit récipient.**

   Si vous interrompez votre travail, couvrez ce récipient pour retenir les émanations.

3. **Trempez de la laine d'acier dans le produit.**

4. **Pressez-la pour essorer tout excès de liquide, puis frottez la surface à décaper en petits mouvements circulaires.**

   TRUC

   Pour atteindre les recoins et autres crevasses, utilisez une brosse à dents ou enroulez la laine d'acier autour d'une ficelle solide (Figure 6.2). Pour les cannelures et rainures étroites, utilisez uniquement la ficelle trempée dans le produit.

5. **Continuez à nettoyer avec la laine d'acier jusqu'à ce que l'ancienne finition soit partie.**

   Remplacez la laine d'acier usée et ajoutez du produit autant de fois que nécessaire en progressant par petites surfaces circulaires et en empiétant chaque fois sur les surfaces déjà nettoyées.

6. **Lorsque vous avez terminé, trempez de la laine d'acier propre dans le produit et frottez le bois pour nettoyer sa surface de tout résidu.**

   Frottez dans le sens du fil (le dessin du bois).

7. **Laissez le bois sécher (tout une nuit de préférence).**

8. **A l'aide d'un chiffon propre en coton, appliquez doucement une ou plusieurs couches de cire "antiquaire" ou de l'huile de lin.**

   Ces produits, disponibles dans toutes les grandes surfaces de bricolage, protègent et nourrissent le bois, tout en mettant en valeur sa couleur naturelle. Suivez les recommandations spécifiques du fabricant. Certains produits vous recommandent d'appliquer l'huile et de la laisser sécher ; d'autres vous conseillent de l'appliquer et de la frotter avec un autre chiffon pour bien la faire pénétrer et lustrer le bois. Quel que soit le cas, lorsque l'huile sèche, elle se durcit et crée une protection naturelle du bois.

Figure 6.2 : Utilisez de la laine d'acier trempée dans un produit décapant pour frotter la surface. Tordez de la laine d'acier en fine lamelle ou enroulez-la autour d'une ficelle pour les petites crevasses.

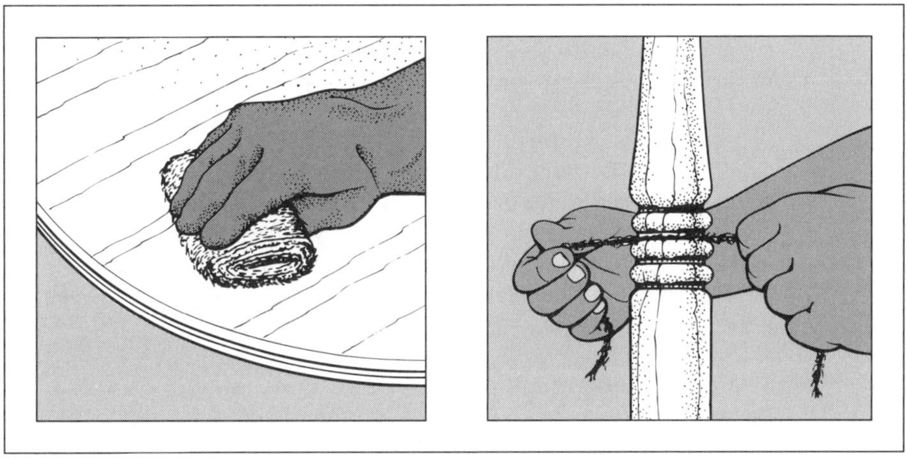

Les instructions précédentes s'appliquent à la fois aux meubles et boiseries. Suivez ces étapes pour entretenir également vos portes en bois, moulures, fenêtres, etc.

Si vous travaillez sur le bois d'une fenêtre ou d'une moulure de plafond, utilisez plutôt un produit sous forme de gel ou pâte qui ne gouttera pas.

Décapage et réparations

Si vous décidez de changer la teinte ou l'entière finition du bois, vous devez le décaper complètement. Les professionnels de la peinture et du décapage utilisent des réservoirs remplis d'un produit chimique puissant capable de décaper un meuble par immersion en deux temps trois mouvements. Le bémol, dans cette approche, c'est que certaines fixations peuvent se relâcher ou certaines parties collées se décoller dans l'opération. L'autre solution, comme toujours, consiste à vous équiper des bons outils et produits pour décaper vous-même la surface en question.

Décaper de la peinture n'est jamais une tâche facile, mais vous réduirez considérablement votre temps de travail et éviterez les mauvaises surprises en respectant les recommandations du fabricant et les informations et conseils suivants.

Effectuer les réparations avant de décaper

Avant de décaper un meuble, faites un examen minutieux de l'objet pour repérer ses éventuels défauts. Si des ajouts de colle sont nécessaires pour réparer l'objet, opérez avant l'étape de décapage.

Si le placage s'est décollé, vous pouvez peut-être réactiver la colle à la vapeur. Commencez par faire une entaille au rasoir (dans le sens du grain) pour permettre à la vapeur de bien pénétrer sous le placage. Posez un tissu propre sur le placage lâche que vous chauffez avec un fer à repasser à vapeur. Si cette astuce fonctionne (ce n'est pas toujours le cas), terminez l'opération en faisant appui sur les parties à coller à l'aide d'une pile de livres ou de tout autre objet lourd plus large que la zone à réparer.

Si la chaleur ne produit pas l'effet escompté, injectez ou appliquez à la brosse de la colle à bois sous le placage, comme illustré sur la Figure 6.3 (un serrage est, là aussi, nécessaire). Eliminez tout excès de colle en surface. Si la zone à réparer est plate, recouvrez-la d'une feuille d'aluminium ou de papier sulfurisé et posez un objet lourd jusqu'au séchage complet de la colle (généralement une nuit entière). Si la zone à réparer est courbe, effectuez un serrage à l'aide d'une corde.

Si le placage est trop abîmé, vous pouvez emportez la pièce chez un expert qui le remplacera ou le réparera. Le prix de ce service varie en fonction de la taille et de la complexité du travail. Cela en vaut peut-être la peine pour un meuble de famille auquel vous tenez, mais sûrement pas pour votre dernière trouvaille aux puces.

Pour recoller des pieds ou des barreaux, retirez les parties décollées de la chaise ou de la table et éliminez l'ancienne colle. Il faudra peut-être faire appel à votre ingéniosité si la colle se trouve dans une petite cavité difficile à atteindre. Utilisez un petit morceau de papier de verre, un grattoir à bois ou même une lime à ongles pour gratter ou poncer la colle dans son recoin. Appliquez ensuite un peu de colle à bois sur la surface et replacez la pièce décollée. Pour bien faire adhérer les deux parties, nouez une corde souple, une corde à linge par exemple, autour des pieds, en faisant deux tours. Placez un bâton de bois entre les deux et tournez le bâton plusieurs fois pour serrer, comme illustré sur la Figure 6.4. Pour une bonne fixation, le serrage doit agir plusieurs heures, de préférence toute la nuit, jusqu'au séchage complet de la colle.

Lorsque toutes les réparations nécessaires sont terminées, vous êtes prêt pour l'étape de décapage.

Figure 6.3 : Soulevez le placage pour déposer la colle à bois, puis effectuez un serrage jusqu'au séchage complet de la colle.

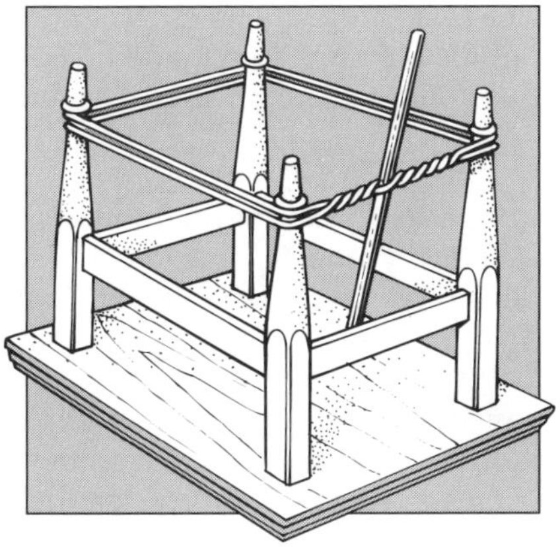

Figure 6.4 : Entourez une corde plusieurs fois autour des pieds et faites un nœud. Insérez ensuite un bâton et tournez pour bien serrer la corde.

Choisir le bon décapant

Il existe principalement deux types de décapants pour le bois ; votre choix dépend essentiellement de la forme du support à décaper :

- **Pâtes décapantes :** Ces produits sont très efficaces pour éliminer les vernis marins, lasures, polyuréthannes, vitrificateurs, ou lorsqu'il faut détruire de multiples couches de peinture et autres finitions sans attaquer les supports. Utilisez des gels qui ne coulent pas pour décaper les surfaces verticales, telles que des portes, des fenêtres ou encore des pieds de table ou de chaise.

- **Décapants liquides ou en aérosols :** Les décapants disponibles sous forme d'aérosols sont très pratiques pour les petits travaux délicats (attention, toutefois, à bien masquer les zones avoisinantes pour les protéger). Ils permettront également d'éliminer en profondeur les peintures, vernis, lasures, etc.

Dans le doute, expliquez votre projet au vendeur pour qu'il vous aide à choisir le bon décapant.

Avant de vous lancer

Avant de commencer à décaper, pensez à enlever tous les accessoires, poignées, portes ou pieds (s'ils sont fixés plutôt que collés). Posez les portes, panneaux et autres sur une surface plane, telle qu'un chevalet de scieur de bois. Vous pouvez disposez de petites pièces sur un établi ou une vieille table si vous les élevez à l'aide de briques ou de planches et placez une bâche de protection en dessous.

Utilisez des bâches de protection en plastique sur le sol pour éviter que d'éventuelles gouttes de décapant ne l'attaque. Si vous décapez des pieds de meubles, placez les pieds dans des boîtes de conserve pour récupérer les coulures.

Le temps de pose doit être suffisamment long pour dissoudre la finition, mais pas trop. Grattée trop tôt, la finition ne viendra pas. Oté trop tard, le décapant séchera et durcira. Travaillez les portes ouvertes ou, de préférence, à l'extérieur, mais jamais directement sous le soleil ou dans un courant d'air. La lumière du soleil et le vent pourrait faire sécher le produit avant que la peinture ne soit dissoute.

Décaper

Suivez ces étapes pour appliquer et gratter le décapant (qui entraînera – si tout va bien – l'ancienne peinture avec lui) :

1. **Remuez le récipient pour mélanger le produit.**

   Ouvrez son couvercle lentement pour permettre à la pression d'air de s'échapper.

2. **Etalez une épaisse couche de décapant avec un vieux pinceau.**

   Ne lissez pas le produit comme vous le feriez avec de la peinture, mais appliquez-le en une couche épaisse en donnant des coups de pinceaux dans une seule direction (n'essayez pas d'étirer le produit).

   Lorsque vous décapez les pieds d'une chaise ou d'une table, vous pouvez être tenté d'étaler de fines couches de produit parce que vous craignez qu'il ne goutte le long des pieds. Plutôt que d'essayer de faire des économies en appliquant finalement trop peu de produit pour qu'il soit vraiment efficace, placez des boîtes de conserve sous les pieds et étalez généreusement le décapant dont vous pourrez ensuite récupérer l'excédent. (Voir Figure 6.5.)

Figure 6.5 : Pour récupérer les coulures, placez des boîtes de conserve vides sous les pieds d'une chaise ou d'une table.

3. **Laissez agir le produit le temps recommandé sur l'emballage.**

   Ce temps varie, généralement, entre 10 et 45 minutes, en fonction du nombre de couches de finition, de leur ancienneté et de leur type. Si vous décapez un petit objet, vous pourrez peut-être étaler le produit et placer l'objet dans un sac poubelle que vous refermez hermétiquement pour prolonger l'action du décapant.

   Ne bâclez pas le travail ; laissez au décapant tout le temps nécessaire pour agir. Il peut être tentant de commencer à gratter avant que le produit n'ait attaqué la peinture, mais vous vous retrouveriez alors avec plus de travail sur les bras. Soyez patient, ne commencez pas à gratter tant que la peinture ne cloque pas.

4. **Testez la finition avec un grattoir triangulaire ou un couteau de peintre.**

   Si la peinture se détache facilement du support sous la pression du couteau ou du grattoir, elle est prête à être décapée. Dans le cas contraire, attendez et renouvelez votre tentative plus tard. Si la peinture ne bouge toujours pas, appliquez une autre couche de décapant.

5. **Grattez, grattez, grattez.**

   C'est l'étape la plus laborieuse. Si vous grattez au couteau, poussez-le en avant, en opérant par petites surfaces. Si vous utilisez un grattoir, grattez en tirant vers vous. Si vous travaillez sur des surfaces verticales, grattez de bas en haut. Placez, au fur et à mesure que vous grattez, les résidus qui se détachent du bois dans un récipient métallique. Frottez votre grattoir sur le rebord du récipient pour décoller les résidus récoltés.

   Pour les zones à petits reliefs et autres surfaces compliquées, entourez de la laine d'acier autour d'une ficelle ou corde à linge et frottez-la pour poncer l'ancienne finition (reportez-vous à la Figure 6.2). Vérifiez l'étiquette sur l'emballage pour vous assurer que le décapant que vous utilisez ne réagira pas avec la laine d'acier. Vous pouvez également utiliser une brosse à dents (voir Figure 6.6) et de nombreux autres accessoires, spécialement conçus pour le décapage, disponibles dans les grandes surfaces de bricolage et autres commerces spécialisés.

   Si la finition résiste, vous devrez appliquer plusieurs couches de décapant.

6. **Brossez les restes de décapant.**

   Si vous avez utilisé un gel non toxique, trempez un pinceau dans de l'eau chaude savonneuse et brossez les résidus. N'oubliez pas que l'eau peut faire gonfler les fibres du bois ou décoller les joints. La meilleure approche consiste à frotter l'ancienne finition d'abord, puis à utiliser un produit nettoyant pour éliminer tout reste de peinture et de produit.

   Si vous avez utilisé un décapant chimique standard, nettoyez la surface au white spirit. Appliquez ce diluant sur un support encore humide. Trempez de la laine d'acier dans un récipient contenant le produit et frottez la surface dans un mouvement de va-et-vient, en respectant le fil du bois.

7. **Nettoyez vos outils et rangez tout le matériel utilisé, y compris les bâches de protection.**

   N'oubliez pas que tous les matériaux trempés dans ces produits chimiques peuvent s'enflammer spontanément. Faites sécher les tissus, laines d'acier, papiers et autres matériaux utilisés à l'extérieur, et placez-les dans des récipients en métal hermétiques lorsqu'ils sont bien secs. Jetez les emballages des produits chimiques conformément aux notices d'utilisation.

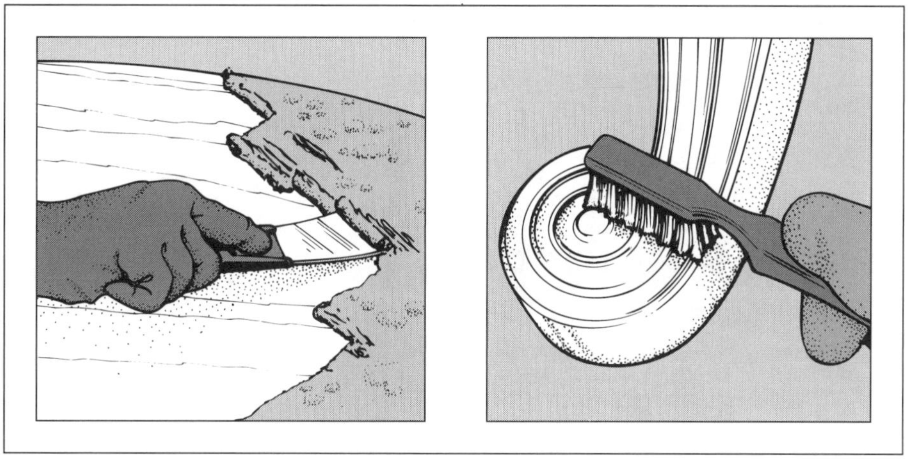

Figure 6.6 : Vous pouvez gratter au couteau en le poussant (ou même à la brosse à dents pour les petits reliefs).

Effectuer les réparations après le décapage

Après avoir bien décapé le bois, mais avant d'appliquer la finition, examinez soigneusement la surface à la recherche de petits défauts. Si le bois présente des entailles, vous pouvez faire travailler les fibres du bois à la vapeur pour réduire ou éliminer l'entaille. Posez un chiffon humide sur la zone entaillée et chauffez-la avec un fer à repasser, comme illustré sur la Figure 6.7. Vous pouvez également faire couler quelques gouttes d'eau chaude dans l'entaille et laisser l'eau gonfler le bois. Si l'entaille est profonde, appliquez un reboucheur (pâte à bois, bouche-pores, etc.) avec un couteau adapté. Enduisez, enlevez l'excédent et lissez lorsque la pâte a durci.

Les pâtes à bois sont des pâtes résineuses qui colmatent, rebouchent et consolident les bois endommagés et vermoulus. Certaines sont composées de véritables bois reconstitués. Les bouche-pores, liquides ou durs, permettent d'obtenir une surface lisse et dure, parfaite avant l'application d'une finition. Ces produits existent en teintes s'harmonisant avec l'essence des bois traités.

Vous pouvez teinter vous-même une pâte à bois incolore en plongeant un bâton dans un pot de peinture bois, vernis teinté ou lasure pour en retirer un peu de pigment déposé au fond. Mélangez ensuite la pâte avec le bâton ; renouvelez l'opération autant de fois que nécessaire pour obtenir la teinte désirée.

Il existe également (en différents coloris) des feutres de retouche qui reteintent et masquent les griffes et petits accrocs sur les bois vernis ou cirés.

Figure 6.7 : Pour remettre à niveau un bois entaillé, placez un chiffon humide sur l'entaille et chauffez la zone endommagée avec un fer à repasser.

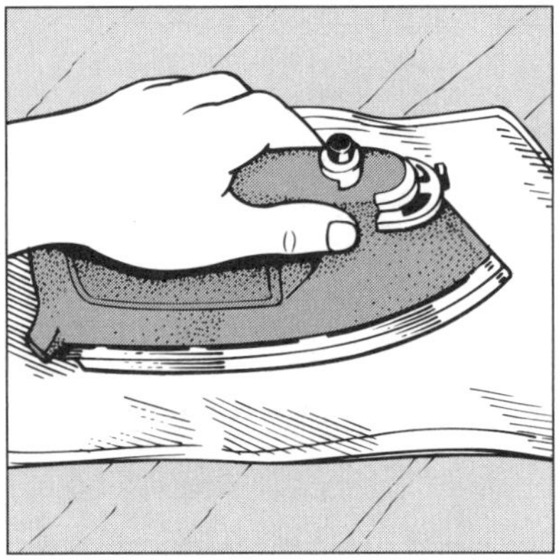

Si des taches sombres apparaissent sur le bois (généralement causées par de l'eau), commencez par appliquer une couche de décapant. Si la tache résiste, essayez de la frotter avec de l'acide oxalique, disponible dans les magasins spécialisés. Sachez, toutefois, que l'acide oxalique dénature la couleur du bois, si bien que, à la place d'une tache sombre, vous vous retrouvez avec une partie du bois dont la teinte ne correspond plus avec le bois d'origine. Aussi, si vous voulez supprimer des taches sombres sur un meuble, prévoyez également de le reteinter dans sa totalité pour retrouver une couleur uniforme.

Mélangez les cristaux d'acide oxalique dans de l'eau, conformément aux recommandations du fabricant, trempez un chiffon propre dans la solution et étalez le tissu sur la tache. Attendez une dizaine de minutes pour que le chlore agisse, puis soulevez le chiffon pour voir si la tache est partie. Dans le cas contraire, replacez le chiffon et attendez un peu plus longtemps.

L'acide oxalique est un produit toxique. Comme pour tous les produits chimiques dangereux, lisez attentivement les notices d'utilisation, portez des gants de protection en PVC pour la manipulation et rangez ces poisons hors de portée des enfants et des animaux.

Poncer la surface

Lorsque l'ancienne finition est décapée et les réparations terminées, examinez l'objet. Si vous constatez des griffes ou des accrocs, ou si la fibre du bois semble irrégulière ou rugueuse, c'est le moment de poncer. En plus de lisser la surface, le ponçage enlève également une fine couche de bois afin de permettre à la finition de pénétrer uniformément et plus en profondeur.

Utilisez du papier de verre ou papier silex à grain fin (120 et plus). Poncez dans le sens de la fibre ; si vous poncez contre le fil du bois, vous risquez d'écorcher la surface. Découpez des feuilles de papier abrasif en fines lamelles pour poncer (comme illustré sur la Figure 6.8) des pieds ronds de chaise ou de table. Enfilez une chaussette ou un collant sur votre main libre pour essuyer la poussière de bois sur la surface pendant que vous poncez. La chaussette ou le collant s'accrochera aux rugosités, de sorte que vous pourrez facilement localiser les zones qui requièrent plus d'attention.

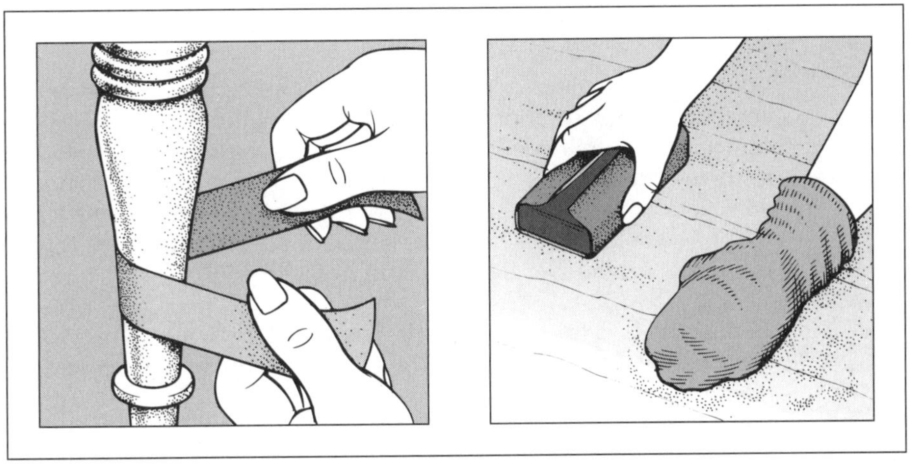

Figure 6.8 : Découpez de fines lamelles de papier abrasif pour poncer de petites surfaces arrondies. Passez votre main dans une chaussette ou un collant sur la surface pour repérer les endroits rugueux.

Vous pouvez créer votre propre cale à poncer avec un bout de bois qui s'adaptera parfaitement à la paume de votre main. Coupez ensuite une feuille de papier abrasif et enroulez-la autour de la cale (Figure 6.8.).

Les ponceuses électriques à main, ou ponceuses excentriques, constituent des outils parfaits pour les surfaces plates, mais également efficaces pour poncer les surfaces incurvées. Leur mouvement excentrique assure la finition et le parfait polissage des surfaces vernies ou peintes. La plupart d'entre elles sont aujourd'hui équipées de sacs papiers ou jupes d'aspiration pour récolter les poussières.

Si vous voulez raviver un meuble ancien de valeur, évitez de le poncer, à moins que cela soit absolument nécessaire. Le ponçage élimine la fine patine qui s'est créée avec le temps, ce qui pourrait faire baisser la valeur de l'objet.

Teintes et vernis à bois

Les peintures à bois, vernis et lasures existent dans une grande variété de teintes. A partir d'une teinte choisie, vous obtenez différentes nuances selon l'essence du bois ; des nuanciers sont généralement disponibles dans les magasins spécialisés, mais vous pouvez également demander au vendeur une démonstration sur des échantillons particuliers. Pour de jolis bois, tels que le chêne, utilisez de préférence une teinte qui mettra le dessin du bois en valeur. Pour les meubles faits d'un bois moins noble ou les bois mal assortis, les tons pastels constitueront un choix plus judicieux, car ils dissimulent bien le fil du bois.

Vous pouvez également mélanger différentes teintes pour créer votre propre couleur. Si vous décidez d'opter pour cette solution, mélangez une quantité suffisamment importante pour réaliser tout le projet. Calculez soigneusement les proportions, car si vous vous trouvez à court en plein milieu d'un projet, il vous sera difficile de retrouver exactement la même couleur ou le même ton. Si vous calculez précisément les proportions, vous pourrez reproduire le bon mélange sans essayer de réinventer la recette.

Le pin et autres bois tendres ont tendance à avoir des fibres inégales qui absorbent les teintes de manière inégale, produisant un aspect tacheté. Pour bien préparer un bois tendre, commencez par appliquer une couche de bouche-pores ou tout autre produit conditionnant le bois afin de permettre une meilleure pénétration de la finition et un aspect plus homogène.

La manière dont vous appliquez la teinte dépend du résultat que vous voulez obtenir. Vous pouvez utiliser une éponge neuve ou un chiffon non pelucheux pour appliquer la teinte sur toute la surface du bois, dans le sens du fil, puis passer une couche de finition, vernis, laque ou polyuréthanne. Le polyuréthanne sèche rapidement et donne une finition très résistante, de sorte qu'il est devenu beaucoup plus populaire que les vernis ordinaires. Ces produits existent en finition brillante, satinée ou mate.

Une autre option consiste à utiliser un produit combinant une teinte et une finition polyuréthanne en une application. Plusieurs couches de ce produit donneront au bois une couleur plus intense et une finition plus résistante. Poncez légèrement entre les couches. Vous pouvez également utiliser un vernis polyuréthanne seul, pour un ton naturel sur bois nu ou appliquer une teinte, suivie d'une couche d'huile de lin ou de cire qui protégeront efficacement le bois.

TRUC

Lorsque vous appliquez une finition sur un meuble, passez vos couches sur toutes les surfaces pour éviter au bois de gauchir et conserver ainsi au bois sa forme d'origine. Voici une petite astuce pour réparer une porte gondolée : posez la porte sur une surface plane, le côté bombé vers le haut, et empilez des livres (ou tout autre poids) sur la porte. Laissez ces objets sur le bois jusqu'à ce que la porte se redresse. Passez ensuite une couche supplémentaire de finition à l'intérieur de la porte pour empêcher l'humidité de pénétrer dans le bois et de le gondoler.

Suivez les indications ci-après, en liaison avec celles du fabricant, pour appliquer une finition sur du bois neuf ou décapé :

1. **Portez des gants en caoutchouc pour protéger vos mains.**

2. **Versez une petite quantité de teinte dans un bac ou seau à peinture.**

3. **Plongez une éponge neuve, un chiffon non pelucheux ou un pinceau dans le produit et pressez pour en retirer l'excédent.**

   N'OUBLIEZ PAS

   Les pigments de la teinte se déposent au fond du récipient après quelques heures. Pour une couche uniforme, remuez la teinte régulièrement.

4. **Appliquez la teinte sur toute la surface en suivant le fil du bois, comme illustré Figure 6.9.**

5. **Essuyez tout excès de teinte avant qu'elle ne sèche avec un chiffon propre non pelucheux.**

   Répétez l'opération pour un ton plus sombre.

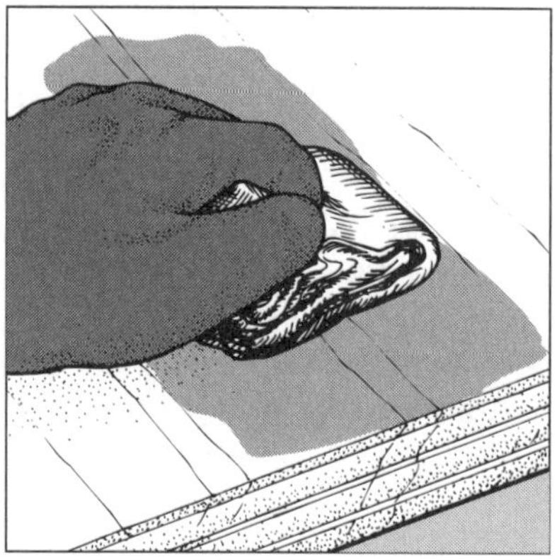

Figure 6.9 : Appliquez la teinte dans le sens du fil.

Nettoyage des accessoires d'ameublement et poignées

Le bois n'est pas le seul composant d'un meuble qui a besoin d'entretien. Les poignées, gonds, charnières, boutons en métal et autres accessoires d'ameublement, de portes et fenêtres s'usent et se salissent également avec le temps.

Démontez tout accessoire avant de le nettoyer – un tournevis pourra être nécessaire pour cette tâche. Si l'accessoire est petit, incurvé ou ciselé, une vieille brosse à dents pourra être utile. Deux types de produits vous permettent de nettoyer ces accessoires : les décapants pour peinture ou vernis et les crèmes nettoyantes spécifiques pour l'entretien du bronze, cuivre et laiton. Préparez un espace de travail pour y installer les pièces, produits et outils et protégez les alentours.

Suivez ces étapes pour nettoyer tout accessoire en cuivre, laiton ou bronze à l'aide d'une crème nettoyante (crème des Poesliers, par exemple) :

1. **A l'aide d'une brosse en soie de sanglier, appliquez une bonne couche de liquide ou crème nettoyante sur la pièce à astiquer.**

2. **Laissez le produit agir 5 à 10 minutes.**

3. **Essuyez le nettoyant à l'aide d'un chiffon propre ou de mèches de coton (Figure 6.10) pour en retirer toutes les poussières, traces de peinture et autres saletés.**

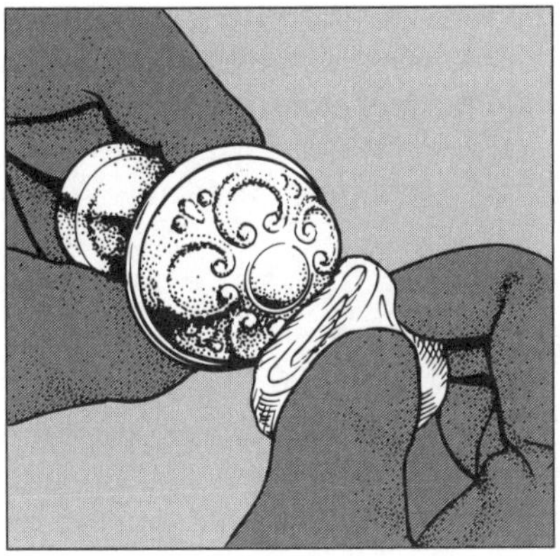

Figure 6.10 : Démontez les accessoires d'ameublement pour bien les nettoyer.

4. **Lorsque toutes les taches et autres saletés sont nettoyées, frottez le métal avec un chiffon propre et sec pour le polir.**

Suivez ces étapes pour nettoyer tout accessoire en cuivre, laiton ou bronze à l'aide d'un produit décapant :

1. **Trempez l'accessoire à nettoyer dans un liquide décapant.**
2. **Attendez que le produit commence à faire des bulles.**
3. **Utilisez une brosse rigide pour retirer l'ancienne peinture, la ternissure ou la finition du métal.**

   N'oubliez pas de porter des gants de protection pour cette manipulation.
4. **Utilisez un produit nettoyant ménager pour éliminer tout reste de décapant.**
5. **Laissez sécher l'accessoire.**
6. **Frottez la surface avec un chiffon propre et sec pour la polir.**

DANGER

Les deux séries d'étapes précédentes sont adaptées au nettoyage de pièces en métal tel que le bronze, le cuivre ou le laiton. Pour vérifier si l'accessoire que vous voulez nettoyer est en métal solide ou simplement plaqué, approchez un aimant de l'objet. Contrairement au métal plaqué, le bronze, le cuivre et le laiton n'attirent pas les aimants. Si vous avez constaté que la pièce était en plaqué, testez le produit sur une petite surface. Si le produit nettoie la surface sans attaquer le placage, passez-le sur toute la surface. Dans le cas contraire, utilisez un nettoyant à métaux ordinaire. Des finitions bronze, laiton et cuivre sont également disponibles en aérosols pour réparer des placages.

Si le passage du temps a infligé bien trop de marques à une pièce métallique pour pouvoir lui redonner son éclat à l'aide d'un nettoyant, n'hésitez pas à la remplacer. La gamme des poignées, boutons et autres accessoires pour habiller vos meubles, proposée dans les grandes surfaces de bricolage et autres magasins de décoration, est toujours très variée.

Peinture sur bois brut ou coloré

Vous pouvez faire de très bonnes affaires dans les magasins de meubles d'occasion ou de bois brut. Les meubles neufs sont faciles à peindre, car ils ne présentent aucun problème de surface ou de couche qui pourrait interférer avec l'application. Toutefois, peindre des vieux meubles offre aussi des avantages dans la mesure où il n'est pas toujours nécessaire de décaper l'ancienne finition. Les peintures glycérophtaliques (à base d'huile) résistent mieux à l'usure que les acryliques, ce qui en fait un meilleur choix pour habiller vos petites trouvailles.

Les peintures glycérophtaliques peuvent avoir un aspect brillant, satiné ou mat. Choisissez la finition la mieux adaptée à votre décor (en harmonie ou en contraste avec les autres meubles de la pièce). N'oubliez pas que les finitions mates ne reflètent pas la lumière et peuvent ainsi atténuer des défauts et autres imperfections du bois ; les peintures brillantes sont solides, durables, faciles à nettoyer, mais elles accentuent également tous les moindres défauts et autres marques d'outil sur le bois.

Peindre du bois brut

Comme pour tous les travaux de peinture, assurez-vous de toujours garder votre espace de travail propre. Choisissez un endroit où les peluches et autres poussières ne risquent pas de se déposer sur les surfaces fraîchement peintes. Si vous travaillez à l'intérieur par temps froid, chauffez la pièce afin d'obtenir une température de travail confortable, puis éteignez le thermostat. Vous éviterez ainsi que la chaudière entre dans des cycles de chauffage, pouvant causer des décharges de poussière.

Peindre du bois brut peut sembler un jeu d'enfant. Toutefois, pour obtenir des résultats vraiment satisfaisants, dignes d'un professionnel, quelques petits travaux préparatifs sont nécessaires, comme le montre la Figure 6.11. Pour un travail parfait, suivez méticuleusement ces quelques étapes :

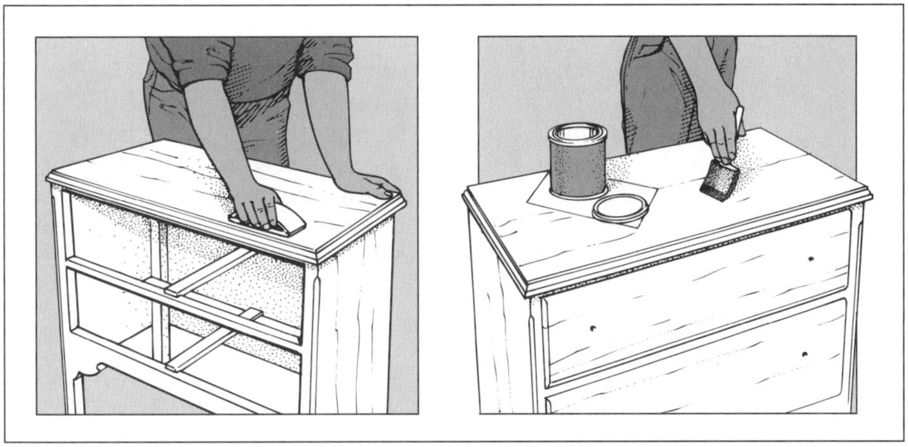

Figure 6.11 : Avant de peindre du bois brut, polissez-le à la cale à poncer, dépoussiérez et passez une couche d'impression pour boucher les pores et donner une bonne prise à la peinture.

1. **Utilisez un papier abrasif fin (à grain 220) pour polir le bois et enlever toutes les traces et autres marques d'outil.**

2. **Dépoussiérez avec un chiffon propre non pelucheux légèrement humecté de white spirit.**

3. **Appliquez une sous-couche glycéro pour bois.**

   L'application d'un apprêt permet de bien boucher les pores des surfaces absorbantes et garantit une prise uniforme et impeccable de la couche de finition. Pour une finition parfaite, sans trace de brosse, utilisez un pinceau plat de 6 cm ou un tampon pour appliquer à la fois la couche d'impression et de finition.

4. **Laissez sécher complètement la sous-couche en vous référant aux recommandations du fabricant.**

5. **Lorsque l'apprêt est bien sec, poncez la surface avec un papier de verre fin.**

6. **Dépoussiérez soigneusement la surface au chiffon.**

7. **Appliquez la première couche de peinture et laissez sécher.**

8. **Lorsque la première couche est sèche, poncez légèrement et essuyez la surface.**

9. **Appliquez une deuxième couche de peinture.**

   Choisissez une finition à séchage rapide pour réduire le temps d'exposition à la poussière.

Pour un travail soigné garantissant les meilleurs résultats, travaillez dans une pièce équipée d'un bon éclairage vertical. Ajoutez également des lampes de côté pour bien voir les petits détails, défauts et autres petites surfaces que vous auriez pu manquer avec le pinceau (Figure 6.12). Installer une source de lumière puissante sur le côté est très utile, car la peinture coule souvent aux angles des meubles ou à la jonction de deux parties, notamment entre les pieds et les traverses des chaises. Inspectez fréquemment les zones déjà peintes pour déceler la moindre coulure et la rattraper au pinceau.

Figure 6.12 : Des lumières puissantes de côté vous aideront à bien distinguer les petits défauts pendant que vous travaillez.

Peindre du bois coloré

Le procédé qui consiste à peindre un meuble déjà peint est essentiellement le même que pour peindre du bois brut. Si l'ancienne peinture est en bon état, vous pouvez simplement la poncer légèrement avec du papier abrasif à grain moyen et appliquer la première couche de peinture sur l'ancienne finition.

Si l'ancienne finition s'écaille, se craquelle ou se ride, commencez par poncer les régions endommagées pour les lisser. Si cela n'est pas suffisant, utilisez un reboucheur à bois pour les crevasses plus importantes. Dès que le produit est sec, poncez-le pour le lisser et appliquer une sous-couche sur toute la surface. Appliquez ensuite deux couches de finition, sans oublier de poncer entre les couches. Pour un aspect laqué, utilisez une peinture brillante. Pour une finition très brillante, diluez au maximum la laque conformément aux recommandations du fabricant et appliquez plusieurs couches fines en ponçant entre chaque couche.

Décoration au pochoir

Vous pouvez ajouter de la couleur et du style à vos murs, sols ou meubles avec toutes sortes de frises et motifs réalisés au pochoir. Décorer au pochoir le haut d'une porte ou d'un banc est un projet idéal pour débuter. Vous pouvez également ajouter une simple bordure sur le plafond d'une pièce ou autour d'une cheminée ou en lambrissage sur des murs peints. Les opportunités sont innombrables.

Pour créer le motif, commencez par choisir un pochoir découpé dans une feuille d'acétate. Un design simple nécessitera une seule feuille ; d'autres, plus sophistiqués, impliqueront plusieurs pochoirs. Vous trouverez toutes sortes de modèles, frises et motifs – formes géométriques, décorations florales, etc. – dans les grandes surfaces de bricolage, magasins de décoration et de peinture. Ces pochoirs prédécoupés fournissent non seulement le motif, mais également toutes sortes de marques et indications d'alignement pour vous aider à apposer correctement le pochoir le long du mur.

Utilisez une peinture qui sèche rapidement – les peintures acryliques sont parfaites pour ce genre de projet, car elles sont disponibles dans une gamme de couleurs très variée, elles sèchent très vite et se nettoient facilement. Et, pendant que vous faites vos courses, achetez également un pinceau pour pochoirs et du papier adhésif de masquage. Vous aurez aussi besoin d'un bac en polystyrène expansé et de quelques morceaux de feutre ou serviettes en papier.

N'oubliez pas d'étaler autour de votre zone de travail des bâches de protection – au cas où vous feriez tomber des gouttes de peinture.

Voici, en quelques étapes simples, comment créer autour d'une pièce une jolie bordure au pochoir :

1. **En commençant par un angle de la pièce, mesurez la distance qui doit séparer le plafond du haut du pochoir.**

   Avec un crayon de papier, marquez ce point sur chaque mur.

2. **Utilisez un niveau à bulle pour tracer une ligne horizontale entre toutes les marques, comme illustré sur la Figure 6.13.**

Si vous habitez dans une vieille maison où les murs ne sont pas vraiment d'équerre, n'utilisez pas de niveau, mais mesurez plutôt la même distance du plafond et reliez les lignes à l'aide d'une règle.

3. **Alignez le bord du pochoir sur la ligne marquée au crayon et fixez la feuille au mur avec un ruban adhésif.**

   Pour vous assurer que vous commencez bien une nouvelle section là où s'est terminée la dernière, faites une petite encoche en forme de V dans la feuille et utilisez cette marque comme point de référence à chaque déplacement du pochoir. Certains pochoirs sont déjà dotés d'encoches pour faciliter leur alignement.

4. **Versez un peu de peinture dans un récipient.**

   La quantité de peinture requise pour les décorations au pochoir est généralement très faible. Toutefois, la plupart des motifs requièrent plus d'une couleur. Par exemple, un décor floral peut nécessiter du vert pour les feuilles, deux tons de rose pour les fleurs et du marron pour la tige.

5. **Commencez par tremper le pinceau dans la peinture et pressez-le contre du feutre ou une serviette en papier pour l'essorer.**

6. **Tamponnez (n'étalez pas) la peinture à l'intérieur des découpes, en procédant des bords extérieurs vers l'intérieur des dessins.**

   Les pinceaux pour pochoirs ronds, à poils courts et plutôt épais, permettent d'appliquer facilement la peinture à l'intérieur des découpes par petites pressions (Figure 6.13).

   DANGER

   Ne faites pas glisser le pinceau sur le pochoir, vous risqueriez d'introduire un peu de peinture sous la feuille.

7. **Lorsque vous avez terminé d'appliquer la peinture à l'intérieur du motif, décollez la feuille du mur.**

   Si la peinture sèche très vite, il est néanmoins indispensable de retirer la feuille avec précaution pour éviter les bavures.

8. **Essuyez toute trace de peinture sur le verso de la feuille et alignez-la de nouveau en la fixant avec l'adhésif.**

9. **Répétez cette opération tout autour de la pièce.**

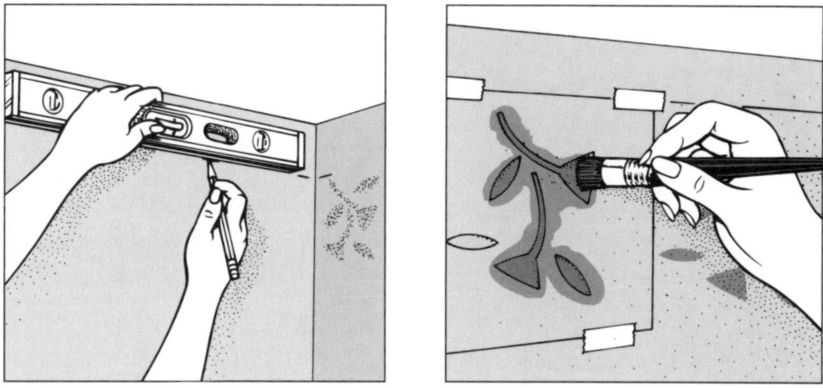

Figure 6.13 : Une frise réalisée au pochoir.

A. Marquage d'une ligne horizontale autour de la pièce. (Etape 2)

B. Application de la peinture à l'intérieur des découpes par petites touches. (Etape 6)

Chapitre 7
Pose et arrachage de papier peint

Dans ce chapitre :

- Réparation d'un papier peint endommagé.
- Pose d'une bordure.
- Choix du papier peint.
- Pose des lés étape par étape.
- Arrachage du papier peint.

Le papier peint peut avoir une influence considérable sur votre vie de tous les jours. La pièce tapissée avec un papier de votre motif préféré est un signe de bienvenue qui vous attire à l'intérieur. La simple vue de ce magnifique papier fait apparaître un sourire sur votre visage ; alors qu'un petit coup d'œil sur le revêtement mural posé par un ancien propriétaire peut faire grimper en flèche votre niveau d'anxiété.

Dans ce chapitre, nous laissons l'impact psychologique des affreux papiers peints aux thérapeutes pour nous concentrer plutôt sur la pose des revêtements muraux qui vous intéressent et l'arrachage de ceux qui ne vous intéressent pas. Pour les personnes qui affectionnent leur papier peint, mais qui sont à court de photos pour recouvrir les déchirures et autres dégâts du papier, nous avons inclus quelques trucs et astuces pour réparer et rapiécer facilement leur revêtement préféré. Suivez les quelques recommandations de ce chapitre pour faire de votre maison un lieu encore plus accueillant et agréable à vivre.

Réparation d'un papier peint endommagé

Rien ne semble plus attirer l'attention qu'un petit morceau de papier peint qui rebique. Votre regard finit toujours par se poser sur ce point où le motif est coupé par un défaut, une déchirure du papier.

La vérité est pénible à entendre : le papier peint *peut* se déchirer. Des bandes se détachent du mur si la colle n'a pas été appliquée en quantité suffisante, et les bulles d'air qui n'ont pas été éliminées au moment de la pose ne s'en vont pas toutes seules. Un artiste en herbe dans la famille a peut-être exercé ses nouveaux talents sur le papier peint du salon. Quelle que soit l'origine des dommages, lisez ce qui suit pour les réparer facilement.

Le papier est déchiré

Un papier peint déchiré, c'est comme un collant filé ; tous deux sont totalement inesthétiques et ne passent jamais inaperçus. Mais, à l'inverse des collants filés, il est toujours possible de rapiécer un revêtement mural. (Nous parlons d'une déchirure qui ne dépasserait pas 5 cm en largeur ou en hauteur. Pour tout dommage plus important, il est préférable de remplacer la totalité du lé.)

Pour réparer un trou ou une déchirure dans un papier peint, vous avez besoin d'une chute du même papier ou d'un papier correspondant, suffisamment grande pour y découper une pièce de rechange. Suivez ensuite les étapes présentées ci-après et illustrées sur la Figure 7.1 :

1. **Déroulez un morceau de papier peint identique à celui endommagé sur une surface plane pour y découper une pièce.**

   Coupez un carré plus grand que la partie du papier endommagé.

2. **Fixez cette pièce sur la zone à réparer avec du ruban adhésif (du papier crêpé, de préférence, qui n'adhère pas autant que les autres rubans).**

   L'astuce consiste à bien aligner les motifs pour que ceux de la pièce coïncident avec ceux du papier peint.

3. **A l'aide d'un cutter, découpez à la fois la pièce scotchée au mur et le papier endommagé au-dessous.**

   Utilisez le dessin du papier pour déterminer la forme de la pièce. Si les motifs sont rayés ou à carreaux, coupez le long d'une ligne. Pour une décoration printanière ou florale, vous pouvez faire une ligne de coupe plus irrégulière. Lorsque vous avez terminé votre tracé, retirez soigneusement la pièce découpée, ainsi que le tour scotché.

Le bon outillage

Pour faire du bon travail le plus facilement possible, quelques outils de base sont indispensables, pour un prix modique :

- **Seau à colle :** Seau en plastique dans lequel vous mélangez la colle et l'eau à l'aide d'une spatule ou d'un bâton de bois bien lisse.
- **Brosse à encoller (ou rouleau) :** Une brosse à encoller large, épaisse et rectangulaire permet d'appliquer la colle sur les lés.
- **Niveau à bulle :** Cet outil permet de déterminer une ligne droite verticale ou horizontale dans une pièce.
- **Fil à plomb :** Utilisez un fil à plomb pour afficher ("poser" en langage pro) verticalement les lés. Vous pouvez fabriquer vous-même un fil à plomb en attachant un objet lourd à une longueur appropriée de ficelle (la ficelle doit pratiquement, mais pas tout à fait, atteindre le sol). Attachez la ficelle à un clou en haut du mur et laissez le poids pendre librement jusqu'à ce qu'il s'immobilise. Pour déterminer une ligne verticale, frottez un morceau de craie contre la ficelle, fixez solidement le bas de la ficelle pour la tendre, pincez et relâchez pour la faire revenir contre le mur. La craie laisse ainsi une marque qui servira de guide pour aligner le premier lé. (Vous pouvez également utiliser une règle que vous alignez avec la ficelle.)
- **Cutter :** Un cutter à lame tronçonnable, utilisé avec un couteau à enduire pour araser et couper au niveau des angles, des plinthes et autres reliefs, est la clé de toute l'opération.
- **Ciseaux :** Choisissez une paire de bons ciseaux tranchants, ou mieux, des ciseaux de colleur à lames inoxydables à bout rond de 30 cm de long, pour la découpe précise des bandes de papiers.
- **Roulette à joints :** Ce petit outil (disponible dans les grandes surfaces de bricolage à moins de 5 euros) sert à écraser les joints entre deux bandes de papier peint.
- **Brosse de tapissier (ou balai de colleur) :** Il s'agit d'une brosse à poils synthétiques et rêches, étroite et longue d'une trentaine de centimètres qui sert à maroufler le papier sur le mur afin d'éviter les bulles d'air et les rides.
- **Mètre à ruban et règle métallique :** Deux outils utilisés pour mesurer et couper les bandes de papier peint.
- **Spatule à maroufler :** Vous pouvez également utiliser un couteau à enduire pour presser le papier mouillé dans les angles et le couper avec précision à l'aide d'un cutter.

A. Recouvrez la partie endommagée avec un grand carré découpé dans une chute du revêtement approprié et fixez-le avec du ruban adhésif. (Etapes 1 et 2)

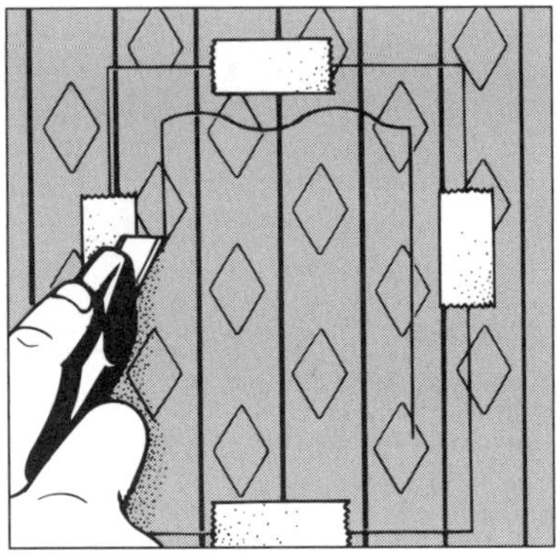

B. Découpez au cutter la pièce et le papier au-dessous. (Etape 3)

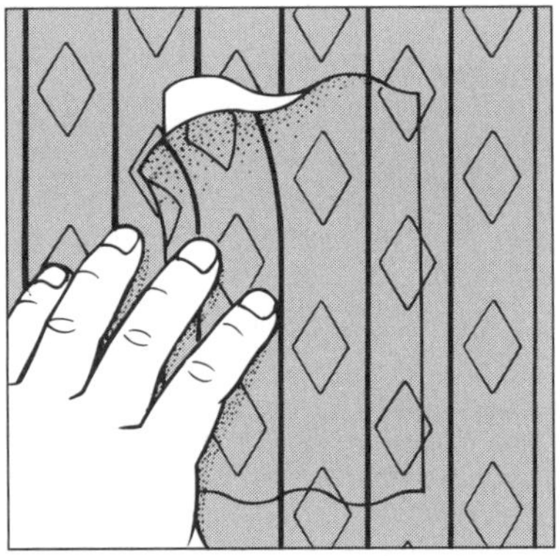

C. Retirez la pièce et la partie endommagée et posez la nouvelle pièce à la place. (Etapes 4 et 9)

Figure 7.1 : Rapiécer un revêtement endommagé.

N'OUBLIEZ PAS

Assurez-vous de bien découper les deux épaisseurs de papier à la fois pour obtenir au final une correspondance parfaite.

4. **A l'aide d'un vaporisateur rempli d'eau, humectez le revêtement endommagé.**

   Reportez-vous à la section "Arrachage d'un papier peint", plus loin dans ce chapitre, pour les détails de l'opération.

5. **Grattez pour retirer la pièce endommagée avec la lame étroite d'un couteau de peintre en veillant à ne pas entamer le papier autour.**

6. **Retirez toute trace de colle ou de papier et nettoyez bien la surface.**

7. **Encollez la nouvelle pièce et posez-la soigneusement à la place.**

   Utilisez de la colle pour papiers peints ou de la colle de dépannage, disponible en tube de 75 ml.

8. **Maintenez fermement la pièce en place et nettoyez tout excès avec une éponge humide.**

9. **Marouflez du centre vers les bords et utilisez une roulette à joints pour bien faire adhérer les bords de la pièce.**

   Appuyez fermement sur les joints dans un mouvement régulier. Les raccords seront parfaitement invisibles au séchage.

Le papier se décolle

Le papier peint peut se décoller pour différentes raisons : la colle, trop liquide, n'était pas assez adhésive ; le mur a été mal enduit ; le papier peint a été affiché sur une surface grasse non dépolie ; de la condensation s'est formée après l'application. Quelle que soit la cause du problème, vous pouvez y remédier en quelques gestes simples avec un tube de colle de dépannage.

Suivez ces étapes pour recoller le bord d'un papier peint :

1. **Soulevez précautionneusement le papier peint détaché.**

   Ne déchirez pas le papier – tirez jusqu'à ce que vous sentiez une résistance.

2. **Humectez le côté adhésif du papier (le côté contre le mur) avec une éponge ou un chiffon humide, ainsi que le mur pour ramollir l'ancienne colle.**

   Attendez quelques minutes que la colle se ramollisse et essuyez tout ce que vous pouvez sur le papier et le mur. Nettoyez soigneusement les deux surfaces plusieurs fois pour vous assurer qu'elle ne contiennent plus d'adhésif.

3. **Ouvrez le tube de colle de dépannage pour raccords, placez l'embout sous le papier et pressez pour déposer une petite quantité de colle sur le mur.**

Essayez d'enfoncer l'embout aussi loin que vous pouvez sous le revêtement sans endommager le papier peint.

4. **Replacez le bord du papier de sorte qu'il corresponde bien avec le dessin du papier adjacent et maintenez-le fermement pendant quelques secondes.**

5. **Essuyez le revêtement avec un chiffon propre pour retirer tout excès de colle.**

6. **Utilisez une roulette à joints pour bien fixer les bords et essuyez tout éventuel débordement de colle avec un chiffon ou une éponge humide.**

Pose d'une bordure

Pour changer l'aspect d'une pièce rapidement, pourquoi ne pas agrémenter votre revêtement mural d'une bordure. Comparez-les aux rubans qui enveloppent les paquets cadeaux : ils ne sont pas fonctionnels, mais ils ajoutent une petite touche très spéciale. Les bordures apportent une dimension décoratives aux fenêtres, portes ou plafonds. Vous pouvez poser une bordure sur toute surface peinte ou revêtement mural.

Poser une bordure est une tâche idéale pour un tapissier débutant : cela lui donne l'occasion de manipuler les outils de base et l'investissement en temps et équipement est minime. Dans la mesure où l'ajout d'une bordure transforme une pièce avec un minimum d'effort et de dépense, un bricoleur occasionnel saura également apprécier le projet.

Les bordures sont disponibles dans une gamme de styles et de dessins très variés et à des largeurs différentes (les plus courantes vont de 5 à 18 cm). Les plus modernes sont préencollées, extensibles, et parfois adhésives repositionnables.

Ces bordures sont désormais très populaires et disponibles dans presque tous les magasins proposant des articles décoratifs pour la maison. Les catalogues de décoration qui proposent des gammes de papiers peints sont toujours émaillés d'exemples de frises et bordures assorties au papier peint présenté. Les prix tournent en moyenne autour de 10 euros le rouleau de 10 m. Mesurez le périmètre des murs et ajoutez quelques centimètres supplémentaires pour déterminer le nombre de rouleaux dont vous aurez besoin.

GADGETS

Inutile de vous équiper d'outils très sophistiqués pour poser une bordure. Il vous faut un ruban mètre, une roulette à joints, un cutter, une paire de ciseaux, un seau, une éponge, un niveau à bulle et, éventuellement, un escabeau. Pour des informations détaillées concernant ces outils, reportez-vous à l'encadré "Le bon outillage", plus avant dans ce chapitre.

Alignement

Parce que les murs d'une maison ne sont pas toujours bien d'équerre, la pose d'une bordure peut parfois requérir une approche plus imaginative que rationnelle. Poser une bordure absolument horizontale près d'un plafond plus ou moins en pente ne fera qu'accentuer le fait qu'il n'est pas à niveau. Alignez les bordures en fonction des éléments du mur (fenêtres, corniches, etc.) ou de la hauteur du plafond, et non pas en fonction d'une ligne horizontale absolue.

Dans les maisons modernes, vous pouvez généralement déterminer une ligne horizontale et poser la bordure le long de cette ligne sans problème. Si vous posez une bordure sur un mur agrémenté d'une corniche, utilisez cette corniche comme guide, même si les murs ne sont pas à niveau, en apposant le haut de la bordure contre le bas de la corniche.

Si le mur ne comporte pas de corniche ou si vous ne souhaitez simplement pas poser votre bordure contre le plafond parce que cela ne vous plaît pas, vous pouvez la poser à quelques centimètres au-dessous du plafond (utilisez alors le plafond comme guide ou établissez une ligne horizontale) ou au milieu du mur. Avant de prendre votre décision, considérez les effets suivants :

- Une bordure posée juste au-dessous d'un plafond définit l'espace et accentue la forme de la pièce. Si la pièce est petite, une bordure au niveau du plafond peut la faire paraître plus grande.
- Une bordure qui divise un mur tend à faire apparaître la pièce plus petite.

Si vous décidez de poser une bordure à mi-hauteur du mur, vous devez déterminer une ligne de base horizontale. Utilisez un ruban mètre ou un double mètre et un niveau à bulle pour établir les lignes qui vous guideront tout autour de la pièce, comme suit :

1. **Définissez l'endroit du mur où vous voulez positionner le haut de votre bordure et marquez-le d'un coup de crayon.**

   Mesurez la distance la plus petite, soit entre la bordure et le plafond, soit entre la bordure et le sol.

2. **Au point indiqué, placez le niveau à bulle contre le mur et ajustez-le jusqu'à ce que la bulle soit correctement centrée.**

3. **Utilisez le niveau comme règle et tracez une ligne le long du mur.**

4. **Déplacez le niveau au bout de la ligne, centrez la bulle, et continuez la ligne.**

5. **Déplacez le niveau tout autour de la pièce et répétez l'étape 4 jusqu'à ce que vous ayez marqué toute la pièce.**

6. **Posez votre bordure, le haut recouvrant à peine la ligne horizontale.**

Si vous posez une bordure autour d'une fenêtre ou d'une porte, utilisez le cadre comme guide – même si la boiserie n'est pas tout à fait droite. Les bordures doivent être parfaitement alignées avec les fenêtres ou les portes pour ne pas accentuer le fait que ces dernières ont bougé avec le temps.

Affichage

Avant de poser la bordure, assurez-vous que les murs sont propres et dépoussiérés (tout particulièrement dans les coins). Si la bordure doit passer sur des interrupteurs ou prises électriques, dévissez les plaques de protection et mettez-les à l'abri pendant l'opération.

Lorsque vous posez une bordure, commencez et terminez toujours par l'angle le plus discret (généralement sur le mur adjacent à la fenêtre principale pour qu'aucune ombre rasante ne souligne l'éventuel défaut de chevauchement). Le haut d'une porte d'entrée est également un bon point de départ et d'arrivée. Si nécessaire, découpez légèrement l'extrémité du papier pour que la bordure ne se termine pas en plein milieu d'un dessin. Il est beaucoup plus facile de commencer et de terminer avec une bande sans motif pour ne pas avoir à le faire coïncider.

Pour poser une bordure, procédez comme suit :

1. **Activez le produit adhésif.**

   La plupart des bordures sont préencollées, auquel cas il vous suffit de tremper la bordure dans l'eau pour activer l'adhésif. Suivez les recommandations du fabricant.

   Si la bordure que vous avez choisie n'est pas préencollée et si vous devez la poser sur un mur peint, utilisez une colle spéciale fonds lisses et brillants prête à l'emploi. Les autres sont généralement en poudre ou en paillettes à mélanger à de l'eau. Si vous posez une bordure (préencollée ou non) sur du papier peint, utilisez une colle spécialement destinée à la pose de galons, bordures et frises vinyle sur papiers peints vinyle. Utilisez une brosse propre pour répartir l'adhésif sur le dos du papier, en veillant à bien l'appliquer uniformément bord à bord.

2. **Pliez en accordéon la bordure, surfaces collées contre surfaces collées.**

Cette opération évite à la colle de sécher trop rapidement et vous permet de manier aisément toute longueur de bordure.

3. **Alignez le haut de la bordure avec la ligne horizontale (pour les faire coïncider) et, délicatement mais fermement, pressez la bande contre le mur.**

4. **Posez la bande suivante contre la précédente, sans chevauchement ni vide entre les deux.**

   Répétez cette opération tout autour de la pièce en vérifiant toujours que le joint entre les deux bordures est à vif.

Pose en encadrement

Pour une coupe nette et précise à angle droit, telle qu'à la jonction entre une bordure horizontale et une bordure verticale comportant des lignes encadrant une porte, par exemple, vous devez pratiquer une *coupe d'onglet* (une coupe double en oblique). Le sens de cette coupe sera différent selon qu'il se trouve au-dessus ou au-dessous de la vue. Suivez ces étapes en vous aidant de la Figure 7.2 :

1. **Posez la bordure horizontale au-dessus d'un encadrement de porte ou fenêtre en la faisant dépasser de quelques centimètres à gauche et à droite (pour pouvoir la recouvrir par les bordures verticales).**

   Vous allez devoir couper la bordure aux angles et retirer le papier excédentaire, alors n'appuyez pas trop fermement.

2. **Posez une autre bordure verticalement de sorte qu'elle recouvre la bordure horizontale.**

   Les bordures se chevauchent, formant une croix.

3. **Au cutter, faites une coupe en diagonale de l'angle intérieur du cadre à l'angle opposé.**

4. **Coupez les deux couches de la bordure avec un cutter en vous guidant sur une règle, un couteau à enduire ou tout autre accessoire bien droit.**

5. **Soulevez la bordure verticale et retirez le morceau excédentaire en forme de triangle de la bordure horizontale.**

6. **Appliquez délicatement la bordure verticale de sorte qu'elle forme une diagonale parfaite de 90 degrés avec la bordure horizontale.**

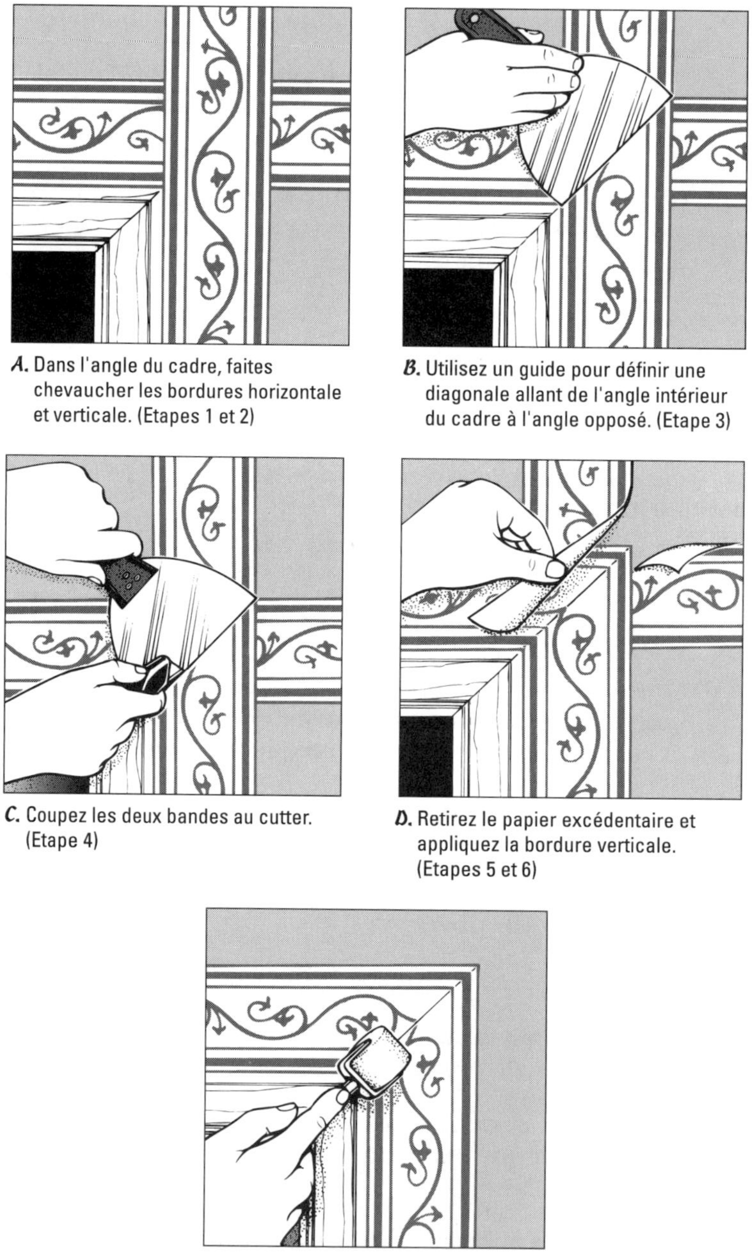

A. Dans l'angle du cadre, faites chevaucher les bordures horizontale et verticale. (Etapes 1 et 2)

B. Utilisez un guide pour définir une diagonale allant de l'angle intérieur du cadre à l'angle opposé. (Etape 3)

C. Coupez les deux bandes au cutter. (Etape 4)

D. Retirez le papier excédentaire et appliquez la bordure verticale. (Etapes 5 et 6)

E. Ecrasez les bords avec une roulette à joints. (Etape 7)

Figure 7.2 : Pose d'une bordure en encadrement.

7. **Appuyez fermement sur les deux bordures et écrasez les joints à l'aide d'une roulette à joints.**

   La roulette à joints plaque les bords contre le mur pour que le raccord soit invisible. Pour les détails concernant cet outil, reportez-vous à l'encadré "Le bon outillage", plus haut dans ce chapitre.

8. **Attendez une demi-heure environ, puis rincez légèrement les bords avec une éponge humide pour nettoyer tout débordement de colle au niveau des joints.**

Choix du papier peint

Pour certains, choisir un papier peint se révèle beaucoup plus ardu que le poser : la gamme de choix est vertigineuse ! Tenir un de ces énormes catalogues d'échantillons est un véritable défi, sans parler de toutes ces pages à tourner à la recherche du papier peint parfait. Toutefois, les changements bénéfiques que peut apporter un papier peint choisi judicieusement sont tels que cette étape de sélection mérite vraiment qu'on s'y attarde.

Achat du revêtement

Malgré son nom, le papier peint n'est pas toujours fait de papier. De nombreuses textures et fonctions différentes caractérisent le type de papier que vous pouvez acheter. Détrônant les papiers peints standard (les moins chers et les plus légers), composés d'une feuille imprimée en couleurs, avec ou sans motif, légèrement grainée, les revêtements vinyliques (constitués d'une couche de PVC collée sur un support papier) sont aujourd'hui devenus les plus courants car, contrairement aux papiers standard, ils sont faciles à poser, à arracher et lessivables. Ces derniers sont disponibles dans une grande variété de couleurs, textures et motifs.

D'autres types de papier incluent les papiers peints gaufrés, les papiers à peindre, les métallisés, composés d'un support papier et d'une feuille métallique très mince ou d'une projection de poudre métallique, qui conviennent mieux à un intérieur contemporain qu'à un style classique, les textiles contrecollés sur support papier, qui sont souvent plus élégants, et les papiers à fibres végétales (paille chinoise, etc.). Les papiers métallisés ne conviennent pas pour les surfaces irrégulières, car leur brillance accentuera inévitablement les imperfections du support.

Même si la pose d'un papier peint réfléchissant sur une surface irrégulière ne constitue pas une bonne solution à priori, vous pouvez améliorer le rendement en posant au préalable un papier d'apprêt (ou doublage isolant) qui dissimule les imperfections des murs et offre une surface d'accrochage au papier peint lui-même. Les prix des papiers métallisés étant élevés et la pose de revêtements en sous-couche n'étant pas à conseiller aux débutants, nous vous recommandons de faire appel à un pro pour ce type de projet. Sachez qu'il existe également des papiers peints contemporains, dits *pelables*, qui intègrent une sous-couche.

Les tapissiers en herbe opteront de préférence pour des papiers vinyles. La gamme des produits est aujourd'hui très large et des petits échantillons sont généralement mis à la disposition de tous, de sorte que vous n'êtes plus tenté d'arracher la page d'un catalogue. Si vous n'êtes pas particulièrement pointilleux et souhaitez un revêtement mural à prix modéré, optez pour un papier vinyle, ou vinyle expansé, prêt à poser, que vous trouvez sur les rayons. Dans la mesure où seuls les produits en stock sont présentés, vous n'aurez pas à passer commande et à attendre des lustres que vos articles arrivent.

Le papier gaufré

Les papiers peints à relief, appelés *papiers gaufrés*, ont recouverts les murs de nos maisons depuis le début du siècle. Aujourd'hui, ils reviennent à la mode, si bien que certains sont des rééditions de modèles classiques anciens. Optez pour ce type de revêtement si vous souhaitez rénover une ancienne maison en conservant son style d'époque. Toutefois, le papier gaufré n'est pas à conseiller pour une première expérience, car sa pose est plus compliquée que celle du papier vinyle.

Si les papiers à relief déjà teintés s'avèrent très utiles pour tapisser les murs en mauvais état, car ils masquent les imperfections du support, les papiers gaufrés à relief blanc, destinés à être peints impliquent généralement une préparation des surfaces plus minutieuse. En outre, si vous recouvrez des murs déjà peints, un ponçage des murs ou un décapage de la peinture est parfois nécessaire.

Avant d'afficher un papier gaufré, vous devez vous assurer que le mur est parfaitement propre, sec et apprêté avec un primaire d'accrochage. Utilisez ensuite une colle spéciale pour papiers peints épais et gaufrés ou une colle renforcée prête à l'emploi pour papiers vinyle.

Types de motifs

Avant de faire votre choix, tenez compte des points suivants :

- Des rayures verticales font apparaître un plafond plus haut, et des rayures horizontales tendent à agrandir une pièce.
- De grands motifs ne rendent pas très bien dans une petite pièce ; de petites impressions ou un papier à petits motifs ou à dessins géométriques conviennent mieux aux superficies réduites.
- Des couleurs sombres font apparaître une pièce plus petite ; inversement, une pièce petite ou sombre tapissée d'un papier de couleurs claires apparaîtra plus grande.
- Les couleurs vives conviennent aux cuisines et dans toutes les pièces qui ne servent pas de lieux de relaxation, où les tons chauds et doux, qui mettent le mobilier en valeur, sont préférables.

La pose d'un papier peint avec une répétition de petits motifs est très simple, et les chutes sont moins nombreuses.

Qualité

Les couleurs, la texture, le motif et la qualité préencollée ou non d'un papier ne sont pas les seuls facteurs pouvant entrer en ligne de compte lors du choix d'un papier peint. Il est également indispensable de considérer la qualité ou la résistance de certains revêtements.

Le terme *lavable* sur un revêtement mural signifie que vous pouvez le laver occasionnellement à l'éponge et eau tiède savonneuse. En revanche, la mention *lessivable* (ou mieux encore *lessivable et brossable*) signifie que le revêtement est fait d'une matière plus solide que vous pouvez nettoyer plus souvent. Les revêtements lessivables conviennent parfaitement aux cuisines et salles de bains, où les taches et éclaboussures sont inévitables, et tout autre pièce à passage intensif (couloirs, etc.).

Calcul du nombre de rouleaux

Au moment de l'achat des rouleaux, assurez-vous qu'ils proviennent tous du même lot pour éviter les éventuelles différences de texture ou coloris. Pour cela, vous devez vérifier que la référence est bien la même sur tous les rouleaux (excepté pour le dernier chiffre qui est généralement le numéro de la bobine).

Pour calculer le nombre de rouleaux nécessaires pour tapisser une pièce, vous devez connaître la hauteur de la pièce et mesurer son périmètre (sans les portes et les fenêtres). N'oubliez pas de réserver également 6 à 10 cm de plus pour les arasements. Procédez comme suit :

1. **Mesurez la longueur de chaque mur et calculez la somme de ces longueurs sans tenir compte des portes et fenêtres.**

   Eventuellement, ajoutez au chiffre obtenu les épaisseurs de mur autour des ouvertures si celles-ci doivent être tapissées.

2. **Divisez ce périmètre par la largeur d'un rouleau pour obtenir le nombre de lés nécessaires.**

   Arrondissez toujours au chiffre supérieur.

3. **Mesurez la hauteur de mur à couvrir (de la plinthe à la cimaise, à la corniche ou au plafond).**

   Ajoutez à cette hauteur 6 à 10 cm pour les arasements et plus si des raccords sont nécessaires.

4. **Divisez la longueur d'un rouleau par cette hauteur pour savoir combien de lés vous pourrez utiliser dans un rouleau.**

5. **Divisez le nombre de lés nécessaires (défini à l'étape 2) par le nombre de lés dans un rouleau (défini à l'étape 4) pour calculer le nombre de rouleaux que vous devrez vous procurer.**

   Si, par exemple, il vous faut 30 lés pour recouvrir le périmètre de la pièce et que vous pouvez en tirer 3 par rouleau, vous aurez besoin de 10 rouleaux.

Pose des lés étape par étape

Si vous posez du papier peint pour la première fois, nous vous recommandons de vous en tenir à une chambre, plutôt qu'à une salle de bains ou une cuisine, où l'espace de travail est petit et confiné et où les découpes et raccords sont nombreux.

Poser du papier peint avec son (ou sa) conjoint(e) peut être une menace pour le couple. Après 30 ans de mariage heureux, nous attribuons la réussite de notre partenariat à notre volonté d'éviter tout stress et conflit impliqué dans le partage d'une tâche aussi précise et délicate qu'est la pose de papier peint. Notre décision s'est fondée sur une expérience malheureuse, et nous nous sommes promis depuis de ne plus jamais considérer la pose de papier peint comme un sport d'équipe.

Préparation de la pièce

Pour bien préparer une pièce avant de la tapisser, vous devez commencer par enlever de cette pièce autant de meubles que possible. Vous devez, dans l'idéal, disposer d'au moins 1 mètre d'espace de travail devant chaque mur. Une table à encoller ou une porte isoplane posée sur deux tréteaux pour dérouler les rouleaux, couper les lés et encoller le papier s'avère également très pratique.

Dévissez les plaques de protection des interrupteurs et prises électriques et masquez les ouvertures avec du ruban adhésif. Retirez également tout objet décoratif ou appareil fixé au mur (appliques, convecteurs électriques, etc.) et dépoussiérez et dégraissez toute la surface à tapisser.

Les murs doivent être propres, secs et en bon état, sans trou ni fissure. Rebouchez tous les trous avec un reboucheur pour intérieurs et poncez les zones rebouchées après séchage. Les murs neufs ou très absorbants doivent recevoir un apprêt (vendu généralement sous forme de poudre) avant d'être tapissés afin de fournir au papier peint une bonne surface d'accrochage. Vous mélangez cette poudre avec de l'eau, l'appliquez sur le mur et laissez sécher avant de poser le papier peint.

Si vous voulez repeindre les boiseries et encadrements de la pièce afin qu'ils soient mieux assortis au nouveau papier peint, appliquez la peinture *avant* de poser le papier. Il est beaucoup plus facile d'éliminer de la colle d'une surface peinte que de la peinture sur un papier peint.

Définition d'une ligne verticale pour le premier lé

Après avoir pris toutes les précautions nécessaires (retrait des meubles, décapage, ponçage ou lessivage des murs et éventuellement pose d'un apprêt), vous allez pouvoir commencer la pose du papier peint. Mais par où commencer ? Commencer au-dessus d'une fenêtre ou d'une porte est la solution idéale : ce sont des endroits peu visibles, où l'on ne remarquera pas un éventuel défaut dans les raccords. En outre, si les angles des murs ne sont pas toujours d'équerre, les encadrements le sont généralement. Si nécessaire, découpez légèrement l'extrémité du papier pour commencer à un endroit où il n'y a pas de dessin ; il est plus facile de commencer et de terminer la pose avec des bords sans motif, car vous n'avez pas à faire coïncider les dessins.

Si vous commencez par un angle de la pièce, un fil à plomb vous aidera à déterminer une ligne de base absolument verticale (Figure 7.3). Pour créer cette ligne verticale, attachez une ficelle à un clou placé en haut du mur et laissez le poids (plomb, boulon ou autre) pendre librement. Lorsque le fil s'immobilise, marquez sa position avec un crayon. Cette ligne devient alors votre point de départ. Si vous alignez le bord de votre premier lé avec cette ligne de base, tous les autres lés seront droits. (Vous pouvez également frotter un morceau de craie contre la ficelle, fixer solidement le bas de la ficelle pour la tendre, pincer et relâcher pour la faire revenir contre le mur afin qu'elle dépose une marque qui servira de guide pour aligner le premier lé.)

Figure 7.3 : Un fil à plomb vous permet de déterminer une verticale.

Si vos murs ne sont pas d'équerre, il est préférable d'aligner le papier peint en fonction d'une verticale déterminée au fil à plomb plutôt qu'en fonction du plafond ou d'un angle pour éviter de vous retrouver avec des dessins qui ne coïncident pas au niveau des joints ou des angles.

Coupe des lés

Si la coupe du premier lé est simple, vous devez toutefois prendre en considération les concordances des motifs. Après avoir décidé de l'endroit où vous voulez que le premier motif se situe par rapport au haut du mur, mesurez la hauteur de ce mur et ajoutez une dizaine de centimètres pour les arasements bas et haut.

Déroulez ensuite le premier rouleau de papier peint (motif en dessous), mesurez la hauteur de ce mur et tracez au crayon une ligne d'équerre avec le bord du lé avant de la découper avec des ciseaux de colleur ou toute autre paire de ciseaux à grandes lames. Retournez le papier et déroulez une autre bande pour faire concorder les motifs en la plaçant bord à bord avec le premier lé. Procédez ainsi pour tous les autres lés que vous pouvez éventuellement numéroter au verso pour les encoller et les poser dans l'ordre.

Encollage et pose des lés

Etalez les lés coupés sur toute la surface de la table (faites-les se chevaucher légèrement) pour éviter les bavures de colle sur la table. Trempez la brosse dans un seau rempli de colle, essorez-la et encollez le premier lé posé sur la table, en étalant la colle sur une bande au milieu de lé, puis en diagonale du centre vers les bords. Repliez ensuite cette partie collée sur elle-même et tirez sur la table le reste du lé pour l'encoller de la même façon. Repliez également cette partie, colle contre colle. Vous pouvez ensuite porter ce lé replié sur votre bras jusqu'au mur.

Si le papier peint choisi est préencollé, il suffit de tremper les lés dans un bac rempli d'eau en suivant les recommandations du fabricant concernant la durée de trempage et la température de l'eau. Roulez chaque lé sans trop serrer et laissez tremper le temps nécessaire dans le bac installé au pied du mur (décor à l'intérieur et bord supérieur en haut). N'oubliez pas de protéger les sols contre les éclaboussures.

Pour afficher votre premier lé, présentez-le à demi plié devant le mur (ou déroulez-le s'il est dans un bac au pied du mur), à l'endroit où vous avez tracé votre ligne de base verticale, en le prenant par les deux angles supérieurs. Placez le haut du lé contre le plafond (en laissant déborder l'extrémité de quelques centimètres pour l'arasement) et alignez soigneusement son bord contre la ligne verticale, comme illustré sur la Figure 7.4.

Avec votre main et un balai de colleur ou toute autre brosse souple, *marouflez* le papier en partant du centre vers les bords et de haut en bas. (Utilisez un chiffon doux ou une éponge s'il s'agit d'un papier vinyle, d'un revêtement plastique ou d'un papier préencollé.)

Le *marouflage* est une opération qui consiste à lisser le papier afin de chasser les bulles d'air (Figure 7.4).

Affichez les lés suivants, les uns à côté des autres. Assurez-vous que les joints (là où les bords de chaque bande se rencontrent) sont alignés de sorte qu'ils se touchent sans chevauchement ni écart. Utilisez ensuite une roulette à joints pour obtenir une adhérence parfaite (sauf sur les papiers gaufrés). N'appuyez pas trop fort pour ne pas chasser la colle. Si, malgré toutes vos précautions, un peu de colle déborde, essuyez-la délicatement avec une éponge humide.

A. Alignez le premier lé le long du tracé.

B. Marouflez pour éviter les plis et chasser les bulles d'air.

Figure 7.4 : Pose du premier lé.

Il est plus facile d'essuyer les bavures de colle avant que celle-ci ne commence à sécher. Essuyez donc à l'éponge tout résidu de colle au fur et à mesure que vous affichez le papier.

Lorsque vous arrivez à un angle de mur (interne), quelques précautions supplémentaires s'imposent :

1. **Mesurez la distance qui sépare le dernier lé de l'angle et ajouter 2 cm pour le retour d'angle (ne tapissez jamais un angle sans retour).**

Vous obtenez ainsi la largeur du lé à couper. Conservez la chute qui va constituer la bande suivante.

2. **Encollez et posez le lé en veillant à bien faire tourner la bande sur l'autre mur.**

   Marouflez soigneusement à l'angle et sur les deux murs.

3. **Tracez une verticale sur l'autre mur à une distance correspondant à la largeur de la chute.**

   Utilisez le fil à plomb pour cette opération.

4. **Posez la bande récupérée de sorte qu'elle recouvre le retour d'angle.**

Pour les angles externes, procédez de la même façon, si ce n'est que vous ne recouvrez pas le retour d'angle par la bande suivante, mais vous la posez bord à bord (si les murs sont d'équerre, sinon vous devrez procéder par recouvrement).

Arasements

Utilisez un guide (couteau à enduire, spatule ou autre) et un cutter pour effectuer une découpe parfaite à l'angle du plafond et à l'angle formé par le mur et la plinthe. Pressez fortement la lame du couteau (ou de tout autre accessoire utilisé comme guide) contre l'angle et découpez au cutter l'excès de papier, comme illustré sur la Figure 7.5.

Répétez cette opération sur toutes les bandes à araser, en prenant toujours le temps de faire quelques pas en arrière pour examiner l'effet général.

Figure 7.5 : Pour les arasements, utilisez un couteau à enduire comme guide et un cutter.

Pour araser autour d'un interrupteur ou d'une prise électrique, commencez par *couper le courant* et ôtez les plaques de protection Puis, affichez le lé comme à l'ordinaire, si ce n'est que vous opérez, au niveau de l'interrupteur ou de la prise, une entaille aux ciseaux en forme de X pour révéler l'objet. Arasez enfin au cutter tout autour et vissez de nouveau la plaque protectrice qui masquera les bords.

N'OUBLIEZ PAS

Faites une pause lorsque vous êtes fatigué, ne bâclez pas le travail.

A. Recouvrez le premier lé et coupez à travers les deux épaisseurs.

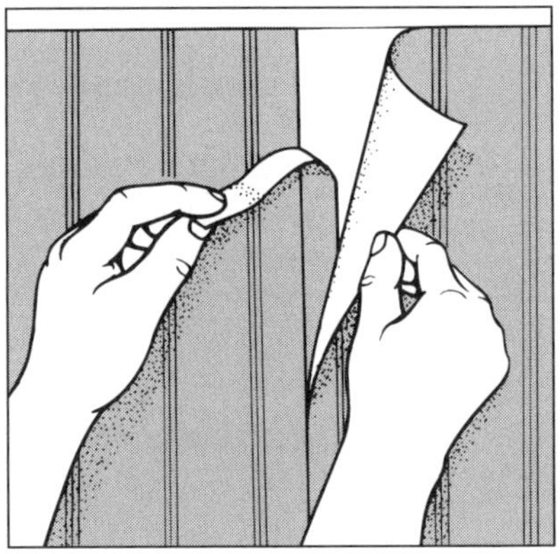

B. Otez les chutes des deux lés.

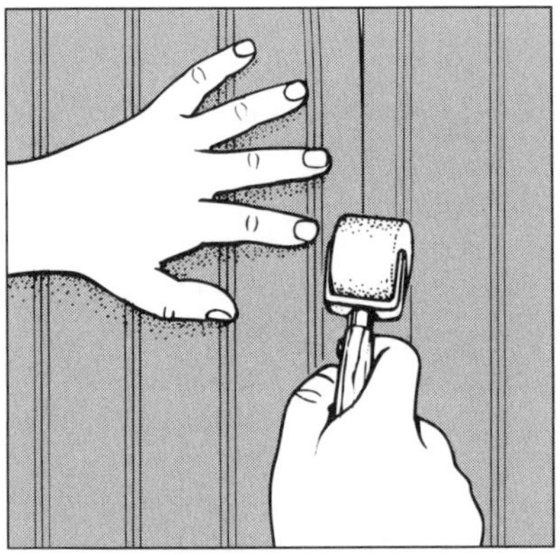

C. Délicatement, mais fermement, écrasez les bords avec une roulette à joints.

Figure 7.6 : Arasement du lé final pour un raccord parfait avec le premier.

Pour araser le dernier lé, recouvrez le premier lé, puis coupez à travers les deux couches le long d'une ligne verticale déterminée au fil à plomb. Enlevez l'excédent de papier du dernier lé, puis soulevez délicatement le bord du dernier lé pour retirer l'excédent du premier. Ecrasez les bords des deux lés avec une roulette à joints et essuyez toute trace de colle. (Voir Figure 7.6.)

Arrachage du papier peint

Arracher du papier peint n'est pas nécessairement une tâche à redouter. Mais cela peut être assez décourageant de regarder le plus affreux papier peint au monde posé dans la plus grande pièce de votre nouvelle maison et de réaliser que vous êtes seul maître de sa destinée. Si décoller du papier peint n'est pas une tâche des plus réjouissantes, elle n'en demeure pas moins un excellent exercice pour les bricoleurs débutants ; l'outillage nécessaire est peu coûteux et la réalisation d'une simplicité enfantine. Sachez, toutefois, qu'enlever un vieux papier peint exige du temps et produit beaucoup de déchets.

Dans un monde parfait, il suffirait de tirer sur un joint lâche et tout le papier viendrait à vous complètement, sans déchirure et sans laisser de trace de colle sur le mur. Vous procéderiez ainsi lé par lé et obtiendriez en quelques minutes une surface lisse, propre, parfaite. Dans la réalité, ce scénario est très peu probable. Vous risquez plutôt de rencontrer l'une des situations suivantes :

- Le papier ne se soulève absolument pas, car il est solidement collé ; vous devrez vous procurer une décolleuse à vapeur.

- Le papier se décolle uniquement en surface et un film blanc reste collé au mur. L'arrachage de ce papier requiert généralement l'utilisation de la vapeur pour désactiver la colle. Avec un peu de chance, un bon trempage à l'eau et au détergent pourra en venir à bout. Dans ce cas, vous aurez besoin d'un large couteau de peintre ou d'un couteau à enduire cranté pour gratter toute la matière ramollie.

Mais il y a pire encore : lorsque vous devez enlever plusieurs couches de papier ou décoller du papier recouvert de peinture. Dans ces situations, votre travail sera alors très laborieux. Mais il s'agit plus d'un travail malpropre (et plus coûteux) que vraiment compliqué. Un décapant chimique pour crépis décoratif pourra vous aider à enlever un papier recouvert de peinture. Si vous souhaitez économiser à la fois votre temps et votre énergie, la meilleure solution consiste à louer une décolleuse à vapeur. Cet appareil, illustré sur la Figure 7.7, est pour l'essentiel constitué d'un plateau, relié à un tuyau, relié lui-même à un réservoir d'eau chaude qui dirige la vapeur vers le plateau.

Pour les papiers standard, tout ce dont vous avez besoin se résume générale-ment à quelques toiles de protection, un seau d'eau, une grosse éponge et un couteau de peintre ordinaire et un cranté. Ce dernier vous permet de griffer le papier afin que l'humidité traverse bien la couche de papier et ramollisse la colle.

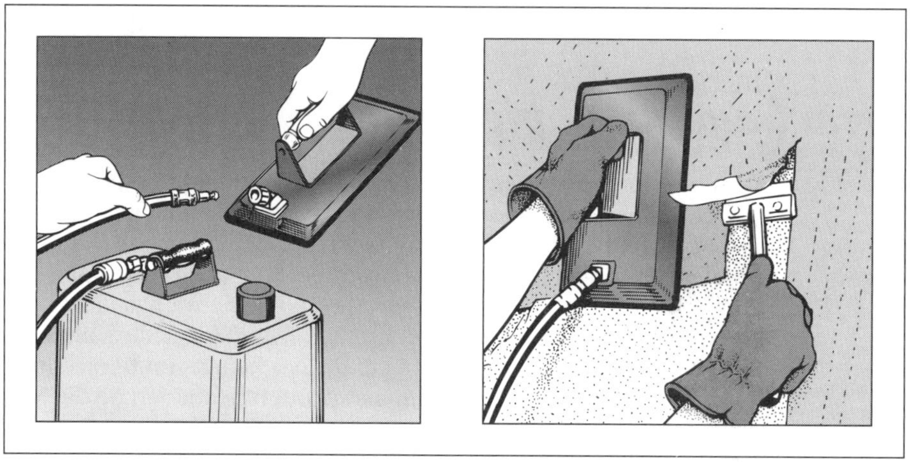

Figure 7.7 : Remplissez le réservoir d'eau (chaude ou froide) de la décolleuse à vapeur, attendez quelques minutes, et opérez.

L'utilisation de l'eau est la raison majeure qui vous oblige à un travail de préparation soigné. Protégez le sol par des bâches en plastique scotchées au bord supérieur des plinthes, comme illustré sur la Figure 7.8. Pensez également à jeter les lambeaux dans un sac poubelle, ce qui vous évitera de marcher dessus, de les coller à vos semelles et de répandre de la colle un peu partout (ne vous souciez pas de cela si vous avez recouvert absolument toute la surface au sol, auquel cas il suffira de tout rassembler dans les bâches lorsque vous aurez terminé).

TRUC

Voici deux recettes maison pour concocter votre solution de trempage :

- Un mélange vinaigre et eau à 50/50.
- Un mélange liquide adoucissant pour linge et eau à 25/75.

Appliquez le détergent à l'aide d'une éponge ou d'un vaporisateur (comme illustré sur la Figure 7.8). N'hésitez pas à effectuer plusieurs applications pour bien mouiller le papier. Après plusieurs applications et un temps de mouillage suffisamment long, le papier devrait se décoller aisément en glissant le couteau sous un lé ou un raccord. Travaillez de bas en haut en poussant le couteau à un angle d'environ 30° avec le mur (afin de ne pas entamer la paroi).

Lorsque vous avez terminé, utilisez une éponge imbibée d'eau chaude pour retirer tout résidu de colle sur les murs.

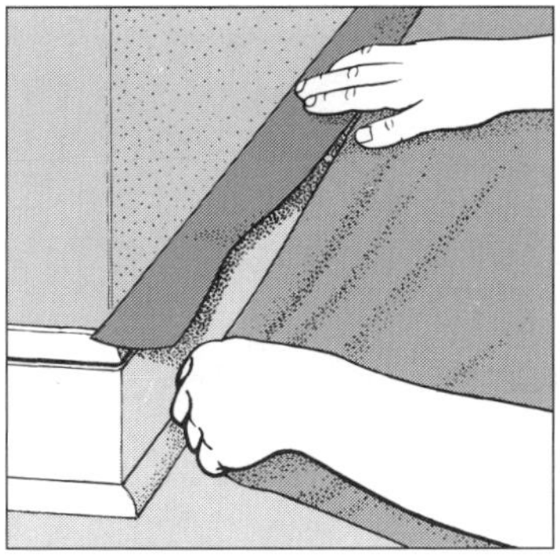

A. Protégez les plinthes et le sol avec des bâches en plastique.

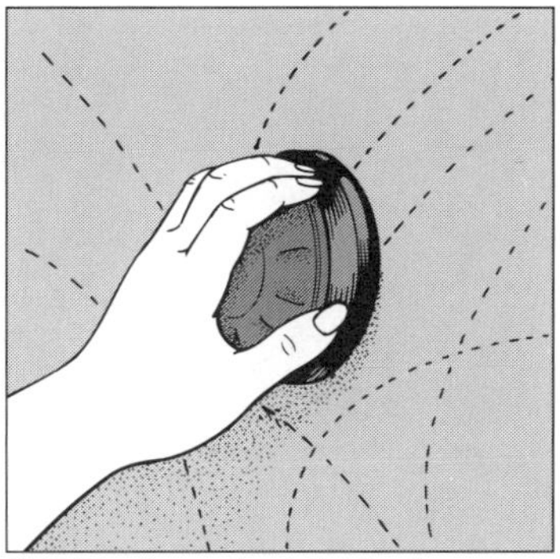

B. Grillez le papier à l'aide d'un couteau cranté ou d'un de ce ces petits gadgets astucieux que l'on trouve dans le commerce.

C. Mélangez le détergent maison avec de l'eau ou utilisez un décolleur chimique.

D. Appliquez la solution à l'aide d'un pulvérisateur ou d'une simple éponge.

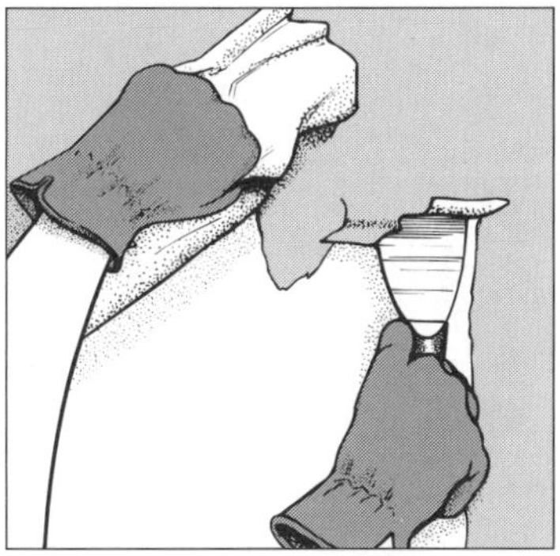

E. Grattez et décollez le papier humide.

F. Nettoyez tout résidu de colle et de papier avec une éponge ou un balai éponge.

Figure 7.8 : Arrachage d'un papier peint version standard.

Troisième partie

Revêtements de sol et menuiserie

"Oh, Paul est très manuel, c'est un bricoleur accompli même. Il a entré manuellement les numéros de téléphone de l'électricien, de l'ébéniste et du plombier dans notre répertoire intégré."

Dans cette partie...

Portes, fenêtres et sols, quel programme ! La route vers une maison parfaite est longue et semée d'embûches, alors courage : comprendre les mécanismes des fenêtres, portes et revêtements de sol et savoir comment les installer et les réparer est un pas de géant dans ce monde du bricolage. Mais, ne vous y trompez pas, cette partie n'exige pas trop de matières grises, juste un peu d'attention sur certains détails et la maison idéale est au bout du chemin.

Chapitre 8

Sols : poses et réparations

Dans ce chapitre :

- Réparations des dégâts.
- Rénovation d'un parquet.
- Halte aux grincements !
- Pose de vinyle en dalles.
- Pose de vinyle en feuilles.
- Pose d'un parquet mosaïque.
- Pose d'un parquet en lames.
- Pose d'une moquette.

Les revêtements de sol de nos maisons modernes ont la vie dure ; qu'il s'agisse de moquettes, de dalles ou de parquets en lattes, ils sont sans cesse piétinés, salis, tachés, abîmés, griffés par nos animaux domestiques… bref, ils sont malmenés. Quelle que soit la cause des dégradations (dégâts ou simple usure du temps), les allées sous nos pieds ont besoin qu'on s'occupe d'elles pour rester aussi accueillantes qu'au premier jour. Ce chapitre vous explique en quelques pages claires et simples comment réparer, rénover et remplacer un revêtement de sol.

Réparations des dégâts

Certes, le sol que vous foulez est bien solide, mais il n'est pas indestructible. Et lorsqu'un revêtement est endommagé ou usé par le temps, il peut vraiment avoir l'air affreux. Le moindre petit accroc, la moindre tache et tous les regards semblent toujours se poser dessus !

S'il s'agit d'un revêtement en dalles, la solution est simple : enlevez la dalle endommagée et remplacez-la par une autre. La tâche se complique un peu pour les moquettes et les vinyles en feuilles, car il faut découper la partie endommagée et la remplacer par une chute intacte dont la taille et le motif concordent exactement. Les parquets traditionnels endommagés ne le sont généralement qu'en surface, de sorte qu'il est facile de les réparer.

Réparer une dalle de vinyle endommagée

Les revêtements de sol PVC sont les plus simples à réparer, notamment lorsqu'ils sont posés en dalles. Si une dalle est endommagée, remplacez-la tout simplement par une autre (vous avez eu la sagesse d'en conserver quelques-unes lors de la pose, n'est-ce pas ?). Lors du remplacement, veillez à bien positionner la dalle pour que son motif coïncide parfaitement avec celui du revêtement. Rien n'est plus voyant qu'un dessin qui ne concorde pas.

Suivez ces étapes pour réparer une dalle de vinyle :

1. **Retirez la dalle endommagée.**

   Utilisez un fer à repasser ou un décapeur thermique pour ramollir la colle afin de pouvoir extraire la pièce, comme illustré sur la Figure 8.1. Répartissez la chaleur sur toute la surface de la dalle à remplacer, en veillant à ne pas vous immobiliser trop longtemps sur une zone – vous ne voulez pas roussir la surface et embaumer votre maison d'une odeur de plastique brûlé. Prenez votre temps : vous devez attendre quelques minutes que la chaleur ait bien pénétré la dalle pour ramollir son support adhésif.

   Lorsque la dalle est chaude, soulevez un coin avec un couteau ou une spatule en glissant l'outil dans un joint. Si la plaque ne se soulève pas facilement, chauffez-la davantage jusqu'à ce qu'elle se décolle sans problème.

2. **Enlevez la colle restante.**

   En fonction de sa résistance, vous aurez peut-être besoin d'un chiffon imbibé de solvant, d'un grattoir, d'une spatule chauffée ou même d'un décapeur thermique pour retirer la colle accrochée au sol.

3. **Utilisez une spatule crantée pour appliquer l'adhésif au dos de la dalle de remplacement.**

   N'OUBLIEZ PAS

   La meilleure attaque pour combattre un revêtement de sol endommagé est une bonne défense. Lorsque vous installez un nouveau revêtement, prévoyez à long terme : conservez tous les matériaux restant en prévision des réparations. Enveloppez les dalles que vous n'avez pas utilisées dans leur emballage d'origine et rangez-les dans un endroit sec.

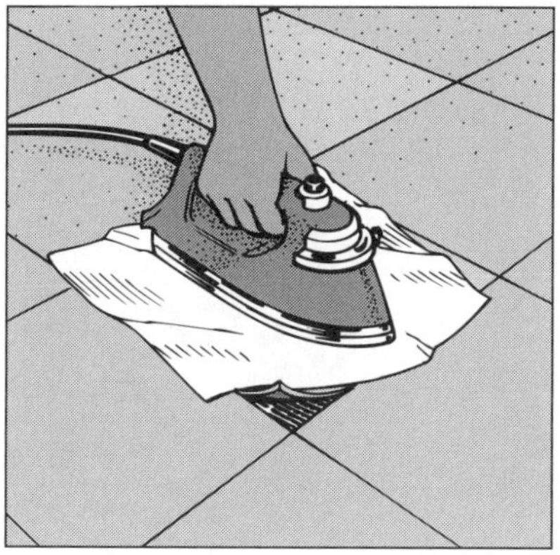

Figure 8.1 : Appuyez sur la dalle endommagée avec un fer à repasser pour la décoller du sol.

4. **Appuyez fermement sur la dalle pour assurer une parfaite adhérence de la colle.**

   Vous pouvez vous aider, dans cette tâche, d'un rouleau à pâtisserie que vous faites rouler sur la surface de la dalle ou d'une planche de bois que vous positionnez sur la dalle et sur laquelle vous tapez délicatement avec un marteau.

5. **Nettoyez tout résidu de colle qui aurait pu déborder des joints avec un solvant adéquat (reportez-vous à l'étiquette de l'emballage).**

   DANGER

   Utilisez un chiffon *humecté* mais pas *imbibé* de solvant, pour nettoyer la surface de la dalle et/ou les joints. Ne laissez pas le solvant se glisser dans les joints, car il pourrait diluer la colle et lui retirer toutes ses propriétés.

   Vous pouvez également utiliser du ruban adhésif double face, si cela suffit à bien fixer la dalle de remplacement (ce qui réduit considérablement votre tâche).

TRUC

Si vous n'avez pas mis de dalle de côté, prenez-en une d'un endroit non visible, par exemple sous un placard ou un appareil ménager. Suivez l'étape 1 des instructions précédentes pour enlever la dalle, puis utilisez-la pour remplacer la pièce abîmée. Veillez à bien nettoyer toute trace d'adhésif avant d'appliquer une nouvelle couche de colle. Fermez ensuite le placard ou faites glisser le réfrigérateur sur la plaque manquante, et votre secret sera bien gardé.

Réparer un vinyle posé en lés

Utilisez la méthode de la "double découpe" pour réparer un trou ou un accroc dans un revêtement vinyle posé en lés. La Figure 8.2 illustre ces étapes :

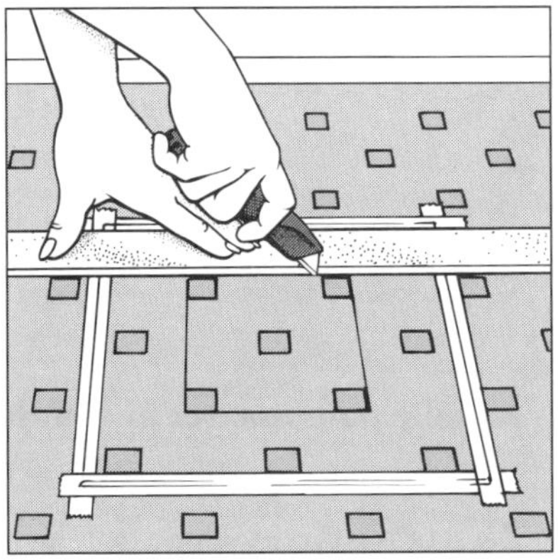

A. Fixez avec du ruban adhésif une chute sur la partie endommagée et découpez en carré les deux couches.

B. Utilisez un couteau de peintre pour soulever la partie endommagée du revêtement et rertirez-la.

C. Appliquez du ruban adhésif double face ou de la colle au dos du carré de remplacement et fixez-le soigneusement.

Figure 8.2 : Remplacement d'une partie endommagée d'un revêtement vinyle.

1. **Placez une chute du revêtement sur la partie endommagée et faites en sorte que les motifs coïncident.**

2. **Fixez la chute au sol avec du ruban adhésif pour la maintenir en place pendant la découpe.**

3. **Découpez ensemble chute et revêtement avec un cutter en veillant à ce que les lignes forment un carré plus grand que la partie endommagée.**

   Dans la mesure où vous coupez à la fois la chute et le revêtement au-dessous, les dimensions de la pièce de rechange seront exactes, même si les coupes ne sont pas parfaitement droites.

4. **Retirez le ruban adhésif et la partie endommagée, et fixez le carré de remplacement avec de la colle (ou du ruban adhésif double face).**

   Si vous utilisez de la colle, suivez alors les étapes 3 à 5 de la procédure précédente.

Réparer un parquet

Si un parquet commence à montrer des signes de vieillesse, vous ne pourrez lui rendre sa jeunesse qu'en le ponçant entièrement et en lui appliquant une finition appropriée. Mais, si les dégâts se limitent à un petit trou ou à une fissure, un rebouchage avec un produit de type pâte à bois sera amplement suffisant. Retirez tout éclat de bois de la partie endommagée et nettoyez soigneusement la surface. Appliquez le reboucheur de votre choix sur la zone à réparer et lissez pour amener à niveau. Lorsque le produit est sec, poncez avec du papier de verre à grain fin.

APPROUVÉ

Les pâtes à bois sont disponibles en différentes teintes s'harmonisant avec l'essence du bois dans la plupart des grandes surfaces de bricolage. Choisissez une couleur la plus proche possible de celle de votre parquet.

Réparer un trou dans une moquette

Les brûlures de cigarettes et les taches tenaces peuvent causer des dommages permanents à la moquette. Si les dégâts sont en surface, utilisez un coupe-ongles ou une paire de ciseaux de manucure (petits ciseaux arrondis) pour couper les fibres endommagés. Prenez soin de couper les fibres par petites quantités à la fois ; contrairement à vos cheveux, elles ne repousseront pas si vous les coupez trop court.

Si les dégâts sont plus profonds, remplacez la partie endommagée comme illustré sur la Figure 8.3. Coupez un morceau de la même moquette, légèrement plus grand que le morceau abîmé. Placez-le sur la partie endommagée et découpez les deux épaisseurs au cutter en vous aidant d'une règle ou d'un cadre. Enlevez la chute et le morceau de moquette endommagé et fixez du ruban adhésif double face toilé spécial moquette tout autour du périmètre de la zone à recouvrir. Positionnez la chute, en veillant à respecter le sens du poil (passez votre main sur la moquette et la pièce de rechange) et opérez une forte pression pour que le ruban adhère bien sur les deux faces. Après quelques minutes, terminez par un petit coup de brosse ou de peigne pour mêler les fibres de la pièce neuve avec ceux de la moquette.

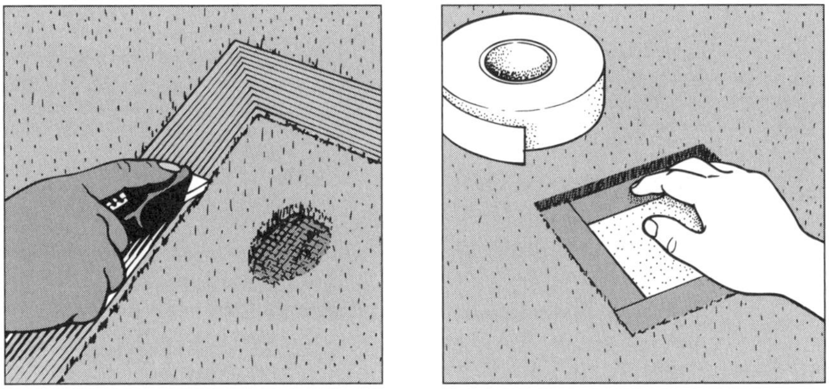

Figure 8.3 : Remplacement d'un morceau de moquette endommagé.

A. A l'aide d'un cadre, découpez au cutter un carré autour de la partie endommagée et d'une chute placée au-dessus.

B. Fixez une bande adhésive spéciale moquette autour du périmètre de la zone revélée pour maintenir la nouvelle pièce en place.

Rénovation d'un parquet

Si votre parquet a besoin d'être rénové, commencez par un bon nettoyage et enlevez toute la cire. Dépoussiérez parfaitement et appliquez un décireur pour enlever complètement les anciennes couches de cire. Travaillez dans une pièce bien aérée et observez les recommandations d'utilisation du fabricant.

Ensuite, faites une inspection minutieuse du sol à la recherche des défauts. Si le bois comporte des éraflures, petits trous ou fissures, poncez l'ancienne finition, sur quelques centimètres au-delà de la zone à réparer, avec un papier de verre à grain fin. Poncez toujours *dans le sens du fil* ; le ponçage perpendiculaire au fil du bois entraînerait des éraflures plus difficiles à éliminer que les vieux tatouages.

A l'aide d'un couteau à enduire, appliquez une pâte à bois, disponible dans diverses teintes, dans les petits trous et fissures. Laissez sécher, généralement pendant 24 heures, puis poncez de nouveau pour bien lisser le produit. Pour terminer, appliquez une finition qui correspond à celle du parquet actuel : utilisez du vernis si le bois est vernis, du polyuréthanne si la finition est à base de polyuréthanne. Appliquez la couche de finition à la brosse à vernir (pinceau plat en soie), en débordant sur l'ancienne finition.

TRUC

Vous pouvez réparer de petites éraflures en ponçant la surface au papier de verre fin ou à la laine d'acier – en travaillant toujours dans le sens du fil, non contre la fibre. Suivez ensuite la méthode expliquée dans la section "Réparer un parquet" plus avant dans ce chapitre.

Eliminer les taches d'un parquet

Utilisez toujours un nettoyant de type solvant sur un parquet. Les nettoyants à base d'eau peuvent tacher ou noircir le bois. Ne lavez pas non plus à grande eau, car l'eau pourrait pénétrer dans les fissures et tacher ou faire travailler le bois. Certaines taches sont également le résultat d'urine d'animaux domestiques ou de liquides renversés. Pour éviter ces dégâts, essuyez tout accident d'animaux domestiques et produits renversés immédiatement.

Si vous trouvez des taches noires ou sombres sur le sol, commencez par poncer l'ancienne finition. Mélangez ensuite des cristaux d'acide oxalique avec de l'eau, comme indiqué sur l'étiquette du produit. Ce type de produit est disponible dans les magasins spécialisés. Suivez bien les indications du fabricant et n'oubliez pas de porter des gants, des lunettes et des vêtements de protection pour manipuler ce produit dangereux. Veillez également à ne pas en renverser. (Des produits de type "éclaircisseur" ou "décolorant", disponibles dans les grandes surfaces de bricolage, peuvent également vous aider à détacher un parquet.)

Trempez un chiffon blanc propre dans le produit, pressez fortement ce chiffon sur la tache et laissez-le reposer sur la zone endommagée pendant une heure environ. Soulevez le chiffon et examinez la tache. Si elle n'a pas disparu, trempez davantage le chiffon et posez-le de nouveau sur la tache. Répétez l'opération jusqu'à ce que la tache disparaisse, puis rincez la zone tachée avec du vinaigre de cuisine ordinaire pour neutraliser l'action de l'acide. Essuyez toute trace d'humidité et laissez sécher.

Une fois la décoloration effectuée, appliquez un produit à base d'huile pour traiter le bois. Laissez sécher toute la nuit, puis appliquez sur toute la surface un produit pour rénover le bois et créer une finition uniforme.

Poncer et vernir un parquet

Connaissez-vous l'histoire de ce type qui ponçait le parquet de son salon avec une ponceuse électrique lorsqu'un fusible sauta dans le garage ? Le temps qu'il remonte les escaliers, la ponceuse s'était mise en branle, parcourant toute la pièce comme un rhinocéros fou massacrant tout sur son passage, et laissant derrière elle un nuage de poussière. Nous mentionnons cette petite histoire pour souligner le danger que peut représenter une ponceuse électrique dans les mains d'un bricoleur non averti.

L'application d'une nouvelle finition peut apporter à un parquet usé par le temps ou très abîmé une nouvelle jeunesse – une solution pas très engageante, mais probablement la seule solution. L'application en elle-même est la partie la plus facile, le ponçage est la partie la plus repoussante, car la poussière de bois soulevée dans cette opération emplit toute la maison, quelles que soient les précautions que vous avez pu prendre pendant les préparatifs. Gardez aussi à l'esprit qu'un ponçage excessif pourra entamer le bois au point de rendre le sol plus flexible et sujet aux grincements. Si le sol n'est pas trop endommagé, vous pouvez décaper la finition, réparer les éraflures mineures, et appliquer une nouvelle finition sans avoir à poncer.

Si, en revanche, le revêtement est très endommagé, ou si vous souhaitez modifier sa teinte ou le ton du bois, vous n'avez pas d'autre solution que le ponçage. La bande abrasive d'une ponceuse tourne continuellement, si bien que vous devez toujours déplacer la machine à la même vitesse. Si vous immobilisez la ponceuse quelques instants, elle fera son trou jusqu'au garage. OK, nous exagérons peut-être un peu, mais tout ponçage un peu trop insistant sur un endroit creusera le bois et rendra la surface inégale. Si vous avez quelques doutes concernant votre aptitude à assumer cette tâche, louez les services d'un professionnel.

Vous insistez pour opérer vous-même ? Voici les étapes à suivre :

1. **Louez une ponceuse à bande abrasive (pour les surfaces planes) et une ponceuse à disque (pour le pourtour des murs, l'intérieur des placards et les escaliers).**

2. **Fixez, avec du ruban adhésif double face, des bâches en plastique très épaisses au niveau des portes pour bien isoler la zone de travail du reste de la maison.**

3. **Déposez les plinthes à l'aide d'un levier et d'une chute de contre-plaqué pour protéger les murs.**

   Insérez la lame du levier entre la plinthe et le mur et détachez légèrement la plinthe en actionnant le levier. Trouvez le clou le plus proche et insérez de nouveau le levier le plus près possible de cet endroit. Soulevez la plinthe à cet endroit et déplacez le levier jusqu'au clou suivant pour retirer toute la longueur de la plinthe sans la casser. Si un clou refuse de bouger, utilisez un chasse-clou pour forcer le clou à travers la plinthe.

4. **Ouvrez les fenêtres et faites sortir tout le monde de la maison.**

   La sciure de bois peut nuire gravement à la santé, tout particulièrement à celle des enfants et des personnes souffrant de troubles respiratoires. Portez un masque et des lunettes de protection. (Le ponçage électrique étant très bruyant, pensez également à protéger vos oreilles.)

5. **Utilisez une ponceuse à disque, qui est une ponceuse à main plus petite, pour le pourtour de la pièce et tous les endroits trop étroits pour la ponceuse à bande abrasive.**

6. **Utilisez la ponceuse à bande abrasive pour poncer le gros du travail avec un papier à grain moyen.**

   Plusieurs passages pourront être nécessaires.

7. **Continuez avec un grain fin pour éliminer toute marque de ponçage et obtenir une finition parfaitement lisse.**

8. **Passez l'aspirateur, puis essuyez le sol avec un chiffon de coton propre et sec afin d'éliminer les dernières particules de poussière.**

9. **Utilisez une brosse à vernir pour appliquer une couche de polyuréthanne.**

   Laissez la première couche sécher pendant six à huit heures, puis poncez légèrement. Appliquez une deuxième couche.

TRUC

Le polyuréthanne est un produit qui sèche rapidement, de sorte que les poussières et autres particules risquent moins de s'accumuler sur les surfaces traitées. C'est également un produit très résistant qui fournit une finition brillante. Les liquides renversés ne pénètrent pas et peuvent être facilement essuyés. N'utilisez pas de cire sur des finitions au polyuréthanne.

Halte aux grincements !

Les grincements de sol figurent parmi les nuisances les plus répandues et les plus irritantes des propriétaires. Ce bruit torturant est généralement provoqué par deux lames de bois qui frottent l'une contre l'autre ou contre leur support. Les planchers qui grincent parce qu'ils ne sont pas bien ajustés sur leurs solives constituent l'exemple irritant le plus courant.

Les solives sont des pièces de charpente, madriers parallèles de 6 cm d'épaisseur au moins posés perpendiculairement d'un mur à l'autre et espacés de 40 à 60 cm (moins s'il s'agit d'un plafond de grenier). Elles servent à soutenir un plancher et portent sur les murs ou les poutres.

De mauvaises techniques d'installation sont les principales causes des grincements de sol. Si vous fixez des lames de parquet sur des solives, utilisez les clous pour planchers préconisés par le fabricant et veillez à clouer chaque lame sur chacune des intersections des lames et des solives (deux clous au moins par solive). Si vous utilisez de la colle pour poser votre revêtement, assurez-vous de l'appliquer conformément aux recommandations du fabricant.

Si votre sol est recouvert d'une moquette ou si vous remplacez un ancien lino, remédiez au problème de grincement avant d'installer le nouveau revêtement. Une fois la moquette ou tout autre revêtement enlevé, vous pourrez reclouer le sol facilement pour éliminer les grincements.

Localiser un grincement de sol

Si le plafond de l'étage inférieur n'est pas recouvert, ou seulement par des plaques isolantes acoustiques, passez par là pour accéder au dessous du sol et remédier au grincement. Si le plafond est recouvert de matériaux de finition, tels que des plaques de plâtre, lambris de PVC, etc., vous devez attendre de changer votre moquette ou revêtement de sol pour pouvoir reclouer le support à partir du sol.

Pour localiser l'endroit exact du grincement, demandez à une personne de vous aider en marchant lentement dans la pièce pendant que vous écoutez depuis l'étage inférieur. Notez l'endroit d'où provient le grincement. Demandez à votre partenaire de marcher d'avant en arrière sur la zone bruyante pour localiser l'endroit exact. Répétez cette procédure sur toute la surface du sol en marquant à la craie tous les points de grincement. Une activité très distrayante pour passer un agréable samedi soir, n'est-ce pas ?

Remédier au grincement d'un plancher

Lorsque vous avez localisé tous les endroits exacts d'où proviennent les grincements, inspectez la surface pour identifier le problème. La plupart des planchers sont suspendus, c'est-à-dire construits à une certaine distance du sol, et constitués d'un parquet posé sur un support dont le poids est réparti sur des solives scellées dans les murs extérieurs. Dans ce cas, le grincement provient généralement soit d'un jeu du plancher (un ou plusieurs clous d'une lame du plancher, destinés à la fixer sur la solive, jouent librement), soit d'un jeu entre le parquet et son support. Vous allez devoir réajuster les lames. Essayez l'une de ces trois techniques, illustrées sur la Figure 8.4 :

Appliquez de la colle à bois sur une cale mince que vous insérez entre le support du parquet et la solive.

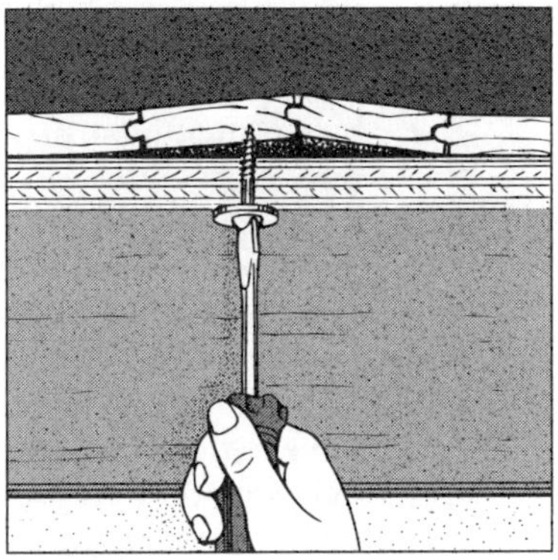

Insérez une vis assez longue par le dessous pour tirer une lame détachée vers le bas.

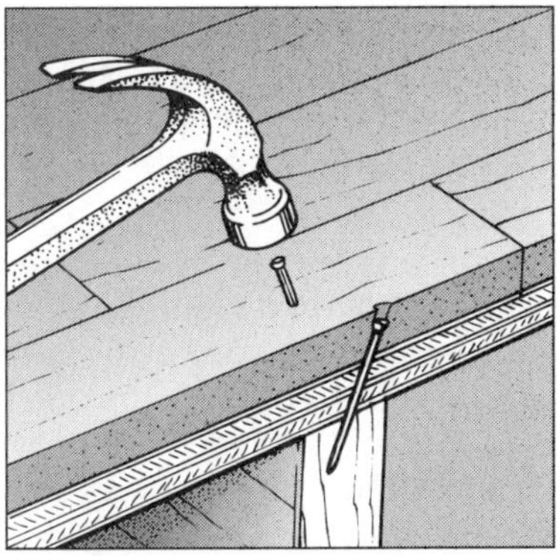

Si le dessous du sol est inaccessible, plantez des clous en diagonale au niveau des solives.

Figure 8.4 : Trois méthodes pour remédier à un grincement.

- Si vous trouvez un espace entre le plancher et les solives, appliquez de la colle à bois sur une mince cale de bois que vous insérerez entre le plancher et la solive. Cette cale comblera l'interstice et empêchera le mouvement à l'origine du grincement. Des cales en bois de chêne sont généralement disponibles dans les grandes surfaces de bricolage ou chez les charpentiers.
- Si le grincement provient d'une lame qui s'est détachée, insérez une vis assez longue par le dessous pour tirer la lame vers le bas. Assurez-vous que la vis est assez longue pour pénétrer jusqu'à la lame si celle-ci repose sur un support épais.

  Après avoir vissé la lame grinçante, demandez à votre partenaire de marcher sur la zone réparée pour vous assurer que le sol ne fait plus de bruit. Si le grincement persiste, enfoncez davantage de vis sur une zone plus étendue.
- Si le grincement provient d'une lame qui s'est détachée et si vous ne pouvez accéder au sol par le dessous, plantez des clous suffisamment longs en diagonale au niveau des solives. Utilisez un chasse-clou pour enfoncer la tête du clou légèrement au-dessous de la surface du sol.

Les grincements peuvent également provenir des tuyaux de plomberie mal ajustés contre les solives. Si un tuyau frotte contre une solive lorsque le sol bouge sous le poids de votre partenaire, réajustez sa fixation. Vous pouvez également remédier au grincement des conduites en injectant de la mousse isolante autour des tuyaux au niveau des fixations.

Remédier au grincement d'un escalier

Un escalier est constitué de *marches* (la partie sur laquelle vous marchez), de *contremarches* (les pièces verticales qui supportent les marches) et de *limons* (les pièces de bois qui encadrent et fixent l'escalier de chaque côté). Si l'un de ces trois composants est mal ajusté, l'une de ces pièces peut frotter contre une autre et… grincer.

Demandez à votre partenaire de monter et descendre les escaliers et placez-vous sous les marches pour écouter les bruits. (A ce rythme, votre ami aura peut-être perdu tellement de poids que les marches ne grinceront plus du tout.) Le plus souvent, le grincement provient d'une marche et d'une contremarche qui frottent l'une contre l'autre. Pour y remédier, deux solutions s'offrent à vous, illustrées sur la Figure 8.5, en fonction de l'accessibilité du dessous de l'escalier.

- Si le dessous de l'escalier est accessible, collez et vissez des petits triangles ou rectangles de bois à la jonction entre la contremarche et la marche. Etalez de la colle à bois sur les deux surfaces à joindre et vissez le morceau de bois sur l'escalier (sur lequel vous aurez fait un avant-trou).
- Si le dessous de l'escalier n'est pas accessible, enfoncez des clous en diagonale à partir de la marche dans la contremarche. Deux clous enfoncés de cette manière assemblent mieux des pièces que des clous enfoncés à angle droit. Utilisez un chasse-clou pour masquer les têtes et recouvrez les trous d'une pâte à bois de couleur assortie avant de poncer légèrement pour un rendu impeccable.

Pose de vinyle en dalles

Les carreaux de vinyle sont disponibles dans une grande variété de couleurs, motifs décoratifs et prix. On en trouve également en imitation céramique, bois, pierre, etc. Très faciles à poser, la plupart étant autoadhésifs, leur dimension est généralement de 30,5 x 30,5 cm.

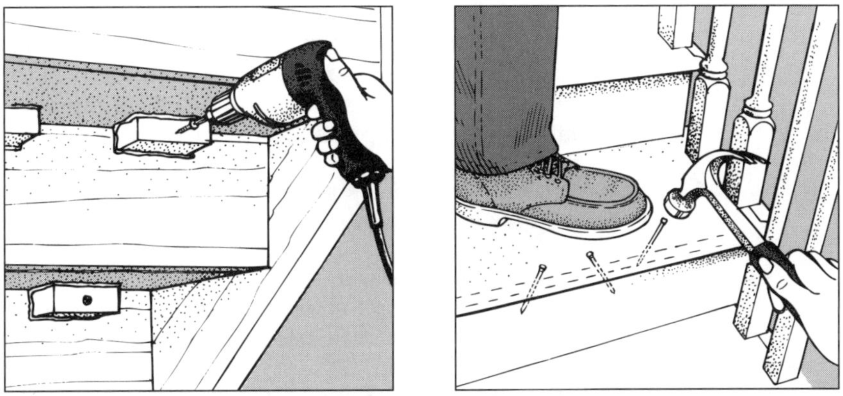

Collez et vissez des morceaux de bois à la jonction entre marche et contremarche.

Si le dessous de l'escalier est inaccessible, enfoncez des clous en diagonale dans la contremarche.

Figure 8.5 : Deux méthodes pour remédier au grincement d'un escalier.

TRUC Pour calculer le nombre de dalles nécessaires pour recouvrir une pièce, multipliez la longueur de la pièce par sa largeur et… voilà ! Vous obtenez la surface au mètre carré. Sur chaque pack de dalles figure la surface couverte (généralement 1 m^2). Il suffit donc de diviser la surface de la pièce par la surface couverte par un pack pour obtenir le nombre de packs que vous devrez acheter. Arrondissez toujours au nombre entier supérieur, voire plus pour conserver quelques échantillons en cas de réparation.

La préparation est l'étape la plus difficile : rapporter les packs à la maison, déplacer tous les meubles de la pièce et rouler la moquette. Lorsque vous avez terminé le plus dur, suivez ces instructions pour la partie amusante du projet – la pose :

1. **Déposez (retirez) les plinthes des murs à l'aide d'un levier, en prenant soin de les détacher sans les briser.**

   Pour les détails, reportez-vous à l'étape 3 de la section "Poncer et vernir un parquet".

2. **Retirez tous les clous des murs et des plinthes et nettoyez le sol.**

   Veillez à bien éliminer toute saleté et couche de cire ; l'adhésif des dalles ne collera pas sur une surface cirée ou sale.

3. **Lorsque la surface est propre et sèche, trouvez le centre de la pièce pour savoir où poser la première dalle, la "dalle clé".**

   Mesurez deux murs opposés et marquez leur milieu ; tirez un trait à la craie pour relier ces deux points. Mesurez les deux autres murs et tracez un trait reliant leur milieu. Le point d'intersection entre ces deux lignes est le centre de la pièce (voir Figure 8.6).

4. **Avant de commencer à les poser, ouvrez plusieurs cartons et sortez les dalles pour qu'elles soient à portée de main.**

   Vous disposerez les dalles alternativement (une provenant d'un carton, une autre d'un autre carton, et ainsi de suite), pour que les légères variations de couleur entre les dalles de cartons différents ne se voient pas.

5. **Posez toutes les dalles pleines à partir du centre de la pièce en vous aidant des lignes tracées et en les plaçant bord à bord.**

   Quatre choix sont possibles : sur le point central, sur un des angles formés, sur un côté de la ligne horizontale et au centre de l'autre, ou sur un côté de la ligne verticale et au centre de l'autre. Faites des essais à sec pour trouver la meilleure disposition afin d'obtenir au final des dalles de bordure au moins égales à la moitié d'une dalle.

   Pour les dalles à motif, des flèches sur le papier de protection des dalles indiquent le sens de la pose.

Figure 8.6 : Commencez à poser les dalles à partir du centre de la pièce.

6. **Posez les dalles de bordure en les coupant à la bonne taille à l'aide d'une règle et d'un cutter.**

   Effectuez le tracé sur une dalle posée sur la dernière pleine de la rangée, comme illustré sur la Figure 8.7. Puis découpez au cutter en vous aidant d'une règle métallique.

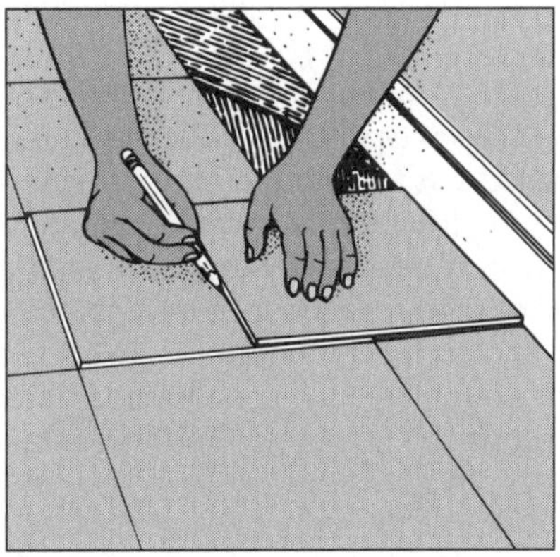

Figure 8.7 : Découpe d'une dalle de bordure.

La méthode qui consiste à poser des dalles non adhésives est la même que celle précédemment décrite, si ce n'est que vous devez utiliser une spatule crantée pour étaler l'adhésif sur le sol. Le choix de la colle dépend de la surface que vous recouvrez. (Assurez-vous de bien indiquer le type de surface au vendeur pour qu'il vous recommande la colle appropriée.)

Appliquez la colle sur une surface suffisante pour accueillir 4 ou 5 dalles et bloquez les entrées pour que les enfants ou les animaux domestiques n'entrent pas en déposant leur signature. Posez la première dalle en faisant coïncider ses bords avec les lignes tracées et faites pression avec une cale de bois sur laquelle vous donnerez de petits coups de marteau. Placez les autres dalles bord à bord et rangée après rangée. Vérifiez l'alignement au fur et à mesure à l'aide d'une longue règle.

Après la pose des dalles, condamnez la pièce pendant 24 heures pour que la colle sèche correctement.

Les papiers de protection des dalles auto-adhésives sont très glissants. Jetez-les au fur et à mesure de la pose pour éviter de glisser dessus et de tomber – vous ne voulez pas vous faire les dents sur votre nouveau revêtement !

Pose de vinyle en feuilles

Le vinyle en rouleaux est un produit facile à entretenir et très résistant aux liquides renversés et autres salissures. Poser du vinyle en rouleaux est un bon choix pour faire vos premiers pas dans le monde du bricolage – dans la mesure où vous recouvrez une pièce de moyenne ou petite taille. En effet, des lés de un mètre ou deux de largeur sont plus légers et faciles à manipuler que des lés de 4 mètres (ce sont généralement les trois largeurs disponibles).

Les vinyles modernes sont conçus pour une pose libre, c'est-à-dire sans colle. Vous utilisez du ruban adhésif double face pour les coller autour du périmètre de la pièce (en masquant les bordures par les plinthes que vous aurez déposées au préalable et que vous reclouerez par la suite) et au niveau des joints entre deux lés. Pour les poses collées, appliquez la colle spéciale sols plastiques d'une couche uniforme sur toute la surface de la pièce en commençant par la partie opposée à l'accès. Attendez 20 minutes selon le type de colle, puis déroulez le revêtement coupé aux dimensions de la pièce en marouflant (lissant) au fur et à mesure pour parfaire l'adhérence.

Utilisez une scie égoïne bien affûtée pour découper, si nécessaire, le bas des encadrements des portes pour que le vinyle puisse se glisser facilement dessous, comme illustré sur la Figure 8.8.

Figure 8.8 : Pour une découpe facile de la base du chambranle d'une porte, posez votre scie sur un support (une chute de vinyle, une latte fine ou autre).

Avant de poser le vinyle, vous devez considérer le type de sol actuel et son état. Si votre revêtement de sol actuel est un vinyle, la meilleure solution consiste à le recouvrir de panneaux de fibres dures, ce qui vous évitera d'enlever le vinyle actuel et de corriger les éventuels défauts et irrégularités que vous pourrez découvrir.

Lorsque vous posez des panneaux, faites-les buter les uns contre les autres et assurez-vous qu'ils reposent bien sur des solives. Ces panneaux sont simplement cloués à l'aide de pointes tête d'homme de 25 mm. Après avoir posé les panneaux, il est nécessaire d'attendre au moins une nuit avant d'installer le nouveau revêtement.

Si l'épaisseur ajoutée par les panneaux pose un problème pour les placards ou les portes, vous pouvez installer le nouveau vinyle sur l'ancien. Vérifiez que ce dernier est toujours bien collé au sol, et utilisez un produit solvant ou un "décireur" pour éliminer toutes graisses, couches de cire et autres salissures (sans quoi la colle ou l'adhésif ne pourrait adhérer).

Si l'ancien revêtement est en relief, le motif pourra se distinguer à travers le nouveau vinyle. Achetez un produit de ragréage ou une sous-couche appropriée au support afin que le sol soit parfaitement plan. (Demandez au vendeur de vous indiquer le meilleur produit pour égaliser votre sol.)

Dans la mesure où une mauvaise coupe peut vous coûter cher, nous vous recommandons de préparer un patron de papier pour savoir exactement où couper le revêtement – une étape particulièrement importante si la pièce est de forme irrégulière ou si elle comporte de nombreux obstacles (cuvette des W.C., canalisation, etc.). Utilisez du ruban adhésif et du papier fort, tel que du papier kraft, pour assembler les feuilles sur la surface de la pièce en les faisant se chevaucher les unes les autres pour former le patron (voir Figure 8.9). Maintenez-le en place avec des punaises, des poids ou du ruban adhésif (faites des petites entailles dans le papier pour pouvoir le fixer au sol si vous utilisez du ruban adhésif).

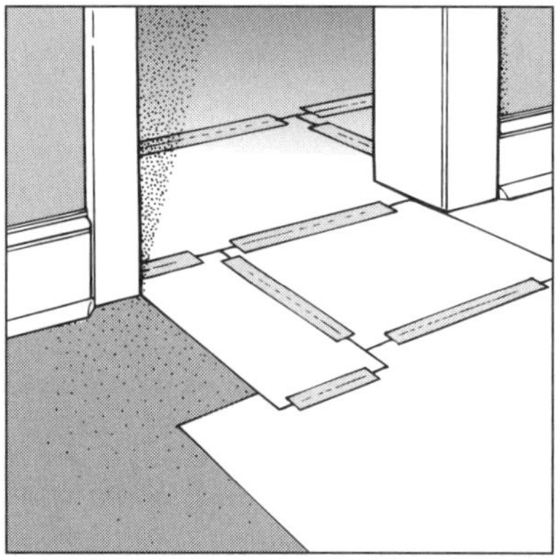

Figure 8.9 : Fabriquez un gabarit de la pièce en assemblant des feuilles cartonnées sur le sol.

Laissez un espace à environ 15 mm des plinthes et entaillez le papier posé de sorte qu'il s'adapte approximativement aux contours des obstacles. La découpe n'a pas besoin d'être parfaite, car vous allez reporter exactement tous les contours de la pièce avec un marqueur fixé à une cale de bois. Passez la cale autour des obstacles importants, tels qu'un pied de lavabo, un placard, mais pas autour d'un réfrigérateur ou de votre beau-frère scotché au canapé (même si cela peut être très tentant) pour qu'elle guide le marqueur sur le gabarit. Vous allez ensuite pouvoir reporter le tracé sur le vinyle.

Lorsque le patron de papier est terminé enlevez-le délicatement du sol, déroulez le revêtement vinyle avec le motif apparent. Placez-y le gabarit à l'aide d'un ruban adhésif et reportez sur le vinyle, avec le bord extérieur de votre cale positionné sur le tracé, les contours de la pièce. Veillez à bien utiliser un marqueur qui s'efface. Coupez ensuite au cutter le long des marques en utilisant une règle comme guide pour les lignes droites. Remplacez la lame fréquemment pour des découpes bien nettes.

Si la pièce est de forme régulière avec peu d'obstacles, vous pouvez directement poser le vinyle sur le sol en veillant à laisser un surplus de 7 cm environ remonter sur les murs. Poussez le vinyle contre la plinthe ou le mur en vous servant d'un petit bloc de bois et coupez le surplus en déplaçant le cutter le long de la plinthe à un angle de 45°.

Si des raccords entre lés sont nécessaires, placez de l'adhésif double face sous les joints. Pour masquer les bords du vinyle le long des murs, vous pouvez fixer des plinthes rigides ou souples PVC disponibles dans les grandes surfaces de bricolage dans de nombreuses variétés de coloris.

Si vous recouvrez un ancien parquet avec du vinyle, veillez à le débarrasser préalablement de toute trace de cire ou de vernis, ainsi que de tous les clous qui dépassent (chassez-les dans le bois). Vérifiez également qu'il ne grince pas. Si vous décelez des bruits, renforcez les lames mal fixées en enfonçant des clous de plancher en diagonale dans les lames grinçantes et les solives. Utilisez un chasse-clou pour enfoncer les têtes dans le bois et rebouchez les trous avec de la pâte à bois. Si le parquet est vraiment très abîmé, appliquez un produit de ragréage (autolissant) pour l'égaliser.

Pour éviter d'endommager votre tout nouveau revêtement de sol (et votre dos), procurez-vous un diable (petit chariot) pour réinstaller dans la pièce vos meubles lourds ou appareils ménagers.

Pour réaliser tous vos travaux de sol, n'hésitez pas à investir dans une paire de genouillères !

Pose d'un parquet mosaïque

Le parquet mosaïque est un assemblage de petites lames de bois disposées selon un motif et assemblées en plaques généralement carrées d'une surface de 32,5 x 32,5 cm et de 12,5 mm d'épaisseur. Les lamelles peuvent être collées sur du feutre, du papier ou sur un filet à trame lâche. Les assemblages les plus résistants se composent de fil de fer et de colle.

La technique employée pour la pose d'un parquet mosaïque est la même que pour les dalles de vinyle. Apportez, toutefois, un soin particulier à leur emplacement, car ces plaques sont constituées de quatre petits carrés de lamelles orientées en alternance qui permettent différentes dispositions (en parallèle, en quinconce, en chevrons, etc.) en fonction du style de la pièce et de vos préférences. Utilisez une truelle pour appliquer une colle spéciale pour parquets.

Dans la mesure où ce revêtement est constitué de lames de bois véritable, il est plus sensible à l'humidité que tout autre revêtement plastique. Nous vous conseillons de ne pas le poser dans un pièce trop humide telle qu'un sous-sol. Cela n'est pas totalement impossible, mais il vaut mieux laisser cette tâche à un professionnel.

La préparation pour la pose de parquet mosaïque est la même que pour les dalles de vinyle. Utilisez une petite scie égoïne pour couper le bas des encadrements de porte afin de pouvoir y glisser le bord des dalles. Dépoussiérez et nettoyez soigneusement le sol avant la pose.

Avant de poser tout nouveau revêtement de sol, marchez sur votre sol pour vérifier qu'il ne grince pas. Si vous décelez des bruits, renforcez les lames mal fixées du plancher en enfonçant des clous de plancher en diagonale dans les lames grinçantes et les solives. Deux clous enfoncés en diagonale assemblent mieux des pièces que des clous enfoncés à angle droit. Marchez de nouveau sur le sol pour vous assurer que les grincements ont disparu avant de procéder à la pose de votre nouveau revêtement :

1. **Mesurez à partir du mur de base une distance égale à 4 ou 5 largeurs de plaques. Marquez cette distance à chaque extrémité de la pièce.**

2. **Marquez le milieu des quatre murs et tracez deux lignes à la craie pour joindre les marques opposées et trouver ainsi le centre de la pièce.**

   Commencez la pose à un des angles formés à l'intersection de ces lignes.

3. **Utilisez une truelle ou une spatule crantée pour répandre l'adhésif sur le sol.**

   L'outil le plus approprié est probablement indiqué sur l'emballage de la colle. Appliquez la colle sur une surface modérée de sorte de placer trois ou quatre dalles à la fois le long de la ligne. Ainsi, la colle n'a pas le temps de sécher. Là encore, vérifiez les instructions inscrites sur l'emballage. Veillez à ne pas recouvrir les lignes tracées au sol lors de l'application de la colle. (Vous pouvez aussi tendre des cordeaux entre les points, légèrement au-dessus du sol, au lieu de tracer des lignes à la craie – opération finalement plus simple et vous ne risquez pas de les recouvrir de colle.)

4. **Disposez toutes les dalles pleines en premier, puis coupez et disposez les dalles de bordure.**

5. **Coupez les dalles de bordure à la dimension exacte.**

   Placez la dalle à couper sur la dernière dalle collée, posez dessus une troisième dalle et poussez-la contre le mur en laissant une petite marge de 1 cm pour le *joint de dilatation*, nécessaire pour toute pose de matériau qui bouge en fonction des variations thermiques, tel que le bois. Tracez un trait sur la dalle à couper en suivant le bord de la troisième dalle. Puis découpez le long du tracé avec une scie dotée d'une lame à denture fine pour ne pas abîmer le bois, encollez et installez ensuite la dalle à la bordure. Procédez ainsi pour toutes les dalles de bordure.

La plupart des dalles de parquet sont des produits préterminés et prêts à poser, généralement recouverts de plusieurs couches de vitrificateur. Inutile donc d'essayer de les cirer !

Pose d'un parquet en lames

A l'instar des parquets mosaïque, les parquets en lames, aussi appelés *parquets de recouvrement*, sont des produits prêts à poser, traités, poncés et vernis en usine dans des conditions idéales. Différents coloris et variétés de bois sont disponibles (hêtre, chêne, sapin, etc.), ainsi que différentes finitions (naturel, cérusé, teinté).

La technique d'installation dépend du type du revêtement et des spécifications du fabricant :

- Certains parquets se posent sur un support recouvert d'une couche d'adhésif appliquée à la spatule.
- D'autres se posent par clouage avec un système de languettes et rainures pour assembler les lames.
- D'autres encore se posent tout simplement sur une couche de matériau isolant, avec les lames collées les unes aux autres.

Veillez à acheter une quantité suffisante de lames pour couvrir toute la superficie de la pièce en prévoyant large pour les bordures, les éventuelles erreurs et réparations. Le plus simple consiste à mesurer la superficie de la pièce (multipliez la longueur par la largeur) et à apporter ces mesures à votre fournisseur pour une estimation précise de la quantité requise.

Avant la pose, lisez toujours les instructions d'installation fournies par le fabricant. Pour une application avec adhésif, utilisez *uniquement* l'adhésif ou le mastic suggéré par le fabricant. Le choix d'un produit de remplacement moins cher pourrait faire échouer le projet et annuler la garantie.

Les lames de recouvrement sont soigneusement calibrées et séchées en usine, de sorte que le bois est relativement stable. Toutefois, tout matériau en bois est sujet aux dilatations en fonction des variations de température et d'humidité enregistrées dans la pièce. Il est donc conseillé d'entreposer les lames 2 à 3 jours à température ambiante (dans la pièce où elles doivent être installées) pour que le bois se stabilise.

Pour installer un parquet en lames, suivez les instructions spécifiques au produit et généralement fournies par le fabricant. Les grandes étapes ci-après s'appliquent à tout type de parquet en lames préterminé :

1. **Déposez toutes les plinthes de la pièce.**

   Pour les détails, reportez-vous à l'étape 3 de la section "Poncer et vernir un parquet".

2. **Nettoyez soigneusement le sol ou le support pour qu'il n'y ait aucune trace de poussière et autres débris.**

3. **Si la pose se fait par clouage, prévoyez d'installer un film de mousse en polyéthylène sur le sol pour réduire les risques de grincement et surtout améliorer l'isolation thermique et acoustique.**

4. **Posez la première lame, rainure orientée vers le mur à un centimètre du mur.**

   Vous pouvez disposer des taquets de jeu sur le pourtour de la pièce pour délimiter l'espace prévu pour la dilatation et caler la première lame. Disposez les lames dans le sens de la longueur de la pièce. (Si vous les posez sur un ancien plancher, disposez-les dans le sens inverse des planches.)

5. **Faites une marque le long de la languette aux deux extrémités de la pièce, puis tracez un trait à la craie pour relier ces marques.**

6. **Clouez la première rangée de lames en veillant à ce que les languettes s'alignent sur le trait de craie.**

   Clouez le côté rainure des lames de la première rangée à angle droit, sans enfoncer les pointes sous la surface du bois (Figure 8.10).

7. **Posez les autres lames en assemblant les languettes dans les rainures.**

   Clouez sur l'angle supérieur des languettes en prenant soin d'enfoncer la tête des pointes à l'aide d'un chasse-clou pour ne pas gêner l'assemblage avec les rainures. Enfoncez les pointes à 45° et à intervalles de 25 cm environ. Le clouage est ainsi dissimulé par la pose des lames suivantes. Comme pour la première rangée, le bord côté mur de la dernière rangée est cloué à angle droit.

   Les joints doivent être décalés d'une rangée sur l'autre. Si des coupes sont nécessaires, placez la lame sur une planche et utilisez une scie à panneau.

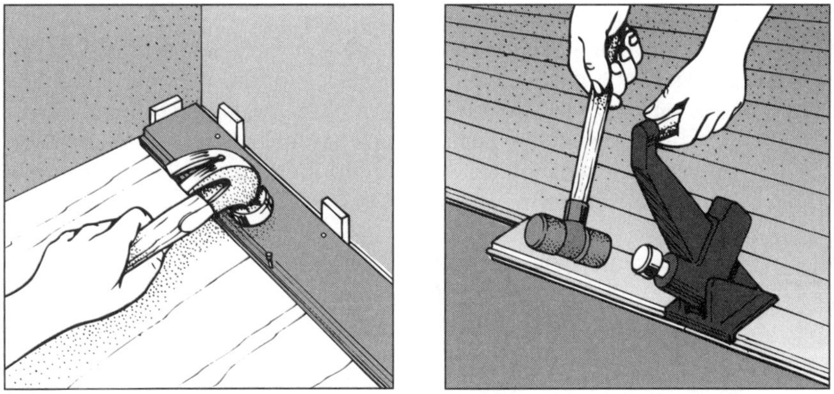

Figure 8.10 : Assemblage des lames d'un parquet de recouvrement.

A. Utilisez des taquets de jeu pour positionner la première lame.

B. Clouez les autres lames et enfoncez-les au chasse-clou ou à l'aide d'un de ces étranges gadgets.

8. **Remettez les plinthes en place.**

   Une baguette quart-de-rond ou une bande de liège vous permettront de masquer le joint de dilatation et les coupes de périmètre.

9. **Utilisez une barre de seuil pour assurer la liaison avec le revêtement de la pièce voisine.**

   Des baguettes, plinthes et barres de seuil sont disponibles dans toutes les grandes surfaces de bricolage.

Pose d'une moquette

Le terme "moquette", qui désignait autrefois un tapis tissé, s'applique aujourd'hui à tout revêtement textile souple recouvrant toute la surface d'un sol.

On distingue deux qualités de moquettes : les *moquettes traditionnelles* et les *moquettes synthétiques*. Les premières sont composées de fibres naturelles tissées sur un support (ou dossier) constitué d'une toile de jute ou de coton. Ces moquettes se fixent généralement sur un tapis feutré, appelé *thibaude*, ancré au sol par des bandes à griffes. Les moquettes synthétiques ne sont pas tissées, leurs fibres sont plantées par un procédé de tuftage, nappage ou autre, et immobilisées par une couche thermoplastique.

Les moquettes légères sont plus faciles à poser et moins chères. Ce sont d'excellentes candidates pour les poseurs de moquette débutants. Si la largeur de la pièce est inférieure à 4 m (largeur standard des moquettes), aucun raccord de lé n'est nécessaire – définitivement faisable. Les moquettes plus lourdes sont de meilleure qualité, mais plus difficiles à étirer pour obtenir une surface parfaitement plane. Les moquettes légères et de poids moyen sont plus faciles à étaler, couper, ajuster et étirer que les moquettes de meilleure qualité plus lourdes.

Il existe trois types de pose : la *pose libre* (sans fixation, si ce n'est un peu de ruban adhésif), la *pose collée* (avec une colle adaptée à la nature du dossier) et la *pose tendue* (la moquette est fixée par des bandes d'ancrage).

Retirer une vieille moquette

Votre première tâche – déposer la moquette existante - est un travail simple, parfait pour un propriétaire avec peu de compétences dans le domaine, mais beaucoup de muscles.

Certaines moquettes très vieilles sont agrafées directement au sol avec des agrafes en forme de U ; il suffit de tirer la moquette et de la rouler pour l'enlever. Mais la plupart des moquettes traditionnelles sont fixées par des bandes d'ancrage clouées au sol sur le pourtour de la pièce. Ces attaches sont de fines bandes de contre-plaqué comportant de petites dents ou pointes. La moquette tendue est accrochée aux pointes de la bande agrippante.

Pour enlever la moquette, examinez ses coins ; vous trouverez peut-être un angle qui rebique. Tirez la moquette à partir de cet endroit pour la détacher des pointes et la rouler. Faites de petits rouleaux, plus faciles à manipuler et à transporter, que vous maintiendrez avec une bande adhésive avant de les jeter. Si la thibaude existante n'est pas trop abîmée, vous pourrez la réutiliser. Dans le cas contraire, tirez simplement sur les agrafes qui maintiennent le tapis en place pour le déposer. Laissez les bandes agrippantes si vous souhaitez poser une autre moquette à l'aide de ce système.

Utiliser les bons outils

Si vous posez une moquette avec système d'attaches agrippantes sur un vieux parquet ou un sol en béton, vous devez commencer par fixer les bandes agrippantes sur le pourtour de la pièce. Pour installer ces bandes sur sol en bois, il suffit d'enfoncer les clous d'ancrage déjà disposés sur les bandes, comme illustré sur la Figure 8.11. Si vous devez installer des bandes agrippantes sur un sol en béton, utilisez du ruban adhésif pour maintenir les bandes en place (ou, pour la méthode "robuste", une perceuse à béton).

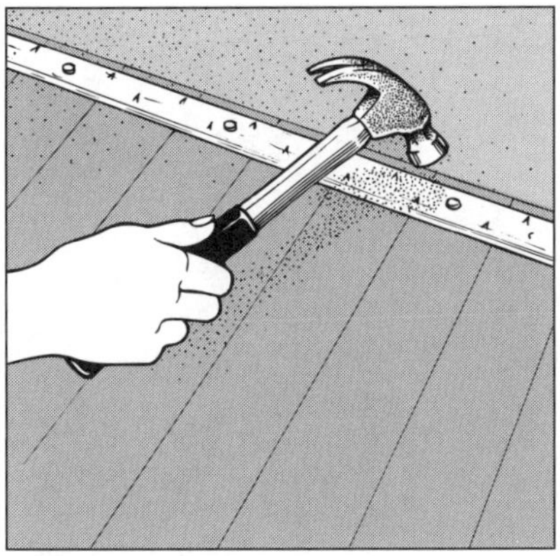

Figure 8.11 : Des bandes agrippantes clouées autour de la pièce permettent une pose tendue des moquettes.

Vous pouvez louer tout le matériel destiné à la pose de moquettes dans la plupart des entreprises de location. Les outils spécifiques à cette tâche sont les suivants :

- **Marteau de solier-moquettiste** (**ou** "**Vergez**") : La panne de ce marteau, étroite et lourde, sert à fixer des bandes d'ancrage sur un plancher ou des escaliers ; elle permet d'enfoncer les clous sans taper sur les pointes de fixation. Cet outil remplace ici le traditionnel duo marteau-chasse-clou.
- **Tendeur (ou "coup de genou") :** Sa sole plate dentelée agrippe le tapis et sa large partie rembourrée est poussée avec le genou.
- **Araseur :** Appareil idéal pour l'arasement impeccable et rapide des moquettes.

Poser une moquette

Pour les grandes lignes de l'opération, suivez ces étapes :

1. **Déroulez la moquette sur le sol.**

   Si les lés sont plus étroites que la largeur de la pièce, des joints seront nécessaires. Les découpes se font alors au cutter en vous aidant d'une règle métallique. Comme pour les joints de vinyle, les deux épaisseurs sont coupées en même temps.

2. **Coupez les angles et laissez remonter la moquette de quelques centimètres sur les plinthes (Figure 8.12).**

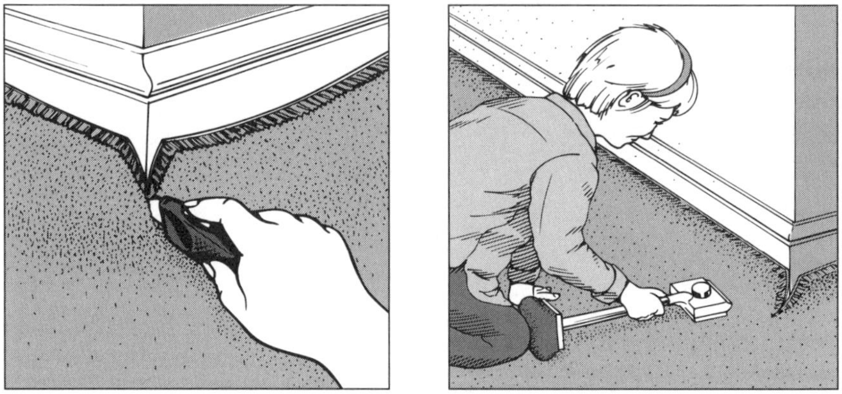

Figure 8.12 : Quelques petites astuces pour poser une moquette comme un pro.

Laissez un surplus de moquette remonter sur les murs et faites des entailles sur les angles pour bien l'ajuster.

Un "coup de genou" vous aide à tendre la moquette parfaitement.

3. **Tirez soigneusement pour obtenir une surface bien lisse.**

   Vous pouvez utiliser pour cela un "coup de genou", comme illustré sur la Figure 8.12. Agenouillez-vous sur la moquette, enfoncez les dents du tendeur devant vous et appuyez sur l'extrémité rembourrée avec le genou pour pousser la moquette contre le mur.

4. **Placez du ruban adhésif double face sur le pourtour de la pièce et collez la moquette parfaitement ajustée.**

5. **Coupez l'excédent de moquette à l'angle des murs (ou des plinthes).**

   Coupez les bords au cutter en vous guidant sur une règle métallique, comme illustré sur la Figure 8.13. (Vous pouvez également utiliser un araseur spécifique à ce type d'opération.)

N'OUBLIEZ PAS

Pour les poses collées, la méthode est sensiblement la même, si ce n'est qu'après avoir découpé la moquette vous repliez les lés en portefeuille pour encoller le support à la spatule crantée en partant du mur. Rabattez ensuite votre moquette et appuyez fortement avec les mains pour parfaire l'adhérence.

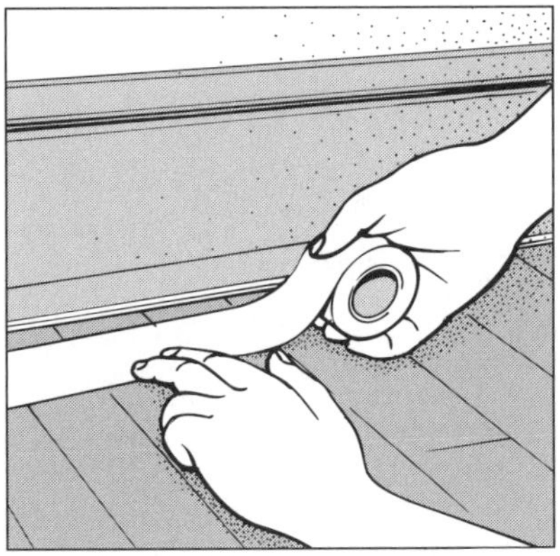

A. Utilisez du ruban adhésif double face sur le pourtour de la pièce pour fixer la moquette au sol.

B. Couper au cutter l'excédent de moquette parfaitement étirée en vous guidant sur une règle métallique.

Figure 8.13 : Fixation et arasement d'une moquette.

Chapitre 9

Fenêtres : une ouverture sur de nouveaux horizons

Dans ce chapitre :

- Matériaux et modèles
- Entretien et réparations
- Isolation des fenêtres
- Stores et autres accessoires
- Protections et systèmes d'alarme

Les fenêtres de nos maisons sont conçues pour faire entrer lumière, fraîcheur, joie de vivre, bonheur, santé, argent... enfin, ne nous emportons pas ! Ce n'est toutefois pas exagérer que de prétendre qu'une fenêtre est capable de transformer une pièce morne et triste en un lieu beaucoup plus plaisant et agréable à vivre - dans la mesure où son châssis n'est pas pourri, sa vitre cassée et qu'elle ne laisse pas entrer des vents coulis à faire trembler votre belle-mère et votre porte-monnaie. Bref, dans la mesure où elle conserve toutes ses qualités décoratives tout en continuant à vous isoler et à vous protéger. Ce chapitre est un cours intensif sur les réparations et l'amélioration de ces ouvertures qui, faute d'entretien, finissent par nous faire sortir de nos gonds !

Matériaux et modèles

Les fenêtres ne sont pas toutes pareilles. Il en existe de toutes sortes avec des fonctionnements et des matériaux de base très variés : certaines coulissent, d'autres basculent, d'autres encore pivotent ou, tout simplement, s'ouvrent et se ferment. Il y en a même qui sont condamnées… à ne jamais s'ouvrir ! Le cadre de la fenêtre (son *châssis*) qui contient tous les éléments de base de la fenêtre, peut être composé d'une "menuiserie" traditionnelle en bois, mais aussi en métal (acier ou aluminium) ou en PVC. Les menuiseries en bois sont généralement en pin, en sapin ou en bois exotique rouge, parfois même en chêne. Ces fenêtres doivent être peintes et/ou vernies, alors que celles fabriquées en PVC ou en aluminium ne requièrent pratiquement aucun entretien. Enfin, si les fenêtres en acier, qu'il faut aussi peindre, et parfois traiter contre la rouille, sont très résistantes, leur pouvoir d'isolation est très médiocre, ce qui en fait de bien mauvaises candidates pour les régions froides.

Les modèles les plus classiques sont composés de deux vantaux en bois ou en PVC, montés sur des gonds et munis ou non de croisillons (rapportés ou intégrés). Mais il existe bien d'autres modèles, tels que les fenêtres à guillotine (Figure 9.1), assez répandues dans certaines régions. Ces modèles se composent de deux cadres vitrés mobiles qui coulissent de haut en bas du *dormant* (le châssis fixe) dans des chants séparés. Le cadre intérieur est séparé du cadre extérieur par des moulures de séparation. Le mouvement est actionné au moyen de cordes, petites poulies et contrepoids. Les plus modernes sont équipés d'un mécanisme à ressort, plus simple à entretenir, composé d'une tige en spirale attachée à un ressort qui passe dans un tube fixé sur les côtés du dormant.

S'il existe un nombre de fenêtres très variées en design (voir Figure 9.1), leur entretien est toujours plus ou moins identique. En comprenant le mode de fonctionnement de vos fenêtres, vous pourrez les garder en bon état et détecter les problèmes avant qu'ils ne deviennent graves.

Pour faciliter l'entretien et les réparations de vos fenêtres, prenez le temps de vous familiariser avec leur mode de fonctionnement. Nous avons aperçu un jour notre voisin dangereusement perché sur une échelle de 8 mètres et qui nettoyait une fenêtre à guillotine située au deuxième étage. Il avait entrepris son grand nettoyage depuis le matin et semblait fatigué de monter et descendre sans arrêt pour déplacer son échelle d'une fenêtre à l'autre. Il fut époustouflé lorsque, après être montés chez lui, nous avons déposé les moulures de séparation et retiré les cadres en les tirant simplement vers nous. Si notre voisin avait su comment fonctionnaient ses fenêtres, il aurait pu aisément les extraire de leurs montants et les laver tranquillement de l'intérieur, sans avoir à poser le pied sur une échelle.

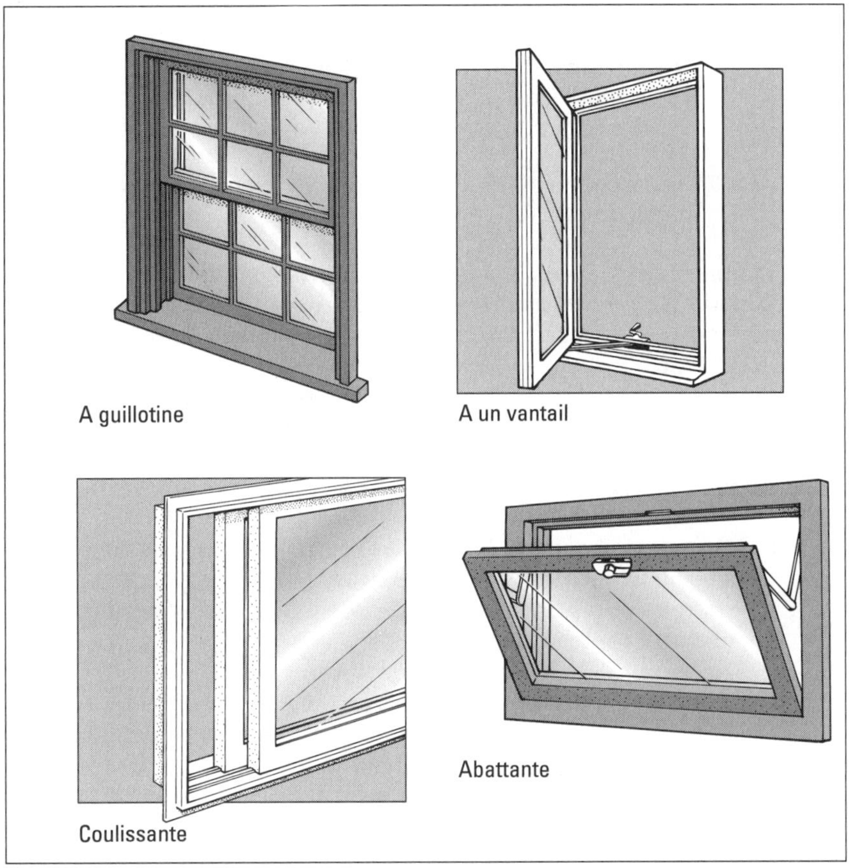

Figure 9.1 : Quelques types d'ouverture.

Entretien et réparations

Au moins une fois par an, confectionnez-vous un kit d'entretien et inspectez, lubrifiez et nettoyez chaque fenêtre. Nous reconnaissons qu'il y a de bien meilleures façons de passer un week-end, mais un entretien annuel de vos fenêtres peut considérablement prolonger leur durée de vie. Assurez-vous que votre kit comprend bien les éléments suivants :

- Un pinceau pour nettoyer les saletés et autres débris stockés dans les gorges de récupération des fenêtres.
- Un petit aspirateur à batterie pour aspirer à l'intérieur de tous les petits interstices.

- Un rouleau de serviettes en papier.
- Un assortiment de tournevis, dont un plat et un Phillips, pour resserrer les vis lâches de la crémone (le système de fermeture des fenêtres classiques) et des gonds.
- Eventuellement, un lubrifiant en aérosol pour certaines parties mobiles métalliques.

Commencez par ouvrir la fenêtre et utilisez un pinceau ou un petit aspirateur à batterie pour nettoyer les débris du rebord de fenêtre. Puis, humidifiez une serviette en papier et essuyez le rebord pour retirer toute salissure restée accrochée.

Inspectez les ferrures de la fenêtre. La crémone et les gonds des fenêtres classiques sont fixés par des vis à empreintes plates et Phillips (en forme de croix). Donnez un ou deux tours supplémentaires aux vis lâches.

Si la tringle (la barre de la crémone) entre mal dans les gâches, vérifiez qu'il n'y a pas quelques gouttes de peinture qui les obstruent. Le cas échéant, dévissez-les et nettoyez l'intérieur avec un peu de décapant. Nettoyez soigneusement toutes les ferrures.

Certaines fenêtres sont actionnées par une petite poignée ou un levier relié à un bras. Ce bras pousse la fenêtre vers l'extérieur ; il peut s'agir d'un simple bras de transmission, d'un double bras coulissant ou d'un bras ciseaux. En ouvrant la fenêtre à fond, vous pouvez dégager le bras afin de lubrifier son mécanisme ou libérer le châssis vitré et le nettoyer plus facilement.

Si le mécanisme d'ouverture et de fermeture de vos fenêtres est très particulier, consultez le manuel d'instruction spécifique à votre modèle qui a dû vous être remis au moment de l'achat ou de l'installation. Bien entendu, comme tout bon adolescent qui se respecte, ces manuels ont le chic pour toujours disparaître au moment où vous avez besoin d'eux. Si vous ne pouvez remettre la main sur ce @*!!*& manuel, faites preuve d'observation et de perspicacité ou appelez votre fournisseur.

Les fenêtres coincent

Si votre fenêtre ferme mal, commencez par l'examiner pour déceler l'origine du problème. Plusieurs couches de peinture ont peut-être diminué le jeu nécessaire entre dormant et battant. Le cas échéant, dégondez les châssis vitrés et décapez-les (avec un produit décapant ou un pistolet à air chaud), puis replacez-les. Si l'espace entre eux est de 2 mm, vous pouvez repeindre vos châssis. Dans le cas contraire, repérez les endroits qui ont travaillé ou dont le bois a gonflé, dégondez de nouveau et nivelez le chant à la cale à poncer, au rabot ou à la râpe avant de repeindre.

Si un problème d'humidité est à l'origine du frottement, vous devez vous assurer que le bois est bien sec avant de le raboter ou de le poncer.

Remplacer les cordes d'une fenêtre à guillotine

Les contrepoids des fenêtres à guillotine sont censés fournir un équilibre de sorte que, lorsque la fenêtre est ouverte à une position désirée, elle y reste bien. Si l'une des cordes se casse, votre fenêtre peut se transformer en une *véritable* guillotine.

Pour remplacer une corde, suivez ces étapes, illustrées sur la Figure 9.2 :

1. **Coupez la ligne de peinture à l'endroit où les moulures sont reliées au dormant avec un cutter.**

   Cette précaution évite de casser la moulure lorsque vous la déposez.

2. **Déposez les moulures qui maintiennent le châssis vitré intérieur en insérant une lame fine (d'un couteau de peintre par exemple) entre le dormant et chaque partie de la moulure clouée.**

   Vous pouvez alors retirer le cadre intérieur en le tirant vers vous avec précaution.

3. **De chaque côté du dormant, déposez la moulure de séparation à l'aide de votre lame pour pouvoir dégager le cadre extérieur.**

4. **A l'aide d'un tournevis, enlevez le petit panneau derrière lequel se trouve le contrepoids relié à la corde cassée.**

   Ces compartiments masqués par une petite porte vissée se trouvent au bas de chaque côté du dormant.

5. **Sortez le contrepoids de son logement et détachez les cordes des poids.**

6. **Lubrifiez l'axe de la poulie situé au-dessus de chaque panneau.**

7. **Passez la nouvelle corde sur la poulie et faites-la descendre, jusqu'à ce qu'elle apparaisse dans le petit compartiment du contrepoids.**

8. **Attachez une extrémité de la corde au poids.**

   Faites un nœud en forme de huit.

9. **Replacez le poids dans son compartiment.**

   Tendez la corde de sorte que le poids se retrouve à la verticale dans son compartiment.

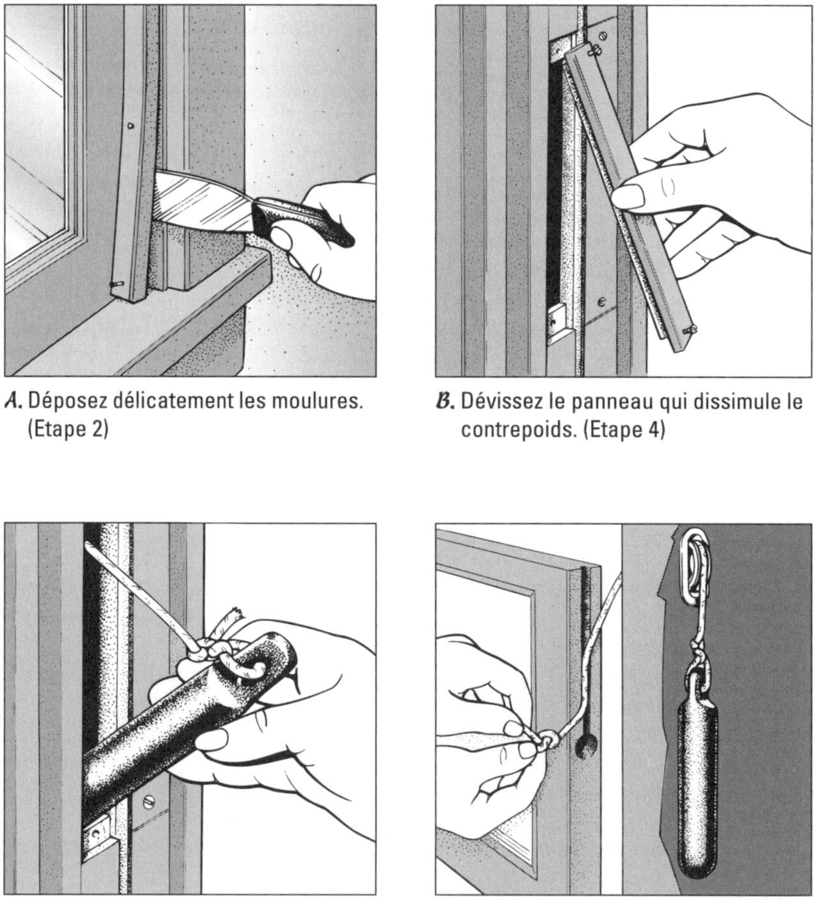

A. Déposez délicatement les moulures. (Etape 2)

B. Dévissez le panneau qui dissimule le contrepoids. (Etape 4)

C. Sortez le cotrepoids de son logement. (Etape 5)

D. Pour replacer le cadre, faites un noeud à la corde et calez ce noeud dans le petit renfoncement prévu à cet effet. (Etape 10)

Figure 9.2 : Remplacement d'une corde cassée d'une fenêtre à guillotine.

10. **Attachez l'autre extrémité de la corde sur le cadre.**

    L'autre extrémité de la corde que vous avez en main s'attache au cadre de la fenêtre. La plupart des châssis comportent une rainure sur le côté du même diamètre que la corde. Au bas de cette rainure se trouve un petit renfoncement dans lequel va se loger le nœud. Faites un nœud à la corde de sorte que le poids pende à une hauteur d'environ 6 cm au-dessus du bas du compartiment lorsque vous placez le nœud dans son renfoncement et levez le cadre vitré.

Tant que vous y êtes, remplacez également l'autre corde, même si elle n'est pas cassée, une corde neuve sera toujours plus solide. Suivez les étapes précédentes pour remplacer les cordes de chaque côté du dormant. Après quoi, remontez les cadres vitrés et reclouez les moulures (ou remplacez-les par des nouvelles).

Remplacer une vitre cassée

Changer une vitre n'est pas une tâche compliquée. Réparer les dégâts est à peine plus difficile que de casser la vitre elle-même. Rassemblez les bons outils et matériaux et suivez les étapes appropriées au type de menuiserie de votre fenêtre.

Il est préférable de démonter le châssis au préalable – une nécessité pour les fenêtres à vantail fixe et à guillotine.

Voici les matériaux nécessaires pour changer une vitre cassée :

- Une vitre.
- Du mastic.
- Des pointes de vitrier (têtes d'homme, triangles, losanges, etc.).

Vous avez également besoin des outils suivants :

- Un marteau de vitrier.
- Un couteau de vitrier à démastiquer (ou un vieux ciseau à bois).
- Un couteau à mastiquer.
- Pinces ou tenailles.

PRÉCAUTIONS

Lorsque vous travaillez avec des débris de verre, portez des gants et des lunettes de protection.

Cadre en bois

Pour changer la vitre cassée d'une fenêtre en bois, commencez par mesurer le cadre. Mesurez la longueur et la largeur exactes du cadre dans lequel doit se placer la nouvelle vitre (cet emplacement se nomme la *feuillure*). Si les deux largeurs ou les deux longueurs présentent des différences, retenez la plus petite dimension. Retranchez également 4 à 5 mm de jeu en cas de dilatation du verre au moment des changements de température.

Lorsque tous les outils et matériaux nécessaires pour changer une vitre sont en votre possession, suivez les étapes présentées ci-après illustrées sur la Figure 9.3 :

1. **Retirez tous les morceaux de verre restés accrochés.**

   Retirez à la main tous les morceaux qui se détachent et donnez de petits coups de marteau (en commençant par le haut) pour les morceaux difficiles.

2. **Enlevez le mastic et le verre restant.**

   Utilisez un couteau à démastiquer ou, à défaut, un vieux ciseau à bois. Placez l'outil contre le mastic et donnez de petits coups de marteau pour détacher le mastic.

3. **Enlevez les pointes avec des pinces ou des tenailles.**

4. **Nettoyez la feuillure de sorte qu'elle soit parfaitement propre et lisse.**

5. **Prenez une boule de mastic dans la main et écrasez-la dans la feuillure sur une épaisseur d'environ 3 mm.**

   Cette couche de mastic permet d'assurer une parfaite étanchéité entre le cadre et le verre.

6. **Placez le carreau.**

   Pressez délicatement sur les bords du carreau pour l'enfoncer dans le mastic parallèlement à la feuillure.

7. **Fixez la vitre avec des pointes de vitrier plantées tous les 25 cm environ dans la feuillure.**

A. Portez des gants de protection pour retirer les débris de verre. (Etape 1)

B. Fixez la vitre avec des pointes. (Etape 7)

C. Lissez le mastic avec un couteau à mastiquer que vous faites glisser à un angle de 45°. (Etape 8)

Figure 9.3 : Remplacement d'une vitre cassée.

Utilisez le couteau pour enfoncer les pointes du dos de la lame (en veillant à laisser saillir les têtes d'environ 5 mm s'il s'agit de pointes ordinaires).

8. **Appliquez une nouvelle couche de mastic sur le périmètre de la vitre et lissez au couteau à mastiquer.**

Le mastic doit recouvrir les pointes. Faites glisser le couteau à un angle de 45° sur le mastic.

9. **Attendez environ 2 semaines avant de repeindre.**

   N'utilisez pas de ruban adhésif pour masquer la vitre lors de cette étape afin de laisser la peinture former un joint d'étanchéité entre le verre et le bois.

Cadre métallique

Pour remplacer la vitre d'un châssis métallique, la procédure est sensiblement la même que pour un cadre en bois, si ce n'est pour quelques petites différences de matériaux (notamment l'utilisation de clips au lieu de pointes et de mastic spécial pour les châssis métalliques).

Après avoir enlevé tous les morceaux de verre, procédez comme suit :

1. **Faites sauter le mastic.**
2. **Retirez les clips et conservez-les pour les réutiliser.**
3. **Grattez et nettoyez soigneusement la feuillure.**
4. **Appliquez une couche de produit antirouille sur le métal.**
5. **Appliquez un cordon de mastic dans la feuillure.**
6. **Placez la vitre.**
7. **Replacez les clips dans les trous appropriés.**
8. **Appliquez une nouvelle couche de mastic sur le périmètre de la vitre et lissez.**

Réparer une partie pourrie sur le rebord

Les rebords de fenêtre sont inclinés vers l'extérieur pour que l'eau puisse s'écouler le long des rebords. Astucieux, n'est-ce pas ? Toutefois, si la peinture s'écaille et que le rebord n'est pas protégé, le bois s'abîme.

Si le rebord de votre fenêtre commence à pourrir, enfoncez un poinçon ou tout autre instrument fin et pointu dans le bois pour évaluer l'ampleur des dégâts. Si l'outil s'enfonce facilement, le bois est pourri. Le bois est sain à l'endroit où vous commencez à rencontrer une résistance. Si le bois est complètement pourri, vous devrez remplacer le rebord en entier par une nouvelle pièce de bois – une tâche délicate qu'il est préférable de laisser entre des mains expertes. Si l'humidité n'a abîmé qu'une partie du bois, vous pouvez y remédier vous-même en suivant les étapes ci-après, illustrées sur la Figure 9.4 :

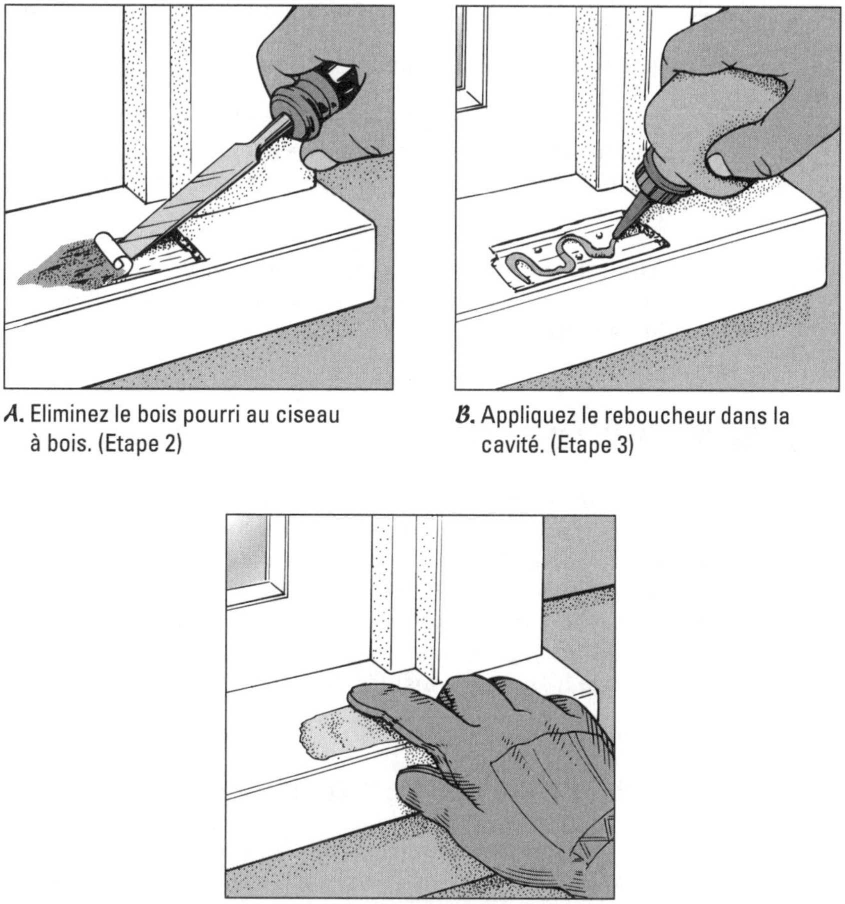

A. Eliminez le bois pourri au ciseau à bois. (Etape 2)

B. Appliquez le reboucheur dans la cavité. (Etape 3)

C. Lissez la surface et laissez durcir la surface avant de poncer.

Figure 9.4 : Remplacement d'une partie pourrie du rebord d'une fenêtre.

1. **Décapez la peinture pour mettre toute la portion du bois pourri à nu.**

Utilisez un pistolet à air chaud ou un décapant chimique et un grattoir pour décaper la peinture.

2. **Eliminez le bois pourri au ciseau à bois.**

   Grattez jusqu'au bois sain sans l'entamer.

3. **A l'aide d'un couteau à enduire, appliquez du durcisseur dans la cavité.**

4. **Attendez que la pâte sèche et poncez.**

   Suivez le mode d'emploi fourni avec le produit. Celui-ci commence à durcir rapidement, mais vous devez attendre qu'il soit aussi dur que de la pierre pour pouvoir commencer à poncer. Poncez pour amener la zone rebouchée à niveau.

5. **Appliquez une couche d'apprêt, une sous-couche et deux couches de peinture glycérophtalique (ou de peinture microporeuse) assortie à la couleur de la fenêtre.**

Isolation des fenêtres

Isoler des fenêtres et des portes est à la fois l'un des projets domestiques les plus simples, dans lequel tout bricoleur inexpérimenté peut se lancer, et l'un des plus rentables. En effet, si vous chauffez votre maison, alors que l'air froid entre de toutes parts, autant jeter directement votre argent par les fenêtres ! En revanche, si vous calfeutrez bien toutes vos ouvertures, vous améliorez votre confort en limitant les déperditions de chaleur et réalisez par-là même une économie d'énergie considérable.

Calfeutrer avec des joints d'étanchéité

Les joints d'étanchéité sont des garnitures qui calfeutrent les interstices parfois importants au niveau des jonctions entre vantaux (cadres mobiles) et dormants (cadres immobiles) afin d'empêcher les infiltrations d'air. Ces joints constituent non seulement une économie d'énergie, mais ils empêchent également les insectes d'entrer et, plus important encore, isolent du bruit extérieur, notamment des incessants aboiements du @*!!*& clebs de votre voisin.

Il existe une très large gamme de joints de calfeutrage : des bourrelets adhésifs en mousse aux joints de type polypropylène extrudé, en passant par les joints métalliques à clouer d'huisseries anciennes, les produits disponibles sont nombreux, simples à mettre en œuvre et toujours d'un prix très modique.

La pose de joints adhésifs est plus ou moins identique quel que soit le type de joint choisi :

1. **Nettoyez et dépoussiérez le bois du dormant ou toute autre surface que vous souhaitez calfeutrer et laissez sécher complètement.**

   Dégraissez parfaitement les endroits où sera posé le joint. Si la peinture est en mauvais état, vous devrez, au préalable, la décaper ou la poncer jusqu'au bois et appliquez une nouvelle couche de peinture.

2. **Coupez le joint aux dimensions de la fenêtre.**

   Utilisez une règle pour trouver la bonne longueur ou placez le joint le long de la surface et découpez un morceau légèrement plus grand. Le joint est généralement fixé tout autour du dormant.

3. **Retirez petit à petit le papier protecteur et mettez le joint en place en appuyant avec les doigts pour parfaire l'adhérence.**

   Pour des instructions plus spécifiques, suivez les recommandations inscrites sur l'emballage du produit.

4. **Assurez-vous en fermant la fenêtre que le joint ne gêne pas la fermeture.**

Pour les joints métalliques à clouer, les étapes d'installation sont sensiblement les mêmes, si ce n'est, vous l'aurez deviné, que vous devez les clouer et non les coller.

Quel que soit le joint, vous ne devez jamais boucher les trous de la traverse basse du dormant (la gorge de récupération d'eau) qui assure l'écoulement de l'eau.

Calfeutrer avec des mastics d'étanchéité

Les mastics d'étanchéité (généralement vendus en cartouches sous forme de pistolets extrudeurs) offrent une solution efficace aux fuites d'air situées entre deux composants immobiles, tels qu'entre dormant de menuiserie et maçonnerie, mais ils peuvent également se poser sur des parties mobiles, entre ouvrant et dormant (dans ce cas, vous devez le recouvrir de bandes de démoulage). Leur avantage : ils épousent parfaitement la forme de la fente à obturer et occupent tout le volume des jeux entre ouvrant et dormant.

On distingue généralement deux types de mastics, selon leurs propriétés physiques et mécaniques : les mastics de type plastique et les mastics de type élastique ou élastomère. Les premiers, acryliques ou butyls, ont la même consistance qu'une pâte à modeler, mais ils se déforment après plusieurs compressions et dilatations (dues aux changements de température) ; les deuxièmes, silicones et polyuréthannes, conservent leur élasticité après séchage, ce qui en fait de parfaits candidats pour les isolations de fenêtres. Pour un calfeutrage entre murs et menuiseries, optez plutôt pour un mastic acrylique ; pour une isolation des fenêtres entre dormant et ouvrant, optez pour un mastic élastomère de type silicone.

Pour calfeutrer l'extérieur d'une fenêtre avec du mastic d'étanchéité, suivez ces étapes :

1. **Utilisez un couteau à enduire ou un grattoir pour éliminer toute trace d'ancien mastic sur l'extérieur du cadre.**

2. **Coupez l'embout de la cartouche au diamètre correspondant à la largeur du cordon que vous voulez appliquer.**

   L'épaisseur du joint doit être légèrement supérieure à celle de l'interstice à combler.

3. **Appliquez le mastic en un cordon régulier sur les quatre côtés du dormant.**

   Pressez légèrement sur la gâchette tout en déplaçant le pistolet le long de la fente à remplir dans un geste continu.

4. **Lissez le mastic.**

   Une cuiller en plastique ou votre doigt mouillé feront très bien l'affaire.

5. **Nettoyez l'excès de produit sur le pistolet, vos mains ou toute autre surface avant qu'il sèche.**

Stores et autres accessoires

Si vous ne souhaitez pas mener une vie de poissons en aquariums, faites comme la plupart des humains : habillez vos carreaux. Installer des rideaux ou des stores devant vos fenêtres permet non seulement de conserver un degré appréciable d'intimité, notamment dans la salle de bains ou la chambre, mais également de décorer votre intérieur et de protéger la pièce contre l'entrée de vents coulis (par l'installation de rideaux épais) ou les rayons du soleil. Quelles que soient vos motivations, installer des rideaux ou des stores est généralement très simple, même pour les plus débutants d'entre vous.

Installer un store à enrouleur

Les stores à enrouleur sont fonctionnels, simples à installer et créent un bon assombrissement de la pièce pour un prix modique. Leur mécanisme à ressort (illustré sur la Figure 9.5) permet de remonter et de baisser le store à la hauteur désirée. Ce mécanisme est constitué d'étriers à chaque extrémité du bâton, l'un plat, commandant le ressort intérieur, l'autre rond.

Si vous remplacez un ancien store, mesurez la largeur du bâton, étriers compris, puis déroulez le store et mesurez sa longueur. Procurez-vous ensuite un store à enrouleur aux mêmes dimensions. Ces produits existent généralement en plusieurs coloris et dimensions. Toutefois, si vous ne trouvez pas de store à la largeur souhaitée, pas de panique : vous pourrez facilement le scier pour l'ajuster.

L'installation d'un store à enrouleur est si simple que même un enfant pourrait s'en charger. Le problème, c'est qu'on ne les trouve jamais quand on a besoin d'eux. Pour installer un store à enrouleur, procédez comme suit :

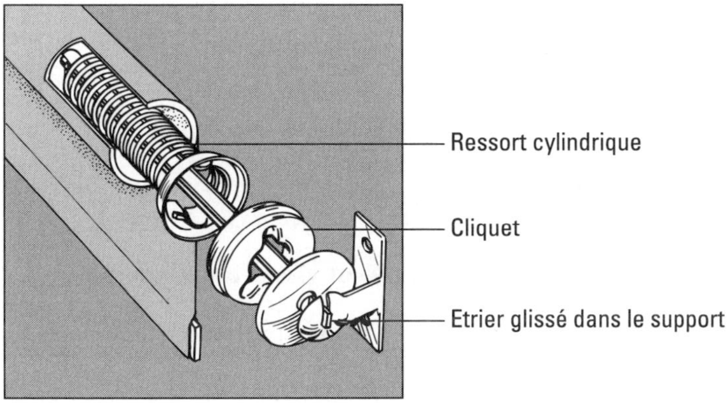

Figure 9.5 : Mécanisme d'un store à enrouleur automatique.

1. **Mesurez et marquez la position des supports à visser au-dessus de la fenêtre, de chaque côté.**

   Prévoyez suffisamment d'espace au-dessus de la fenêtre en sachant que le diamètre de l'enrouleur est plus important lorsqu'il est complètement enroulé. Utilisez un niveau à bulle pour vérifier l'horizontalité de votre ligne.

2. **Percez aux endroits marqués et vissez les supports.**

   Utilisez une perceuse avec une mèche adaptée au diamètre des chevilles et à la nature du mur.

3. **Placez le bâton en glissant les étriers dans les supports.**

   Assurez-vous que le bâton est complètement enroulé, avec les bords parfaitement superposés, lorsque vous l'installez, car il pourrait ne pas fonctionner correctement si le tissu n'est pas d'équerre.

Installer un store vénitien

Les stores vénitiens sont constitués de petites lames (aluminium, PVC ou bois) que vous pouvez orienter selon le degré de luminosité souhaité. Une tige permet d'orienter les lamelles et une corde de les remonter ou de les descendre. Ces stores se fixent dans des supports en forme de U que vous montez sur le plafond, sur le mur ou sur les vantaux eux-mêmes. Si vous les installez en haut des fenêtres, prévoyez un espace suffisant pour qu'une fois replié le store ne gêne pas l'ouverture des fenêtres. Une baguette plate amovible permet de masquer la barre pour un aspect plus esthétique.

Les stores vénitiens existent également en plusieurs coloris et dimensions. Pour installer un store vénitien sur le montant d'une fenêtre à un vantail, procédez comme suit (vous pouvez opérer de la même façon avec deux stores plus petits fixés sur les deux vantaux d'une fenêtre à la française) :

1. **Mesurez et marquez l'emplacement des supports.**

   Placez les supports sur chaque angle supérieur et utilisez-les comme gabarit pour marquer la place des vis avec un crayon.

2. **Percez aux endroits marqués et vissez les supports.**

   Utilisez une perceuse avec une mèche adaptée au diamètre des chevilles et à la nature du mur.

3. **Enfoncez la barre à l'intérieur des supports, comme illustré sur la Figure 9.6, et refermez les petits clapets de sécurité de chaque support.**

4. **Si nécessaire, coupez la corde à la bonne dimension.**

Figure 9.6 : Installation d'un store vénitien.

Installer une tringle à rideaux

Les tringles à rideaux sont souvent posées sur de simples supports métalliques muraux à visser ou glissées à l'intérieur de supports de plafond. Les plus décoratives sont les tringles rondes, en bois ou en laiton et les plus classiques sont les tringles chemin de fer.

Pour installer une tringle à rideaux sur supports métalliques muraux, procédez comme suit :

1. **Mesurez et marquez l'emplacement des supports.**

   Mesurez au minimum 5 cm au-dessus de la fenêtre et repérez l'emplacement des supports en centrant la tringle par rapport à la fenêtre. Utilisez un niveau à bulle pour vérifier l'horizontalité de votre ligne.

2. **Percez aux endroits marqués et vissez les supports.**

   Utilisez une perceuse avec une mèche adaptée au diamètre des chevilles et à la nature du mur. Si le support est de type plaque de plâtre, utilisez des chevilles Molly, comportant une partie métallique qui s'écarte par le milieu (voir Chapitre 14).

3. **Posez la tringle sur les supports.**

Protections et systèmes d'alarme

Dans les maisons individuelles, les cambrioleurs passent 9 fois sur 10 par les fenêtres. Si elles ne comportent pas de verrous et si les volets ne sont pas fermés, il suffit en effet de casser la vitre et de tourner la crémone pour pénétrer chez vous. Des verrous encastrés peuvent permettre de bloquer les vantaux en position fermée. Ils se posent comme ceux des portes (voir Chapitre 10). Si les montants des fenêtres sont trop étroits, vous pouvez également monter des verrous en applique (voir également le chapitre suivant).

TRUC

Pour les pièces en rez-de-chaussée, il est recommandé d'installer des grilles en fonte ou des barreaux espacés de 12 cm au maximum et scellés sur une profondeur de 8 cm.

TRUC

Les vitres incassables offrent également une protection très efficace. Les verres synthétiques indestructibles mécaniquement sont particulièrement intéressants de par leur résistance, leurs propriétés isolantes et leur faible épaisseur.

Bloquer la crémone

TRUC

Voici, en attendant d'en savoir plus sur les verrous (Chapitre 10), une petite astuce pour bloquer la crémone chaque fois que vous vous absentez :

1. **Percez un trou dans la partie supérieure de la tringle.**

   Utilisez une perceuse munie d'un foret à métaux et percez loin de la poignée.

2. **Enfoncez un clou à tête plate dans le trou pour bloquer la tringle.**

Installer un détecteur d'ouverture

Des études révèlent qu'une maison est cambriolée toutes les 10 secondes. Voilà de quoi nous rassurer ! 10 % des effractions sont commises par des voleurs "professionnels", et 90 % par des amateurs vivant à quelques kilomètres de leur cible. Si un voleur pro et déterminé parvient toujours à désarmer un système d'alarme (sauf peut-être les plus sophistiqués), les voleurs du dimanche détalent généralement au déclenchement d'une sirène ou d'une simple lumière.

Les systèmes d'alarme les plus simples sont généralement composés d'un dispositif de détection et d'un système d'alerte (sirène, lumière, appel téléphonique, etc.) fonctionnant à pile. Si ces appareils sont simples à installer, ils sont aussi d'une efficacité très limitée et ne joueront leur rôle dissuasif qu'auprès des petits voleurs. Les détecteurs de chocs peuvent ainsi être composés d'un simple disque adhésif posé sur une vitre et relié à un petit boîtier masqué (Figure 9.7).

Figure 9.7 : Un détecteur de chocs composé d'un disque et d'un boîtier fonctionnant à pile.

Par rapport aux systèmes à pile et aux traditionnels réseaux câblés, les nouvelles installations électroniques à transmissions radio présentent de nombreux avantages (fiabilité, facilité d'installation, multiples fonctions évolutives, etc.) contre un seul inconvénient : leur prix. Ces alarmes sans fil s'installent sans aucun souci de raccordement en quelques minutes. Il suffit de suivre la procédure appropriée fournie avec le produit, laquelle consiste généralement à coller ou à visser les détecteurs aux endroits indiqués et à installer la centrale dans la pièce de votre choix.

Achetez l'équipement de base, puis ajoutez les accessoires nécessaires, dont voici quelques exemples, en fonction de votre situation :

- Un flash extérieur ou voyant qui s'active au déclenchement de l'alarme. Cette signalisation visuelle, très utile pour les sourds et les malentendants, permet également d'attirer l'attention des voisins.
- Une sirène d'alarme extérieure pour alerter les voisins.
- Un détecteur d'intrusion avec dispositifs optiques réglables pour que le passage de votre compagnon félin ou canin ne les déclenche pas.
- Un détecteur de bris de glace insensible aux vibrations causées par le vent.

Chapitre 10

Portes et serrurerie

Dans ce chapitre :

- Entretien des serrures et des charnières.
- Entretien et réparations des portes.
- Installation et réparations de serrures et de verrous.
- Accessoires de portes.

Vous les ouvrez, vous les fermez à longueur de journée sans même y penser, jusqu'à ce qu'un jour elles se mettent subitement à grincer, à coincer ou, pire encore, à refuser d'obtempérer. Si vous voulez garder vos portes en bon état et continuer à ne jamais les remarquer, suivez les quelques conseils d'entretien et de réparation de ce chapitre.

Entretien des serrures et des charnières

Les portes d'une maison individuelle sont ouvertes et fermées des milliers de fois par an. Pour veiller à leur bon fonctionnement, la précaution la plus élémentaire consiste donc à entretenir ce qui leur permet de s'ouvrir et de se fermer : leurs charnières et leurs verrous. Graissez les charnières et les verrous de vos portes au moins une fois par an. Utilisez pour cela un lubrifiant en aérosol ou, pour certaines serrures (de type Yale), de la poudre de graphite.

Lubrifier une serrure

Si votre serrure en applique est grippée, vaporisez un lubrifiant par l'entrée de clé, le fouillot et les passages des pênes. Si cela ne suffit pas, procédez au démontage pour graisser les pièces du mécanisme. Le démontage d'une serrure en applique ne pourrait être plus simple : il suffit de dévisser et de retirer la plaque de couverture de l'arrière du coffre. Notez ensuite soigneusement l'emplacement des pièces afin de pouvoir les replacer correctement.

Pour en savoir plus sur les autres types de serrures et les verrous, reportez-vous à la section "Installation et réparations de serrures et verrous", plus loin dans ce chapitre.

Lubrifier une charnière

Les portes sont généralement équipées de deux ou trois charnières. Les portes donnant sur l'extérieur étant plus lourdes, en possèdent trois ou quatre. Si la porte grince, vous devez graisser ses charnières. Il peut s'agir de charnières sous forme de plaques vissées, rectangulaires double feuilles, à broche démontable, contrecoudées et dégondables, etc., de fiches à lames ou à lacet dégondable ou de gonds ordinaires qui s'emboîtent et se déboîtent le plus simplement du monde.

Pour graisser les gonds d'une porte, dégondez la porte en la soulevant bien à la verticale et enduisez les fiches de vaseline ou de graisse. Replacez la porte et vérifiez qu'elle ne grince plus. Nettoyez ensuite tout excès de lubrifiant.

Il existe des rondelles (*rondelles de téflon*) qui suppriment les grincements de portes, adoucissent leur pivotement et surtout vous dispensent de tout graissage. Il suffit de les glisser par deux entre les gonds des portes.

Si le mécanisme est une charnière à broche démontable, placez un petit clou sous la broche pour l'extraire vers le haut en donnant quelques coups de marteau, comme illustré sur la Figure 10.1. Tenez la porte pour qu'elle ne force pas sur l'autre charnière ou placez temporairement un long clou dans la charnière, posez la broche sur des serviettes en papier et enduisez de graisse ou vaporisez un lubrifiant en aérosol. Répétez cette opération pour toutes les charnières de ce type, une après l'autre.

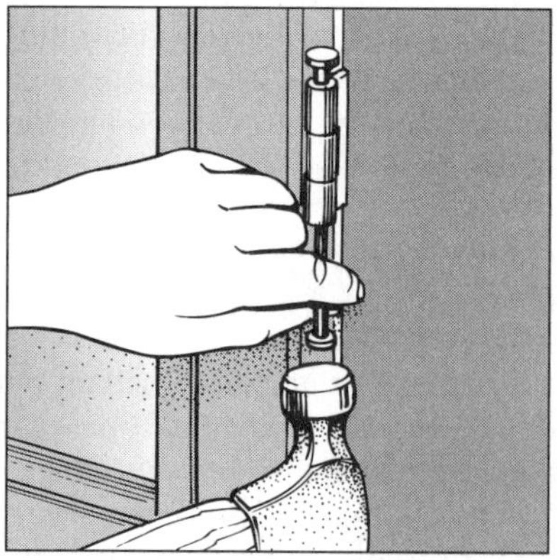

Figure 10.1 : Une charnière à broche démontable.

Réparer une charnière

Des jeux dans les charnières peuvent gêner l'ouverture d'une porte (elle penche, elle frotte ou elle se coince). Par chance, vous pouvez remédier à ce type de problème très facilement. Commencez par vérifier que les charnières sont bien vissées. Ouvrez la porte, tenez-la par sa poignée ou son bouton et bougez-la de haut en bas. Si vous constatez un jeu au niveau des vis d'une charnière, vous devrez les revisser.

Si les vis sont desserrées depuis peu, un simple tournevis suffit pour régler le problème. En revanche, si le jeu est plus ancien, le mouvement constant entre les lames et les vis de la charnière a probablement agrandi les pas de vis. Le résultat : les vis sont devenues complètement inutiles !

Si le jeu dans les charnières est toujours perceptible lorsque vous bougez la porte, même après avoir resserré les vis, vous devez passer au plan d'attaque numéro 2 : la réparation des trous agrandis. Réparez un pas de vis à la fois. Voici comment procéder le plus simplement du monde :

1. **Enlevez la vis qui a pris du jeu.**
2. **Trempez l'extrémité en bois d'une allumette dans de la colle à bois et enfoncez-la aussi loin que possible dans le pas de vis défectueux (Figure 10.2).**

   Donnez des petits coups de marteau en veillant à ne pas abîmer la lame.

Figure 10.2 : Insérez une allumette ou un petit goujon dans le pas de vis défectueux.

3. **Cassez ou coupez le bout rouge de l'allumette à la limite de la lame de la charnière.**

4. **Enfoncez la vis dans la pièce servant de cheville à l'aide d'un tournevis.**

5. **Répétez ces quatre étapes pour chaque pas de vis détérioré.**

A la place d'une allumette, les golfeurs pourront utiliser un tee de golf sur lequel ils appliqueront également une mince couche de colle à bois avant de l'enfoncer au maximum dans le pas de vis. Dans la mesure où les tees de golf sont pointus, on peut les enfoncer aisément. Laissez la colle sécher avant de couper la partie du tee qui dépasse.

Entretien et réparations des portes

Les sections suivantes présentent quelques problèmes de portes courants, expliquent comment y remédier et offrent en supplément quelques conseils d'entretien utiles.

Redresser une porte gauchie

Pour dégauchir une porte, commencez par la dégonder pour la poser à plat sur deux chevalets, un à chaque extrémité de la porte, face bombée vers le haut. Etalez une vieille serviette sur la porte et posez des objets lourds sur sa partie courbée. Attendez quelques jours et, lorsque la porte s'est redressée, enlevez les poids et replacez-la sur ses gonds.

Avant de replacer la porte, appliquez une couche de finition supplémentaire sur le côté qui était bombé. Passez également un produit de traitement hydrofuge sur toute partie du bois exposé, sur la partie basse tout particulièrement, pour éviter que l'humidité pénètre de nouveau dans le bois et cause d'autres dégâts de ce type.

Réparer une porte pliante

Les portes pliantes se montent toujours par deux et sont généralement utilisées pour des placards ou des penderies. On a accès au placard en repliant les portes sur elles-mêmes. Celles-ci se déplacent sur des roues en Nylon glissant sur un système de rail suspendu, comme illustré sur la Figure 10.3. Les portes sont équipées d'un système sur pivot à l'extrémité extérieur du rail suspendu près des montants. Certains modèles possèdent également un système sur pivot au sol pour éviter que les parties basses des portes sortent de leur rail. Pour que vos portes coulissent et se plient en douceur, nettoyez et graissez le rail, les roues, ainsi que le pivot, au moins une fois par an.

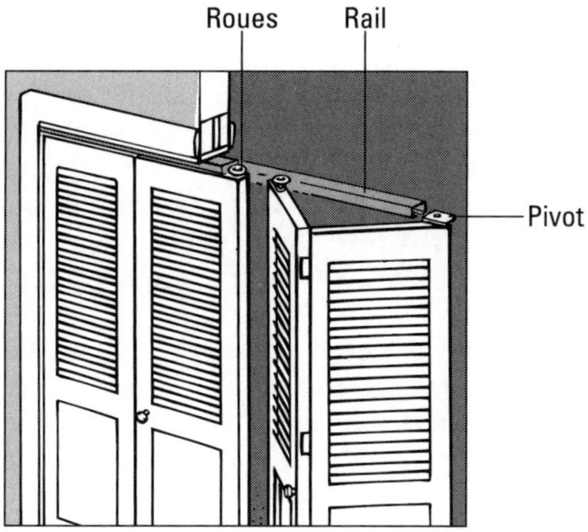

Figure 10.3 : Les portes pliantes sont équipées de roues qui glissent le long des rails et de pivots qui permettent aux panneaux de se replier sur eux-mêmes.

Ouvrez les portes complètement et dépoussiérez le rail avec un chiffon propre. Vaporisez ensuite un peu de produit lubrifiant en aérosol sur le rail et les roues (attention à ne pas en vaporiser sur les vêtements de votre placard ou penderie). Déposez une fine couche de lubrifiant sur les différentes pièces du système et essuyez tout excès de produit avec des serviettes en papier.

Si vos portes accrochent (ne glissent pas facilement sur leurs rails), malgré un bon nettoyage et un bon graissage de leur mécanisme, commencez par vérifier que tous ses composants sont correctement fixés et en bon état. Si une des pièces du mécanisme est cassée, remplacez-la en vous procurant une pièce identique dans une grande surface de bricolage. Vérifiez également l'état des charnières entre chaque double porte. Si vous remarquez un jeu entre ces charnières et leurs vis de fixation, essayez de resserrer les vis. Si vous n'y parvenez pas (parce que le pas de vis est faussé), suivez les étapes décrites plus avant dans la section "Réparer une charnière".

TRUC

Il est parfois plus simple de travailler sur des portes pliantes démontées. Pour les déloger, il suffit de les soulever en position fermée et de les sortir du cadre par le bas. Vous y parviendrez peut-être plus facilement en vous plaçant à l'intérieur des portes plutôt qu'à l'extérieur.

Si, lorsque vous remontez les portes, elles ne vous semblent pas d'équerre (l'écart entre la porte et le montant n'est pas parfaitement égal), utilisez un tournevis ou une clé anglaise pour ajuster le pivot. Certains portes pliantes sont équipées d'un pivot réglable dans l'angle inférieur.

Réparer une porte-fenêtre coulissante

A l'instar des portes pliantes, les portes coulissantes s'ouvrent en glissant sur des rails, mais contrairement à leurs cousines pliantes, elles ne possèdent pas du tout de charnières. On les trouve le plus souvent sous forme de portes-fenêtres dans des pièces donnant sur des terrasses, des balcons ou des jardins, car leurs grandes baies vitrées, éclipsant les murs, ouvrent visuellement la pièce au grand air tout en offrant un accès à l'extérieur.

Quelques problèmes mineurs viennent parfois gâcher ce beau paysage : des débris, feuilles et autres salissures, transportés par le vent, les semelles de chaussures ou les petites pattes de nos animaux domestiques, se glissent dans les rails et gênent l'ouverture et la fermeture des portes. Pour éviter ce genre de désagrément, chaque fois que vous passez l'aspirateur, nettoyez les rails à l'aide d'un de ces petits accessoires en forme de brosse. Vaporisez également, de temps à autre, un peu de lubrifiant en aérosol sur les rails et leur mécanisme.

Parfois, même si le chemin de déroulement de la porte-fenêtre coulissante est parfaitement nettoyé, cette dernière continue de se rebiffer. Le cas échéant, le problème est probablement causé par un frottement entre les roulettes et le rail du sol. Les roulettes du système de suspension peuvent également s'user, les portes tendent alors à s'affaisser, gênant le roulement au sol.

La plupart des portes-fenêtres sont dotées de vis de réglage situées au bas de chaque extrémité de la porte. Ces vis (illustrées sur la Figure 10.4) permettent de régler la position des roulettes. Munissez-vous d'un tournevis approprié et vissez dans un sens, puis vérifiez si les portes coulissent plus facilement. Si la gêne est encore plus importante, vissez dans l'autre sens. Après quelques petits réglages, la porte devrait glisser sans aucun frottement sur le rail inférieur.

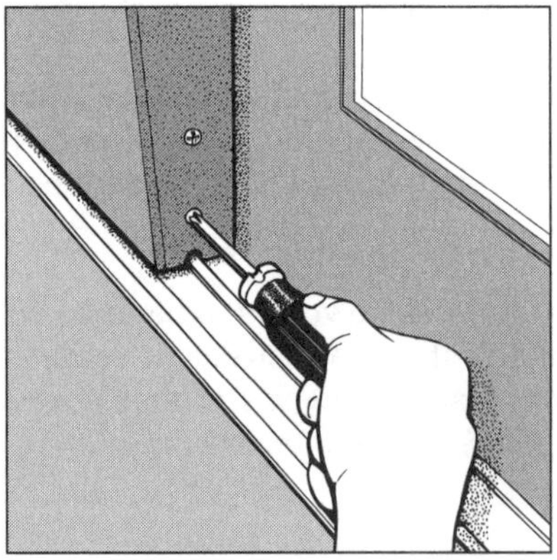

Figure 10.4 : Des vis situées au bas de la porte contrôlent l'écart entre le rail et la porte-fenêtre.

Entretenir une porte de placard coulissante

Les portes d'intérieur coulissantes sont souvent utilisées pour des placards ou des penderies, parfois même pour masquer des installations telles que des chauffe-eau ou des chaudières. Vous pouvez facilement démonter les panneaux pour un accès direct à ce qui se trouve derrière. Si leur principe de fonctionnement est toujours le même – des portes équipées de roulettes sur les traverses supérieures sont montées sur des rails en haut et en bas dans lesquels elles coulissent –, leur mécanisme se décline en différentes versions (voir Figure 10.5).

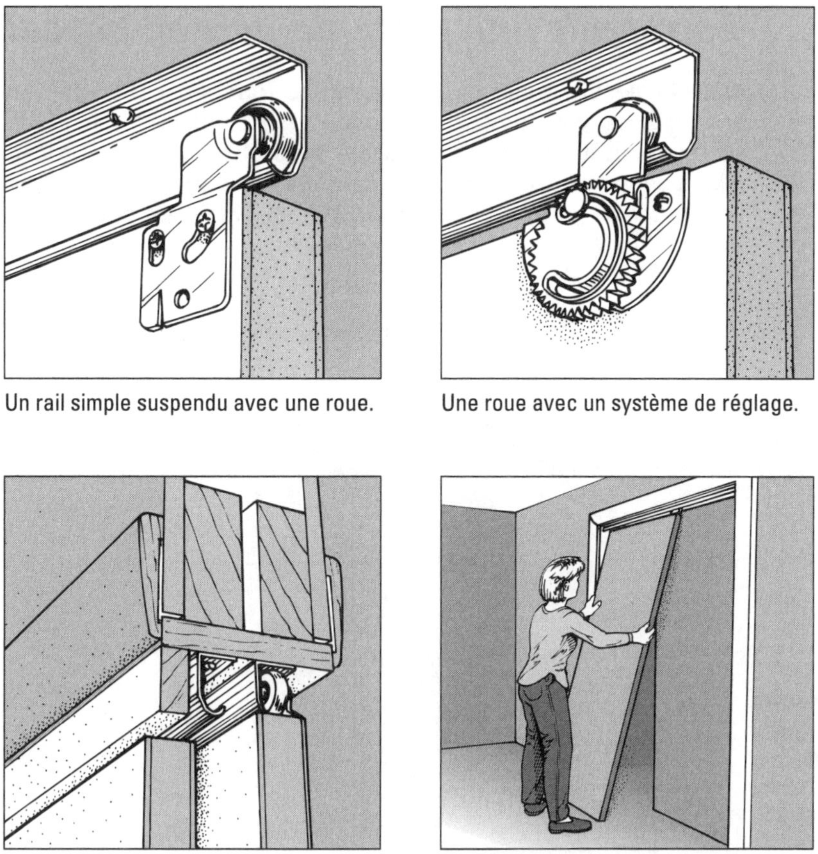

Un rail simple suspendu avec une roue.

Une roue avec un système de réglage.

Un système double rail.

La porte peut être délogée en la soulevant.

Figure 10.5 : Nettoyez et graissez régulièrement les pièces d'assemblage des portes coulissantes.

Pour que vos portes coulissent toujours en douceur, pensez à nettoyer leurs rails régulièrement avec une brosse à dent et un aspirateur, et à graisser les différentes pièces d'assemblage (rails, guides et roulettes). Si les roulettes sont endommagées, vous pouvez facilement les remplacer en vous procurant des modèles identiques dans toutes les grandes surfaces de bricolage. Certains systèmes sont pourvus de vis de réglage permettant d'ajuster l'écart entre les portes et leur rail.

TRUC

Si les portes ne glissent pas facilement sur leurs semelles (rails en U fixés au sol), frottez une bougie sur la tranche inférieure des portes. La cire déposée les fera coulisser en douceur.

Entretenir une porte de garage basculante

Dans la mesure où les portes de garage sont particulièrement exposées aux intempéries, vous devez les examinez et les entretenir au moins une fois par an. La plupart des portes de garage modernes sont constituées d'un assemblage de panneaux glissant sur des rails de guidage, soit à l'horizontal pour les portes de garage coulissantes, soit à la verticale pour les basculantes (Figure 10.6).

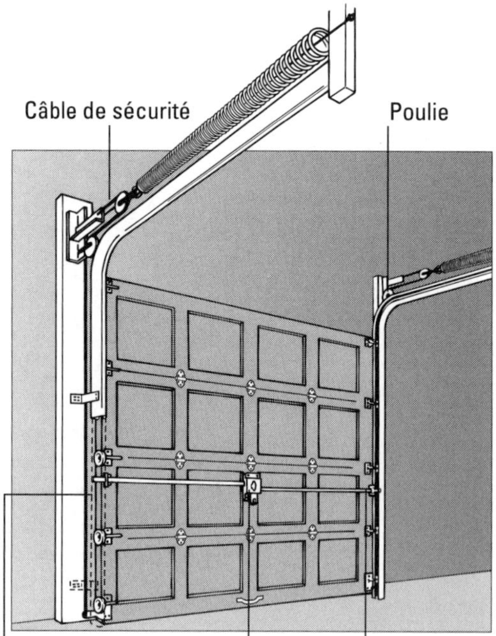

Figure 10.6 : Graissez les composants du mécanisme d'ouverture de votre porte de garage au moins une fois par an.

Utilisez un produit lubrifiant en aérosol et une baguette pour nettoyer et graisser toutes les parties suivantes :

- **La combinaison charnière et roulettes** : Ces éléments se situent de chaque côté de la porte entre chaque panneau. Appliquez un peu d'huile de graissage sur la roulette et la charnière de chaque panneau. Ne vaporisez pas le produit en couche trop épaisse ; loin de faire glisser la porte plus facilement, les poussières retenues pourraient encrasser le système et éventuellement le bloquer.
- **Les charnières des différentes sections** : Appliquez un produit lubrifiant sur toutes les charnières des différents panneaux et actionnez la porte plusieurs fois pour bien répartir le produit.
- **Le mécanisme de verrouillage de la porte :** Vaporisez du produit lubrifiant à l'intérieur de la serrure et faites tourner la clé plusieurs fois pour répartir le lubrifiant dans le mécanisme. Si la porte comprend une barre de sécurité, appliquez également du produit aux endroits où elle glisse.

PRÉCAUTIONS

Si votre porte de garage est automatisée, assurez-vous qu'elle comporte un mécanisme de sécurité sur obstacle avec inversion de la manœuvre en fermeture.

Installation et réparations de serrures et de verrous

Il existe deux types de pose pour les serrures et les verrous : les serrures en applique et les serrures à larder. Les premières sont simplement vissées sur la porte, côté intérieur. Si l'installation est simple et rapide, leur crochetage l'est également : un simple coup de pied peut parfois suffire à les arracher. Les serrures à larder sont encastrées dans l'épaisseur de la porte. Leur pose est plus difficile, mais assure une protection plus efficace.

Poser une serrure encastrée

Pour encastrer une serrure dans une porte, suivez ces étapes illustrées sur la Figure 10.7 :

1. **Repérez l'emplacement de la serrure et positionnez-la contre la porte.**

   La place standard est juste au-dessus du bouton de porte ou à hauteur de la traverse centrale. Sur une porte plane, cet emplacement est souvent marqué sur le chant.

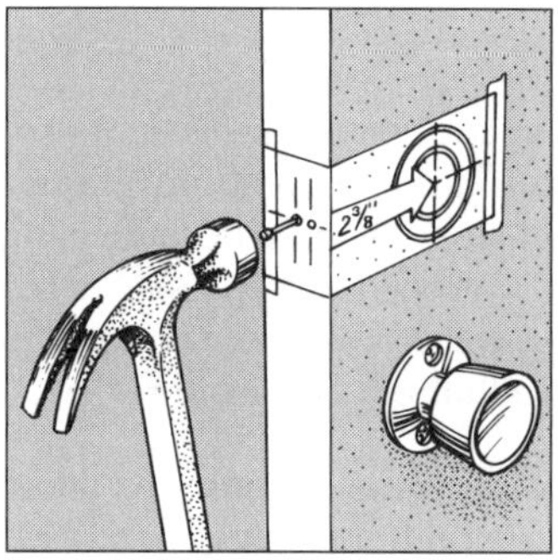

A. Marquez les emplacements des vis sur le gabarit. (Etape 3)

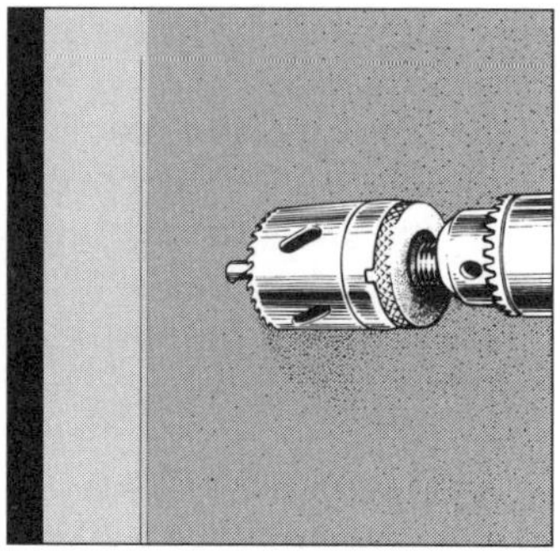

B. Percez un trou pour l'emplacement du cylindre. (Etape 4)

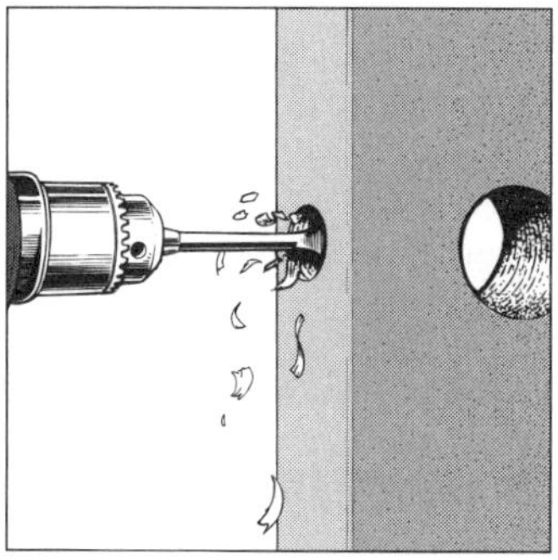

C. Percez un trou pour le passage du pêne. (Etape 5)

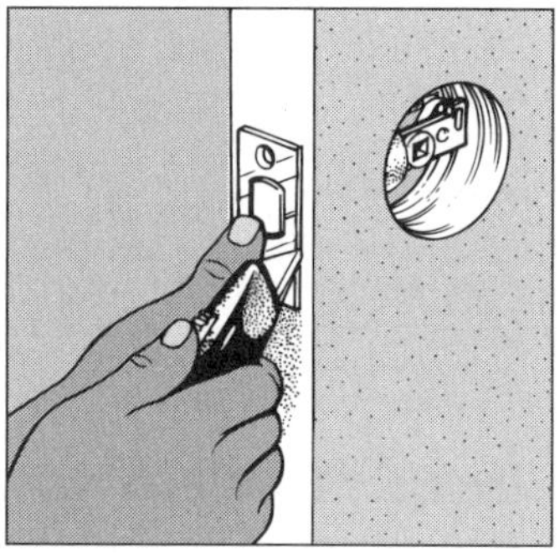

D. Délimitez au cutter le périmètre de la plaque de chant et creusez un petit renfoncement au ciseau à bois (Etape 6)

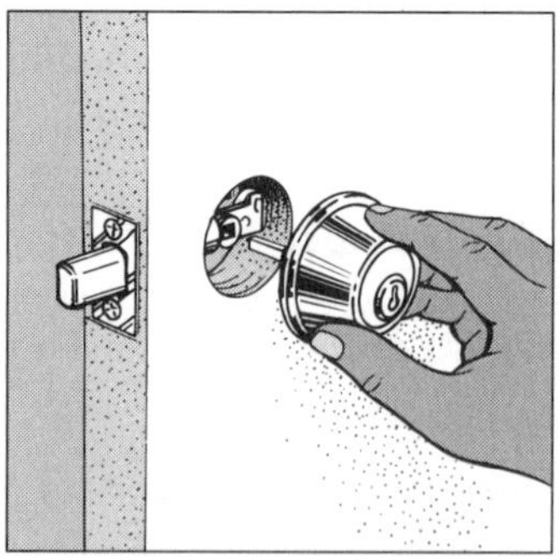

E. Insérez le cylindre en veillant à bien placer sa tige dans le trou de manœuvre du pêne (Etape 9)

Figure 10.7 : Pose d'une petite serrure encastrée.

2. **Dessinez sur un papier le gabarit du verrou et scotchez-le sur la face et le chant de la porte.**

3. **Marquez, à l'aide d'un clou et d'un marteau, le centre des trous du cylindre (sur la face de la porte) et du pêne (sur le chant).**

4. **Forez la porte à l'aide d'une perceuse munie d'un trépan du diamètre approprié.**

5. **Percez un trou dans le chant pour l'emplacement du pêne.**

6. **Utilisez un cutter pour marquer le contour de la plaque de chant.**

   Cette plaque doit également être encastrée. Utilisez un cutter pour tracer le contour et entailler le bois sur tout le périmètre. Ouvrez ensuite l'entaille d'encastrement à l'aide d'un marteau et d'un ciseau à bois.

7. **Lorsque la plaque est ajustée, maintenez-la en place et utilisez-la comme modèle pour installer les deux vis de fixation.**

8. **Avant d'installer la serrure, appliquez un peu de produit lubrifiant en aérosol sur ses composants mobiles.**

9. **Insérez le pêne dans son trou, puis le corps de la serrure en veillant à placer correctement la tige du cylindre dans l'orifice prévu à cet effet.**

10. **Ajustez le corps cylindrique à l'intérieur de la porte, de sorte que les avant-trous soient correctement alignés avec les emplacements des vis de la partie extérieure du corps.**

11. **Vissez le cylindre et sa plaque de fond.**

12. **Passez un peu de craie sur le chant du pêne pour repérer l'emplacement de la gâche sur le dormant.**

    Fermez la porte et donnez un tour de clé pour que le pêne dépose son empreinte sur le dormant.

13. **Utilisez la plaque de gâche pour délimiter le périmètre au cutter et creusez l'encastrement à l'aide du ciseau à bois.**

14. **Vissez la plaque.**

15. **Fermez la porte et faites quelques essais pour vérifier votre installation. Si nécessaire, desserrez les vis pour réajuster le verrou.**

Poser un verrou en applique

Un verrou en applique peut être facilement posé au-dessus et/ou au-dessous d'une serrure pour renforcer sa sécurité.

Pour poser un verrou en applique, procédez comme suit :

1. **Repérez l'emplacement du verrou.**

   Les verrous de renforcement se placent généralement au-dessus de la serrure à 1,70 m du sol ou, s'il s'agit d'un troisième verrou, au-dessous de la serrure.

2. **Forez la porte à l'aide d'une perceuse munie d'un trépan du diamètre approprié pour le trou de passage du cylindre.**

3. **Marquez, à l'aide d'un clou et d'un marteau, les emplacements des vis.**

4. **Percez les trous avec la mèche adaptée.**

5 **Insérez le cylindre et fixez le verrou sur sa plaque de fond à l'aide d'un tournevis.**

6. **Fermez la porte pour repérer la position de la gâche à monter également en applique.**

7. **Ouvrez une légère entaille sur le dormant au ciseau à bois et fixez la gâche.**

   La gâche posée en applique s'encastre légèrement pour une meilleure assise. Enfoncez les vis en diagonale pour une plus grande résistance.

8. **Fermez la porte et faites jouer le verrou pour vérifier votre installation. Si nécessaire, desserrez les vis pour réajuster le verrou.**

   Le pêne doit pénétrer dans la gâche sans toucher les bords et, lorsque le verrou est ouvert, il doit affleurer le chant du battant afin de ne pas gêner l'ouverture de la porte.

Accessoires de portes

Les accessoires de portes sont nombreux et variés, des poignées aux butées en passant par les tirettes et heurtoirs, la gamme de choix est suffisamment vaste pour vous perdre dans les rayonnages. Cette section traite de deux de ces accessoires : les butées de porte (ou *butoirs*) et les barres de seuil.

Installer une butée de porte

Une butée de porte empêche la porte de cogner contre le mur ou la plinthe. Il existe différents types de butoirs ; outre les modèles les plus courants qui se fixent au sol, d'autres peuvent se fixer aux plinthes à l'aide d'un simple adhésif et d'autres encore se montent sur les gonds. La Figure 10.8 illustre ces deux derniers.

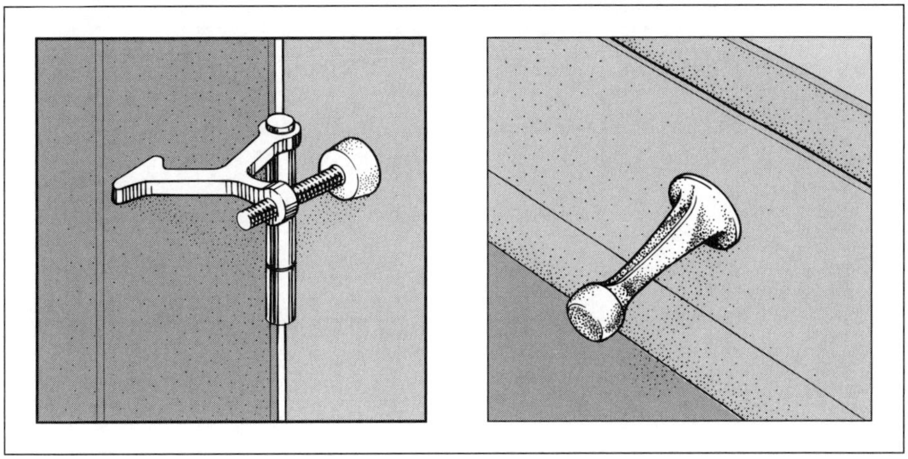

Figure 10.8 : Ces deux types de butoirs, simples à poser, empêchent la porte d'endommager le mur.

Les butoirs de plinthes avec leur face adhésive sont les plus simples à poser, viennent ensuite les systèmes qui se montent sur les gonds à broche démontable. Il suffit de retirer la broche et de la glisser dans le butoir avant de réinstaller le gond. Réglez ensuite la vis d'appui à la bonne distance pour éviter que la poignée de porte touche le mur lorsque la porte est ouverte complètement.

Les butées de porte qui se fixent au sol sont généralement vissées. Pour marquer leur emplacement, ouvrez lentement la porte jusqu'à ce qu'elle entre en contact avec l'objet qu'elle ne doit pas abîmer (une applique, par exemple). Marquez l'emplacement au sol, percez un trou et vissez.

Remplacer une barre de seuil

Un *seuil de porte* est la partie du cadre située sous le bas de porte. Des barres, généralement des barres en bois (de chêne, le plus souvent, pour sa résistance), permettent de protéger ces endroits et de faire la jonction entre deux revêtements. Certaines barres, comme celle illustrée sur la Figure 10.9, généralement destinées aux portes d'entrée, sont dotées d'une partie jointive en aluminium ou en vinyle permettant de combler l'interstice entre le bas de la porte et le seuil.

A. Retirez les clous et démontez le seuil. Si nécessaire, découpez-le en trois points pour l'enlever. 5etapes 1 et 2)

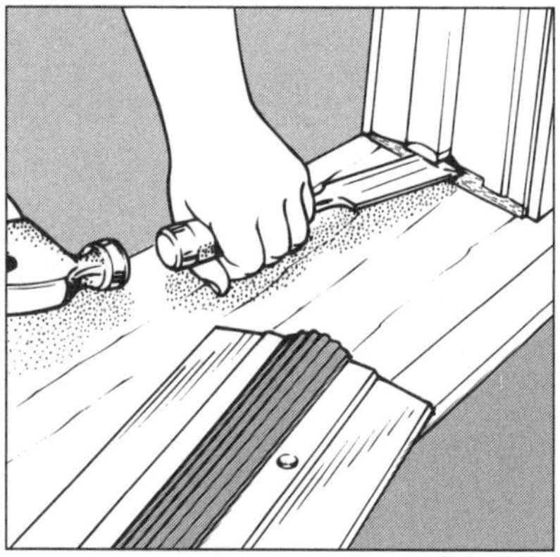

B. Utilisez un ciseau à bois ou une scie pour tailler les bas de porte. (Etape 3)

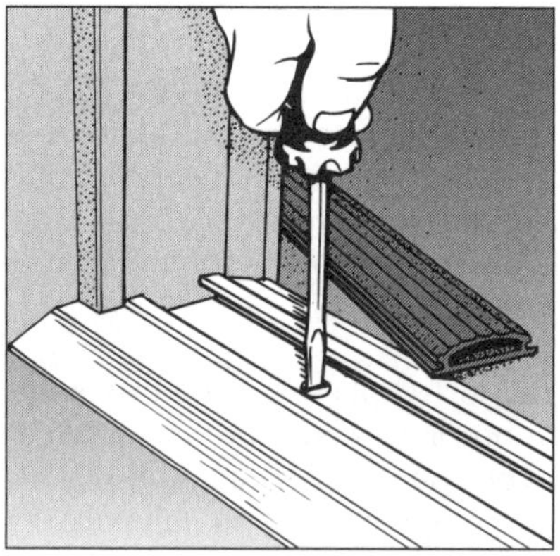

C. Vissez la barre de seuil et installez la bande de calfeutrage au centre. (Etapes 4 et 5)

Figure 10.9 : Installation d'une barre de seuil étanche.

Si la barre de seuil de votre porte d'entrée est usée, n'hésitez pas à la remplacer. Une barre de seuil en bon état empêche l'entrée des insectes et peut considérablement réduire vos notes de chauffage.

Pour remplacer une barre de seuil, la première étape consiste à mesurer la largeur de la porte. Dans les maisons anciennes, la largeur de la porte et celle du seuil peuvent varier. Achetez une nouvelle barre de seuil de la même taille que l'ancienne ou légèrement plus grande, que vous pourrez découper par la suite.

Pour remplacer une barre de seuil standard par une barre comportant une bande jointive, suivez ces étapes, illustrées sur la Figure 10.9 :

1. **Arrachez tous les clous et vis à l'aide de tenailles, d'un marteau avec arrache-clou ou de tenailles de menuisier.**

2. **Retirez la barre de seuil.**

   Si la barre ne s'étend pas sous les côtés des montants de la porte, vous pourrez la retirer sans trop de problèmes. Dans le cas contraire, utilisez une petite scie pour découper les extrémités de la barre. Utilisez ensuite un levier pour retirer la partie centrale et la lame fine de ce levier pour extraire les sections sous chaque montant.

3. **Coupez la nouvelle barre aux dimensions de la porte.**

   Utilisez une petite scie ou un ciseau à bois pour découper le bas des montants afin de glisser les extrémités de la barre dessous.

4. **Positionnez la nouvelle barre et fixez-la avec les vis ou les clous fournis.**

5. **Calfeutrez les joints entre les extrémités du nouveau seuil et les montants avec du mastic acrylique et installez la bande de vinyle dans la rainure centrale de la barre.**

Quatrième partie

Plomberie et électricité

"C'est une lettre de remerciements du plombier. Il dit que les réparations de notre salle de bains ont payé les études de son fils pour les deux ans à venir."

Dans cette partie...

Concernant les tracas de plomberie, la blague qui agrémente cette partie illustre parfaitement les inquiétudes qu'ils peuvent susciter ; on se dit tout de suite que les réparations vont coûter cher. Il existe dans ce domaine, comme dans tout métier, un savoir-faire que nul ne peut apprendre en quelques pages. On ne va pas vous transformer subitement en "Super-Plombier", le type avec une cape qui s'envole dépanner les petites mamies du quartier en brandissant une ventouse et une clé à lavabo. On vous propose juste de savoir vous débrouiller pour les petits ennuis. Il est parfaitement inutile, par exemple, de faire déplacer un spécialiste pour un flotteur de chasse d'eau qui prend l'eau alors qu'un simple tournevis permet de réparer la pièce !

Même chose pour l'électricité et les appareils ménagers. Si le but de cette partie n'est pas de vous convertir en "Magic-Electricien" ou "Panne-Terminator", vous allez néanmoins apprendre deux ou trois petites choses indispensables pour réparer les pannes les plus courantes et affronter les situations les plus électriques. Restez branché !

Chapitre 11
Plomberie : mode d'emploi

Dans ce chapitre :

- Première précaution : situer le robinet d'arrêt.
- Problèmes d'évacuation.
- Halte aux fuites !
- Considérations avant de remplacer un robinet.

Le mot *plomberie*, qui désigne l'ensemble des installations d'eau et de gaz d'une maison, vient du terme *plomb*, matériau dans lequel étaient à l'origine réalisées toutes les canalisations des habitations. Le plomb fut bientôt remplacé par des tuyaux de cuivre, puis tout récemment, par du PVC, peu coûteux et d'une mise en œuvre tellement simple.

La majorité des urgences en matière de plomberie résultent d'une mauvaise utilisation ou d'un mauvais entretien de l'installation. Pour vous éviter les soucis de canalisations bouchées ou gelées, robinets grippés, toilettes qui fuient et autres avatars de la vie domestique, ce chapitre se propose de faire votre éducation pour apprendre à traiter vos équipements sanitaires comme ils le méritent.

TRUC

Propriétaire ou locataire, tout le monde est un jour amené à faire appel à un plombier. Si vous n'en connaissez pas, demandez à vos amis, vos collègues de travail ou vos voisins de vous recommander une personne de confiance. Il est préférable, en effet, d'avoir trouvé un plombier *avant* qu'une urgence ne se présente, plutôt que d'appeler le premier venu.

Première précaution : situer le robinet d'arrêt

La première précaution à prendre, en matière de plomberie, est de vérifier que tout le monde dans la maison connaît l'emplacement du *robinet d'arrêt général*. Il est bon aussi de pouvoir localiser les *robinets d'arrêt individuels* de chaque équipement (voir Figure 11.1).

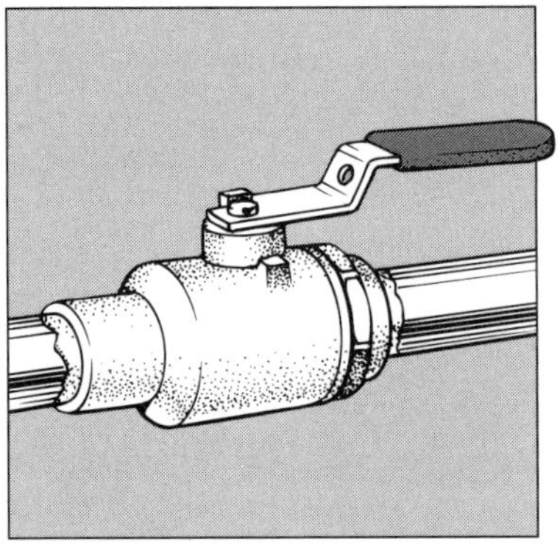

Robinet (ou vanne) d'arrêt général.

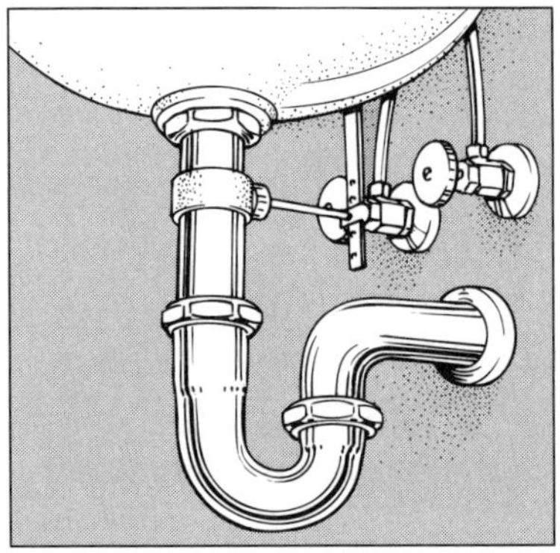

Robinet d'arrêt de lavabo (eau chaude et eau froide).

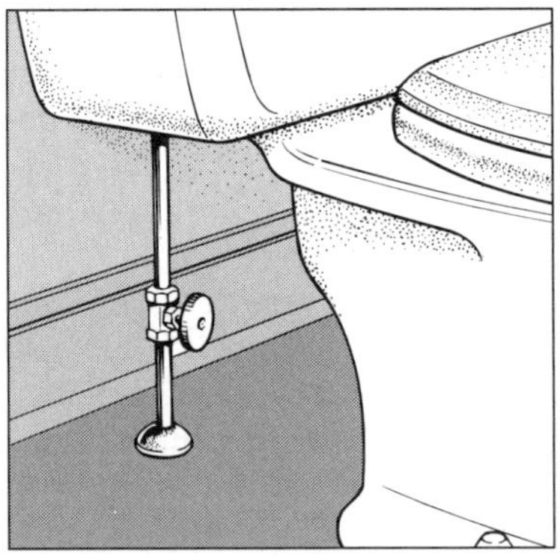

Robinet d'arrêt de toilettes.

Figure 11.1 : Le robinet d'arrêt principal est généralement situé au sous-sol, près de la vanne principale. Quelques appareils sanitaires disposent aussi de leur propre robinet d'arrêt.

- Le *robinet* (ou *vanne*) *d'arrêt général* se situe sur l'arrivée principale – canalisation par laquelle l'eau arrive dans la maison – après le compteur ou après le ballon de pression si vous avez un puits. On comprend facilement qu'en fermant ce robinet on stoppe l'alimentation en eau de toute la maison.

- Les installations récentes disposent également de *robinets d'arrêt individuels* attachés aux éviers et aux toilettes. Ils permettent d'intervenir sur chaque équipement sanitaire sans pour autant couper l'alimentation de toute la maison. Les robinets d'arrêt (au nombre de deux, un pour l'eau chaude, un pour l'eau froide) des éviers ou lavabos sont généralement placés dans le placard ou l'habillage de l'évier. Le robinet d'arrêt des toilettes se trouve sur l'un des côtés ou au-dessous du réservoir de chasse. Il se peut également que les robinets d'arrêt individuels soient groupés par pièce : dans la cuisine, par exemple, un robinet coupe l'eau de tous les équipements présents (évier, lave-vaisselle, lave-linge, etc.). Même chose pour la salle de bains où un robinet permet de fermer à la fois l'alimentation de la baignoire et des lavabos.

- Dans la cave, ou le sous-sol, vous trouverez des vannes d'arrêt pour les *robinets de puisage* (robinets d'extérieur ou placés dans les pièces utilitaires de type garage, remises de jardin, etc.). Ce sont de simples robinets d'eau froide, fixés sur une potence murale. Ces canalisations étant situées à l'extérieur, ou dans un local non chauffé, elles sont exposées au gel. Pour cette raison, en hiver, elles doivent être fermées puis purgées. Vous trouverez le robinet d'arrêt correspondant en suivant le trajet de la conduite qui mène au robinet de puisage. Coupez l'eau, puis vidangez la canalisation (via le robinet de purge ou en ouvrant le robinet de puisage). Les maisons récentes disposent maintenant de systèmes de protection antigel ; dans ce cas, le robinet d'arrêt propre à l'installation se trouve à l'intérieur de la maison, au bout de la dérivation reliée à la canalisation d'alimentation extérieure.

Problèmes d'évacuation

Compléments des canalisations d'arrivée d'eau, les conduites d'évacuation réceptionnent et rejettent les eaux usées. Avec un minimum d'entretien et un brin de sens pratique, on peut se passer des tracas de conduite obstruée, éviers, toilettes bouchés ou, scénario catastrophe, installation totalement engorgée. Maintenant, les incidents arrivent, aussi lorsqu'un de vos appareils est bouché, suivez les conseils ci-après pour rétablir la situation.

Eviter les engorgements

Vous n'aurez jamais à résoudre des problèmes de conduites bouchées si vous respectez ces quelques simples mesures préventives (sous réserve, bien sûr, que vos enfants n'essaient jamais d'évacuer leur petit voisin dans les toilettes !).

- **Cuisine** – Une obstruction de l'évier de cuisine résulte le plus souvent de la présence de débris ou de corps étrangers dans la conduite d'évacuation. Les éviers sont dotés d'une grille de retenue servant à filtrer les déchets qui, de par leur taille, ne doivent pas entrer dans la conduite. Ne retirez pas cette grille, et faites l'effort de récupérer manuellement les débris qui se sont accumulés. Il y a plus agréable, mais cette simple précaution suffit à éviter des ennuis plus sérieux.

- **Salle de bains** – Les sanitaires de la salle de bains se bouchent par accumulation de cheveux. Installez des grilles de retenue aux bondes d'évacuation des équipements et nettoyez-les après chaque utilisation. Vous trouverez des grilles de remplacement dans les quincailleries et les magasins de bricolage. Avant de partir faire votre achat, mesurez le diamètre de la bonde.

- **Sèche-linge** – L'évacuation du sèche-linge est susceptible de se boucher par agglomération de résidus pelucheux. Cela peut être évité en installant, à l'entrée du tuyau d'évacuation de la machine, un filtre destiné à piéger les amas de peluches.

- **Collecteur principal** – Avez-vous déjà été confronté à l'odeur, aux nuisances et à la pagaille qui résultent de l'engorgement du collecteur principal ? Si cela vous est arrivé, vous êtes probablement d'accord avec la règle qui prescrit un nettoyage régulier de celui-ci. Cette opération nécessite l'intervention d'une entreprise spécialisée. Le coût et la fréquence des nettoyages dépendent de la longueur de l'installation, de la présence ou non de facteurs aggravants (par exemple des arbres dont les racines peuvent percer et boucher les canalisations), du nombre de personnes utilisant l'installation et du nombre de fois par semaine où vous cuisinez du chili !

- **Fosse septique** – L'évacuation vers une fosse septique n'est pas différente d'un système d'évacuation vers l'égout de la ville ; les mesures de prévention pour éviter les engorgements sont exactement les mêmes. Il faut, en outre, surveiller les problèmes de saturation du champ d'épandage souterrain, autrement dit, tout ce qui contribue à imbiber la terre autour de la fosse : mauvaise évacuation des eaux pluviales les jours de fortes précipitations, problèmes d'humidité du sous-sol, présence de racines d'arbres. Enfin, la règle d'or à respecter dans une maison pourvue d'une fosse septique est de ne jamais rien jeter dans les toilettes qui ne soit biodégradable : pas de couches (même jetables), pas de protections périodiques, pas de produits toxiques, de restes de repas ou autres. A l'occasion, épinglez une petite affichette pour le signaler à vos invités. Vous pouvez utiliser un broyeur en conjonction avec une fosse septique, à partir du moment où le réservoir est régulièrement purgé.

Une pratique courante, chez les entreprises de travaux peu scrupuleuses, consiste à vider les restes de matériaux de construction dans les conduites d'évacuation. Ces matériaux (au hit-parade on trouve le plâtre et l'enduit) sont liquides au moment où ils sont évacués, puis durcissent dans les canalisations. Vous imaginez alors le travail ! Par conséquent, surveillez les travaux qui ont lieu chez vous (surtout la phase de nettoyage). Il se peut aussi que cette erreur soit commise par un amateur, elle est gravissime, aussi mettez-le au courant.

Déboucher un évier

Si votre évier se vide de plus en plus lentement – ou qu'il ne se vide carrément plus, conservant une petite flaque en son fond – vous pouvez parier qu'il y a un bouchon quelque part.

La solution immédiate est de recourir à un déboucheur chimique. Le plus difficile dans l'opération sera peut-être de choisir le déboucheur parmi la ribambelle de produits proposés sous forme liquide, solide ou en gel dans les supermarchés, les quincailleries et les grandes surfaces de bricolage. Ensuite, c'est tout simple ; il faut verser le produit, attendre qu'il dissolve les impuretés, puis rincer en faisant couler de l'eau dans la canalisation.

Les produits chimiques utilisés pour déboucher des canalisations sont hautement toxiques et corrosifs. Ils peuvent attaquer les parties en plastique ou en caoutchouc des broyeurs et provoquent de sérieuses brûlures au contact de la peau ou des yeux. Avant de verser un produit chimique dans vos conduites, lisez les indications du fabricant avec attention et respectez-les scrupuleusement. Si l'engorgement ne cède pas après deux ou trois tentatives, il ne vous reste plus qu'à vous munir d'une bonne paire de gants : il va falloir mettre les mains dans (heu)... le cambouis.

Démonter le siphon

Le siphon est un accessoire placé sous l'évier, entre la bonde et la canalisation. Il est prévu pour retenir en permanence une certaine quantité d'eau qui bloque les remontées d'odeurs de la conduite d'évacuation. Il est reconnaissable à sa forme en S (siphon coudé) ou en bouteille (siphon droit).

Si la chimie n'a pas mis un terme à vos soucis, reste encore la solution du débouchage mécanique via le siphon. Les siphons récents disposent d'une vis de purge qui facilite grandement les opérations (Figure 11.2), ou se dévissent à la main en un clin d'œil. Si l'évier est ancien, il faut démonter le siphon entièrement. Rassurez-vous, ce n'est pas extrêmement compliqué ; il faut desserrer les écrous (ou bagues) de liaison retenant le siphon à l'aide d'une clé à crémaillère ou d'une clé à molette. Normalement il est possible de terminer le dévissage à la main. Pour ne pas endommager la surface décorative des écrous, protégez les mâchoires de la pince avec du ruban adhésif.

Eliminez les impuretés qui bloquent le siphon, puis remontez ce dernier. Vissez l'écrou à la main pour commencer, assurez-vous qu'il est correctement positionné, puis serrez à la pince. Un demi-tour est généralement suffisant pour terminer le vissage et prévenir toute fuite du siphon ; ne serrez pas exagérément.

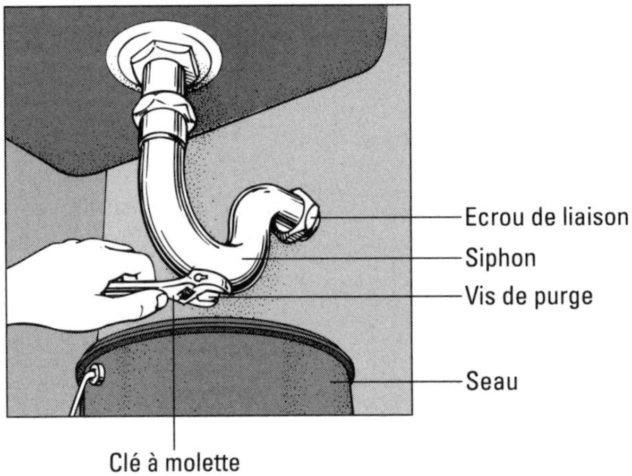

Figure 11.2 : Certains siphons sont équipés d'une vis de purge afin de vous éviter de tout démonter pour accéder à l'élément qui obstrue l'évacuation.

Il arrive que l'on conseille de déboucher l'évier à la ventouse avant de procéder au démontage du siphon. Cette méthode n'est pas la meilleure dans la mesure où il y a un risque de pousser le bouchon plus avant dans la canalisation, c'est-à-dire au-delà du siphon, d'où il sera plus difficile à dégager.

Utiliser une ventouse

La ventouse est votre amie (si c'est votre *seule* amie, alors il est peut-être temps de faire le point sur votre vie). Cet outil élémentaire peut chasser un bouchon que les agents chimiques n'ont pas pu dissoudre, en décollant l'amas de déchets par aspiration brutale.

S'il reste un fond de produits chimiques, débrouillez-vous pour vider intégralement l'évier avant de commencer à vous énerver avec la ventouse. Ces produits sont très corrosifs, et, même dilués, peuvent provoquer de graves brûlures si des éclaboussures vous atteignent.

Remplissez l'évier d'une quantité d'eau suffisante pour recouvrir le caoutchouc de la ventouse. Placez la ventouse sur la bonde (enlevez au préalable le clapet de fermeture ou le dispositif de blocage de la bonde), puis aspirez vigoureusement avec la ventouse en opérant un mouvement de succion : appuyez fortement le caoutchouc sur la bonde, puis relevez-le tout aussi brutalement (Figure 11.3). Si l'opération réussit, vous le verrez immédiatement, car l'évier se videra d'un seul coup.

TRUC

Pour garantir l'expulsion du bouchon avec la ventouse, il faut que tous les orifices de l'évier, en particulier le trop-plein, soient bouchés avec un chiffon mouillé pour empêcher l'air de passer.

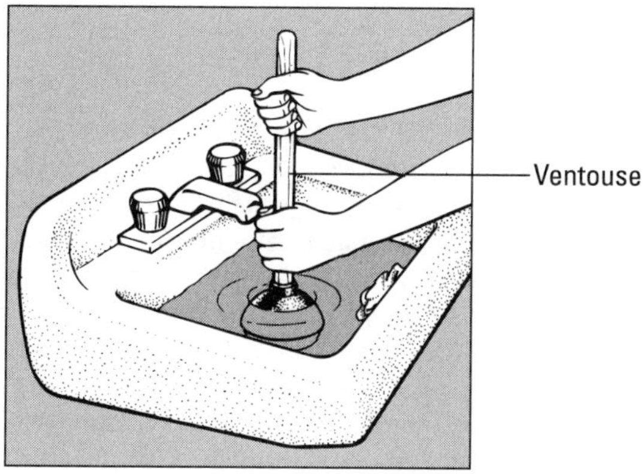

Figure 11.3 : Opérez des mouvements de succion et refoulement (de haut en bas et de bas en haut) pour libérer le bouchon.

Il court, il court le furet...

Si la ventouse ne donne aucun résultat, il faudra alors recourir à votre second meilleur ami : le furet. Cet ustensile, formé d'une tige métallique en spirale terminée par un goupillon, est assez simple à utiliser, mais demandez tout de même conseil à un vendeur au moment où vous faites votre achat. Par rapport à la ventouse, il permet de déloger des impuretés situées assez loin dans la canalisation. Pour déboucher la conduite, il faut pousser la tige avec un mouvement tournant, jusqu'à ce qu'elle rencontre l'amas de déchets et le disloque. Il existe des modèles que l'on adapte à un perceuse électrique pour décupler la puissance de rotation.

Introduisez le furet dans la bonde, puis faites-le progresser en forçant d'abord un peu pour passer la courbe du siphon. Une fois le siphon passé, la progression est généralement aisée, si bien que toute résistance indique que vous avez atteint l'élément obstruant la canalisation (Figure 11.4).

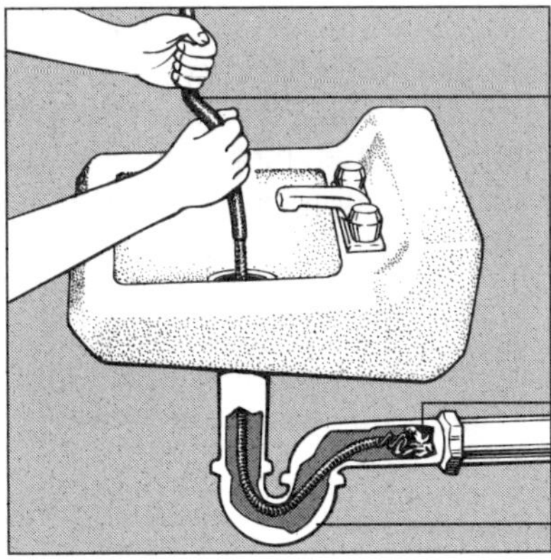

Figure 11.4 : Introduisez le câble dans la canalisation en tournant et en poussant afin qu'il chasse le bouchon.

Tournez en forçant jusqu'à ce que la résistance disparaisse et que le câble circule librement dans la conduite. Le mouvement rotatif permet au furet d'accrocher les débris agglomérés en une masse compacte et de disloquer cet amas. S'il vous semble que le furet n'a pas cet effet disloquant, ramenez-le vers vous et sortez-le de la canalisation. Le bouchon devrait venir également, accroché à la tête du furet. Lorsque le tampon est détruit, faites circuler de l'eau à forte pression dans la conduite pour vous assurer que tout est bien parti.

Si vous ne parvenez pas à faire descendre le furet dans la canalisation, ou s'il est trop court pour atteindre l'engorgement, vous avez intérêt à démonter le siphon, pour pouvoir introduire le câble par cette ouverture.

Placez un seau sous l'évier pour récupérer l'eau qui va s'écouler (évitez tout contact avec cette eau qui peut contenir un reste de produit de débouchage). Desserrez la vis de purge si votre siphon en est pourvu, insérez le furet en direction du bouchon et faites-le progresser dans la canalisation jusqu'à ce que vous atteigniez l'engorgement. Les siphons anciens ne comprennent pas d'éléments de purge ; il faut les démonter intégralement, en dévissant les écrous qui les retiennent (Figure 11.5).

Déboucher une baignoire

Comme l'évier, la baignoire peut également se boucher. En revanche – et malheureusement – un siphon de baignoire ne se vide pas aussi facilement que celui d'un évier ; tous les efforts pour déboucher la canalisation doivent donc être appliqués par la bonde.

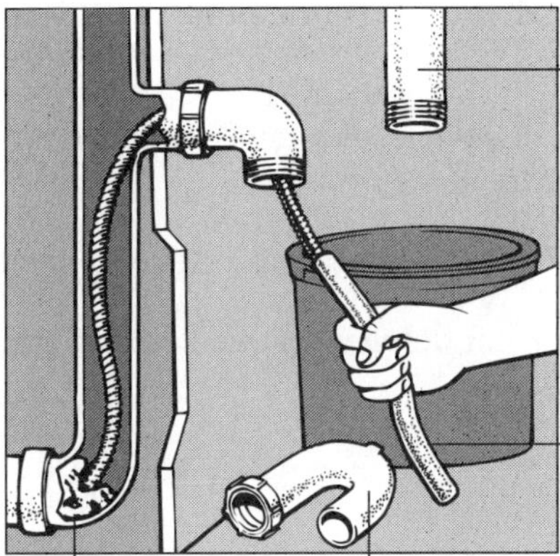

Figure 11.5 : Si l'origine de l'obturation est plus basse, dévissez le siphon et introduisez le furet.

Appliquer des produits chimiques

La mesure la plus rapide pour déboucher une baignoire est de recourir aux agents chimiques. Versez le produit dans la bonde, patientez le délai indiqué par le fabricant, puis rincez en ouvrant le robinet d'eau froide. Il se peut que vous soyez contraint de répéter la procédure plusieurs fois avant que le déboucheur ne dissolve suffisamment le bouchon pour qu'il évacue la canalisation. A chaque application de produit, vous devriez constater un progrès dans l'écoulement de l'eau stagnante. Sauf si vous êtes "objecteur de conscience" en matière de produits chimiques, c'est bien la méthode la plus efficace pour les baignoires. Effectivement, les actifs contenus par les déboucheurs chimiques attaquent en particulier les protéines et font donc des merveilles sur les masses de cheveux accumulées dans les conduites, causes principales des engorgements de baignoires.

Utiliser la ventouse

Si la chimie n'a pu venir à bout du bouchon, appelez votre vieille amie ventouse à la rescousse. Procédez comme pour un évier :

1. **Enlevez le clapet de fermeture.**

   Le petit accessoire en métal, en plastique ou en caoutchouc qui, en temps normal, est chargé de retenir l'eau du bain.

2. **Obturez toutes les ouvertures de trop-plein à l'aide d'un chiffon humide.**

3. **Faites couler une quantité d'eau suffisante pour recouvrir le caoutchouc de la ventouse.**

   Comme à l'étape 2, il s'agit de ne laisser aucune entrée d'air compromettre l'opération de la ventouse.

4. **Placez la ventouse sur la bonde, pressez, puis relevez-la brutalement.**

   Vous saurez que le bouchon est délogé lorsque l'eau commencera à s'écouler sans difficulté.

Recourir au furet

Si les deux tentatives précédentes n'ont pas donné de résultats, il vous reste à recourir au furet (voir aussi plus haut la section sur le débouchage d'un évier, "Il court, il court le furet…").

1. **Retirez le clapet de fermeture de la baignoire. Insérez ensuite le furet et poussez-le dans la canalisation jusqu'à ce qu'il rencontre un obstacle.**

   Le passage du siphon est toujours un peu difficile, du fait de sa forme sinueuse.

2. **Lorsque le bouchon est atteint, forcez avec un mouvement tournant pour le disloquer.**

3. **Si le furet ne peut pas passer le siphon, ressortez-le et passez par l'orifice de trop-plein.**

   Le cas échéant, démontez le dispositif de protection du trop-plein. S'il y a des vis, faites bien attention à ne pas les laisser tomber dans l'évacuation. Le comble serait d'envoyer des objets dans la conduite en essayant de la déboucher !

4. **Glissez le furet directement dans l'orifice de trop-plein, sans passer par le siphon (Figure 11.6).**

   Notez que cette approche ne sert à rien si le problème a lieu dans le siphon.

5. **Lorsque le bouchon est atteint, forcez pour le démanteler.**

   Lorsque vous ne rencontrez plus aucune résistance, vous savez que la conduite est débouchée. Retirez le câble, puis faites couler de l'eau à forte pression pour bien rincer.

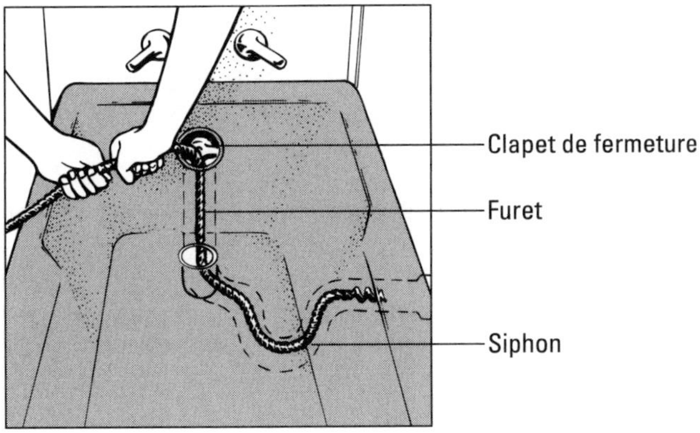

Figure 11.6 : Si le furet ne peut se glisser dans la canalisation à partir de la bonde d'écoulement, passez par l'orifice de trop-plein.

Déboucher une cuvette de WC

Alors comme ça vous avez tiré la chasse et ce qui devait normalement se produire ne s'est pas produit ? Oh, mais ne le prenez pas personnellement ; au lieu de faire la tête, mettez votre casquette de détective et observez précisément ce qui se passe lorsque vous tirez la chasse :

- **Hypothèse 1 –** L'eau ne s'évacue pas comme d'habitude ; estimez-vous heureux, ça semble être un problème peu difficile à résoudre.
- **Hypothèse 2 –** Le niveau d'eau ne baisse que lentement et s'évacue péniblement.
- **Hypothèse 3 –** Le niveau de l'eau baisse à peine (voire pas du tout), puis se met à remonter au-delà du niveau habituel. Dans le pire des cas, l'eau continue de monter, déborde de la cuvette et inonde la pièce. Panique à bord !

Moralité : si vous voyez l'eau monter au-delà du niveau normal de la cuvette, ne tirez pas la chasse à nouveau, au risque de provoquer une inondation.

Si vos toilettes vous jouent un de ces vilains tours, cela signifie qu'elles sont complètement ou partiellement bouchées (quelle déduction !). Voici vos trois recours :

- Votre amie la ventouse, qui va pouvoir entrer une nouvelle fois en action.
- Le flexible version spéciale "toilettes".
- Le furet.

Avant de commencer la mission de débouchage, épongez l'eau (et éventuellement les déchets) qui a pu déborder de la cuvette. N'oubliez pas que les déchets émanant des toilettes sont de vraies bombes à microbes. Nettoyez soigneusement la zone des dégâts, vos mains et vos habits avec un désinfectant.

Utiliser une ventouse à long manche

Si elle n'existait pas, il faudrait l'inventer ! La ventouse spéciale pour les toilettes est dotée d'un long manche qui permet de plonger et d'actionner l'accessoire sans éclabousser partout et sans avoir de l'eau jusqu'aux coudes (mmh). Le truc consiste à positionner correctement le caoutchouc qui doit recouvrir intégralement le trou d'évacuation au fond de la cuvette. Ce n'est pas très facile, mais l'air ne doit absolument pas passer pour faire un vrai phénomène de ventouse. Lorsque tout est en place, poussez doucement sur le manche, puis tirez d'un coup sec pour générer l'aspiration qui doit déloger l'amas de déchets (Figure 11.7).

Figure 11.7 : Appliquez la ventouse doucement mais fortement sur le fond de la cuvette et soulevez et descendez le manche pour effectuer un appel d'air.

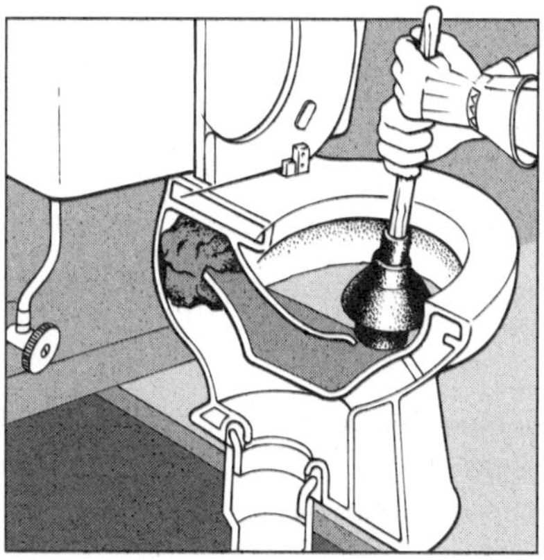

Cela dit, rien ne vous oblige à investir dans la Rolls des ventouses à WC ; associée à une bonne paire de gants, votre petite ventouse de cuisine peut aussi faire l'affaire. Il suffit de ne pas être trop délicat.

Utiliser un flexible spécial

Une méthode un brin plus agressive consiste à utiliser un flexible spécial pour les toilettes. C'est une sorte de furet, plus court que les modèles utilisés pour les éviers ; actionné manuellement, il tourne et avance dans le siphon de la cuvette pour nettoyer les amas obstruant l'évacuation. Insérez le flexible jusqu'au fond des toilettes, tournez ensuite doucement la manivelle pour dégager le bouchon (Figure 11.8).

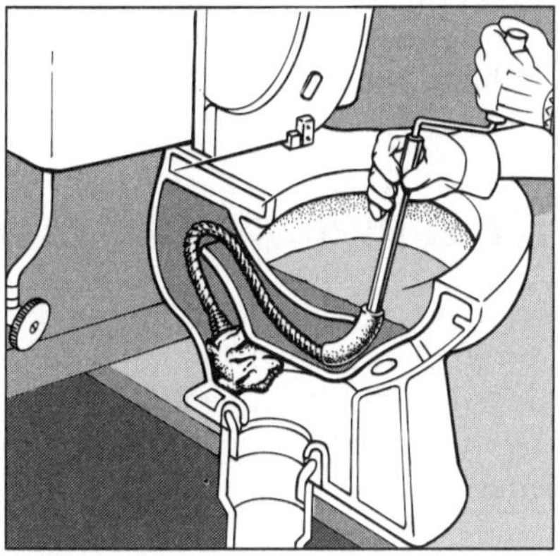

Figure 11.8 : Utilisez un flexible spécial pour sonder l'évacuation et le siphon de la cuvette afin de désagréger le bouchon.

On comprend bien que l'idée de demander un flexible à déboucher les toilettes comme cadeau de Noël ne vous emballe guère. Cependant, imaginez combien vous serez heureux de l'avoir sous la main le jour où vous aurez un problème de ce type. En particulier parce que cet outil peu onéreux est spécialement étudié pour dégager les siphons de toilettes. Or justement, c'est dans le siphon que se logent la majorité des bouchons. Faites donc cet investissement avant qu'un problème ne survienne et que vous soyez contraint d'expliquer à vos invités que les toilettes sont fermées pour réparation !

Appeler l'artillerie lourde

Si votre flexible n'a pas réussi à mater le bouchon, c'est probablement parce que ce dernier est logé assez loin dans la conduite, au-delà du siphon. Le rayon d'action du flexible, c'est le siphon ; il ne va pas plus loin. Il faut donc appeler un autre spécialiste du débouchage : le furet, pour vous servir.

Assurez-vous que la tête de l'accessoire passe par le coude biscornu du siphon. Sachez que, pire que des toilettes bouchées, il y a les toilettes bouchées, avec en plus un furet coincé dedans !

Faites progresser le furet dans les toilettes jusqu'à ce qu'il trouve l'élément obstruant. Vous vous en rendrez compte lorsqu'il deviendra difficile de tourner le câble et que celui-ci n'avancera plus d'un pouce. A ce stade, ressortez le furet de quelques centimètres pour déloger l'amas de déchets. Le niveau de l'eau devrait descendre, signalant que la conduite se dégage. Tirez alors la chasse d'eau pour évacuer l'intrus dans la conduite principale d'où, espérons-le, il sera jeté dans l'égout ou la fosse septique. Si la chose en question est un objet *entier*, du genre couche jetable, canard en plastique ou autre, il est possible que vous soyez contraint de faire voyager ledit objet au bout de votre furet pour le remonter par la cuvette des toilettes. C'est parfois la seule option pour dégager la conduite. Bon courage !

Déboucher la conduite d'évacuation principale

Il arrive que l'engorgement se situe si loin de l'appareil sanitaire, qu'il est impossible de l'atteindre avec un furet. Si vous avez introduit ce dernier sur toute sa longueur, aussi loin que possible, et que vous n'avez toujours pas atteint le bouchon, votre dernier recours avant d'appeler le plombier est de tenter de déboucher la canalisation d'évacuation principale.

L'évacuation principale (conduite de fort diamètre, en amiante-ciment, cuivre ou PVC) comporte généralement un bouchon de dégorgement situé à l'endroit où la conduite pénètre dans le sous-sol de la maison, ou encore au point où elle fait un angle à 90° pour passer dans le mur de fondations.

Le bouchon de dégorgement peut être dévissé de façon à permettre l'insertion d'un furet en cas d'obstruction de l'installation (Figure 11.9). Une remarque à ce sujet : il y a de fortes chances pour que le bouchon soit absolument grippé (sauf pour le cuivre). Les plombiers, qui ont l'habitude de ce genre de contretemps, n'y vont pas par quatre chemins et brisent purement et simplement la protection du bouchon. En tant qu'amateur, cette mesure peut vous paraître un peu extrême ! Autre détail à considérer avant de vous jeter sauvagement sur la canalisation : elle peut contenir de l'eau qui attend justement une occasion pour vous sauter à la figure.

Maintenant si vous êtes toujours partant (dites surtout que ça vous fait plaisir de casser le matériel), achetez un autre bouchon de dégorgement avant de retirer (lisez "massacrer") celui de votre évacuation principale. Elle pourra ainsi être refermée une fois le problème résolu. Lorsque la canalisation est ouverte, il suffit d'y glisser le furet pour tenter d'en déloger l'élément obstruant.

Déboucher un robinet encrassé ou entartré

Les robinets récents sont pourvus d'un gadget bien pratique dit *mousseur* (Figure 11.10). Il s'agit d'un petit tamis qui régule le flux d'eau et évite les éclaboussures lorsque le jet heurte un objet. Sans lui, votre robinet s'apparenterait à une lance à incendie !

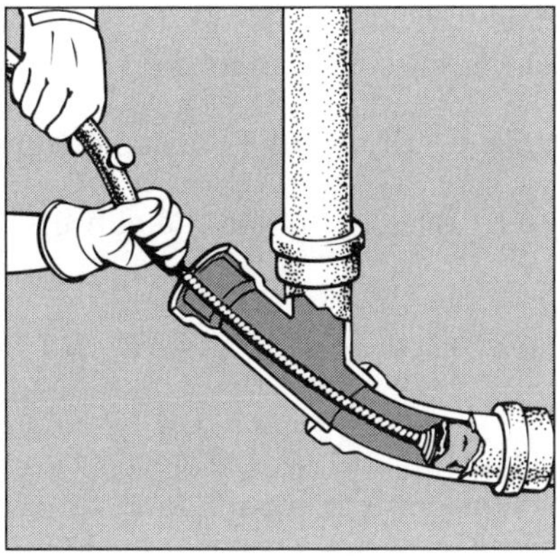

Figure 11.9 : Le bouchon de dégorgement de la canalisation d'évacuation permet de dégager un élément situé trop loin pour être atteint via un équipement sanitaire.

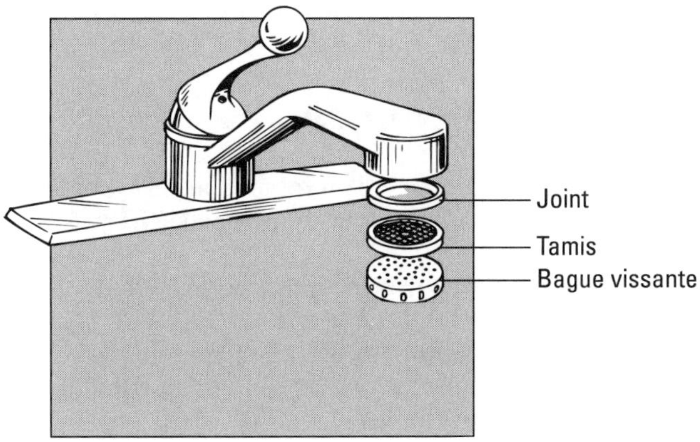

Figure 11.10 : Anatomie du mousseur.

Lorsque l'eau est calcaire, le mousseur se bouche régulièrement ; le débit devient alors irrégulier et le jet part dans tous les sens. Il est très simple de remédier à ce petit inconvénient :

1. **Dévissez la partie située en bout de robinet.**

   Il s'agit le plus souvent d'une bague vissante. Si vous devez forcer à la pince, protégez la bague avec un chiffon ou du ruban adhésif.

2. **Démontez le dispositif en étant attentif à l'ordre des éléments pour la phase de remontage.**

3. **Passez le tamis sous l'eau courante pour le débarrasser du calcaire.**

   Si cela ne suffit pas, faites chauffer un peu de vinaigre dans une casserole et mettez le tamis à tremper quelques instants.

4. **Remontez le dispositif en faisant attention à l'ordre des pièces.**

   Le débit de l'eau devrait s'en trouver nettement amélioré.

Halte aux fuites !

Le bruit répétitif d'un robinet ou d'une cuvette de toilettes qui fuit peut devenir carrément insupportable, sans compter que la facture d'eau s'en ressent également. Cette section vous apprend à réparer les fuites les plus courantes affectant les robinets, les canalisations ou encore les toilettes.

TRUC

Un morceau de ficelle nouée entre la fuite et le point d'impact de l'eau permet d'atténuer le bruit des gouttes en attendant de procéder à la réparation.

Réparer un robinet qui fuit

Le bruit incessant des gouttes tombant d'un robinet peut s'apparenter à une vraie torture nerveuse, même s'il est aussi l'indice que l'amenée d'eau fonctionne !

N'OUBLIEZ PAS

Avant toute intervention sur vos robinets, fermez les alimentations d'eau de l'évier (eau chaude et eau froide). Intervenez au niveau du lavabo lui-même s'il dispose de robinets d'arrêt individuels, au niveau des robinets fermant l'alimentation de toute la pièce, ou alors carrément au robinet d'arrêt général (voir la première section de ce chapitre).

Fuite au niveau du presse-étoupe

Les robinets de puisage et les robinets d'arrêt sont constitués d'une partie fixe, le corps du robinet, et d'une partie mobile, le *croisillon*, tête que l'on tourne dans un sens ou dans l'autre pour permettre ou arrêter le débit. Au-dessous du croisillon se situe un écrou dit *presse-étoupe*. Le nom de cet élément vient de la filasse qui, sur les anciens robinets, étanchéifie le raccord. Aujourd'hui, la filasse a été remplacée par un joint, mais il n'empêche que l'un ou l'autre sont susceptibles de fuir.

Commencez par resserrer doucement l'écrou presse-étoupe, avec une clé à molette ou une clé plate, sans forcer exagérément. Ouvrez l'arrivée d'eau et vérifiez le résultat. Cette opération peut parfois suffire à résoudre le problème. Si le robinet fuit toujours, refermez l'eau, puis suivez les étapes ci-après :

1. **Desserrez l'écrou presse-étoupe en tenant la partie basse du robinet avec une autre clé pour éviter de le dévisser.**

2. **Lorsque le presse-étoupe est entièrement dévissé, enlevez la filasse existante (ou le joint).**

   Pour attraper l'étoupe, fabriquez-vous un petit crochet, avec du fil de fer par exemple. Si le robinet est récent et s'il est muni d'un joint, extrayez ce dernier en démontant le croisillon.

3. **Ajoutez de la filasse neuve enduite de pâte d'étanchéité ou placez un nouveau joint.**

4. **Replacez le presse-étoupe.**

   Commencez par visser à la main, puis terminez de serrer avec une clé.

TRUC

Il est bien utile d'avoir toujours quelques brins de filasse ou quelques joints de remplacement en réserve pour éviter d'être pris au dépourvu et d'avoir à courir au magasin lorsqu'un problème se pose.

Fuite sur un robinet à clapet

Il existe deux principaux types de robinets : les *robinets à clapet* et les *robinets à cartouche céramique*. Une fuite au niveau du *clapet* (nous verrons les cartouches céramiques dans la suite de cette section) signifie que le joint de la partie mobile qui, selon le mouvement de la poignée de robinet ouvre ou ferme le passage de l'eau, est endommagé. Plus rarement, la fuite provient du *siège métallique* dans lequel s'insère le corps du robinet. Cette partie étant également protégée par un joint, il se peut que ce dernier soit usé et que le frottement métal contre métal ait rongé l'assise, ou encore que le siège soit corrodé ou entartré.

Pour changer le joint d'un clapet, procédez comme suit (voir Figure 11.11) :

1. **Mettez le robinet en position "ouvert" après avoir coupé l'eau.**

   Enlevez ensuite le bouchon décoratif du robinet ; selon sa configuration, il faut le dévisser ou le faire sauter.

   TRUC

   Protégez l'évier avec une serviette éponge pour éviter d'endommager son revêtement si une poignée ou un outil vous glisse des mains.

2. **Dégagez la poignée du robinet.**

   Si la poignée résiste, vous pouvez la décoller doucement avec un tournevis. Protégez ce dernier avec un chiffon pour ne pas endommager la surface de la poignée.

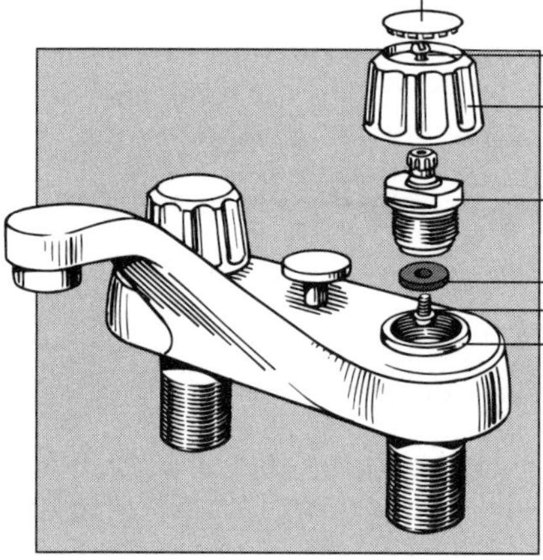

Figure 11.11 : Parties constitutives d'un robinet à clapet.

3. **Dévissez le corps de robinet.**

   Desserrez l'écrou du corps de robinet avec une clé à molette ou une clé plate. Ne forcez pas trop, au risque de fausser tout le mécanisme. Appliquez plutôt quelques gouttes de dégrippant, attendez qu'il fasse effet puis réitérez la tentative.

4. **Terminez de dégager le corps de robinet, puis sortez-le complètement de son siège ; à son extrémité se trouve le clapet.**

5. **Retirez et remplacez le joint usé.**

   Vous avez tout intérêt à vous rendre à la quincaillerie du coin avec votre joint en poche afin de vous en procurer un absolument identique. Vous pouvez même emporter tout le mécanisme, car si celui-ci est vraiment très usé, il faudra le remplacer complètement.

6. **Remontez le robinet, puis assurez-vous qu'il est en position "fermé".**

   Ouvrez l'alimentation d'eau et faites un test.

GADGETS

Si le robinet fuit toujours après ces opérations, la fuite provient certainement du siège du clapet, lequel peut être corrodé ou entartré. Vous devez alors faire l'acquisition d'un petit gadget dit *rodoir*, puis remettre en forme le siège métallique du clapet en suivant les instructions fournies avec l'outil.

Intervention sur un mitigeur à cartouche céramique

Les robinets à cartouche céramique, c'est le top. Le clapet en caoutchouc est remplacé par une cartouche céramique qui règle le débit de l'eau avec une extrême précision et garantit une étanchéité parfaite du mécanisme. La céramique est un matériau inusable, insensible au calcaire.

Si vous devez changer la cartouche d'un mitigeur monotrou à cartouche céramique, voici comment procéder (aussi Figure 11.12) :

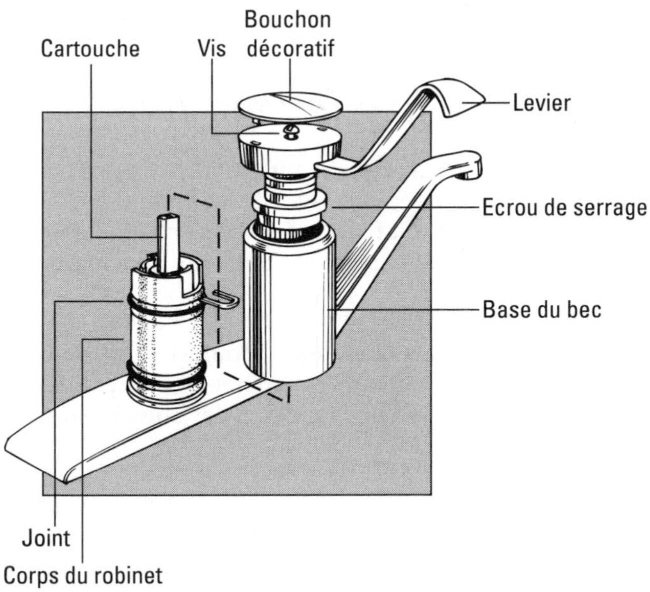

Figure 11.12 : Eléments principaux d'un robinet monotrou à cartouche céramique.

1. **Enlevez la poignée de commande.**

   Pour ce faire, enlevez le bouchon décoratif de la poignée pour révéler la vis servant à maintenir la poignée. Desserrez la vis, retirez-la, puis désolidarisez la poignée de l'ensemble.

2. **Enlevez la base du bec en dévissant l'écrou de serrage.**

   Cela est possible uniquement sur les mitigeurs dont la base est amovible.

3. **Retirez la cartouche et changez-la.**

   Si vous ne parvenez pas à l'extirper, remontez la poignée de commande, ce qui vous donnera une meilleure prise pour extraire la cartouche. Prenez cette dernière avec vous et emmenez-la au magasin afin d'obtenir le même modèle.

4. **Réassemblez le robinet.**

DANGER

Veillez à remettre la cartouche dans le bon sens, car ce sens a une influence sur l'alimentation eau chaude/eau froide. Habituellement, on tourne le levier du mitigeur vers la droite pour l'eau froide et vers la gauche pour l'eau chaude. Si vous inversez la position de la cartouche, vous inversez également la position de l'eau chaude et de l'eau froide ; un peu gênant !

Réparer une canalisation qui fuit

Plomb, acier, cuivre, PVC, les matériaux mis en œuvre pour les canalisations sont très divers ; ils ont, en revanche, pour point commun d'être tous susceptibles de fuir. Même un tout petit filet d'eau, qui s'échappe goutte à goutte, doit être traité sans délai. Il est le signe qu'une fuite plus importante est en préparation.

DANGER

Agissez très rapidement si vous détectez le moindre signe d'humidité à l'intérieur de l'habitation. Une odeur de moisi ou carrément des taches d'humidité au mur ou au plafond peuvent signaler une fuite dans une conduite encastrée.

N'OUBLIEZ PAS

Avant d'entamer vos réparations, vous devez fermer l'eau au compteur et vidanger l'installation de façon à pouvoir travailler sur les canalisations sans que l'eau y circule. Toutes les conduites d'alimentation d'eau de l'habitation sont raccordées à la conduite d'arrivée principale, alimentée par l'eau de la ville ou par votre puits. Coupez l'eau en fermant le robinet d'arrêt général, comme expliqué dans la première section de ce chapitre.

Prévenez la maisonnée lorsque vous prévoyez de travailler sur les canalisations. Vous n'avez certes pas besoin que quelqu'un tire la chasse d'eau au moment où vous êtes en train de colmater une fuite. Vous pouvez par exemple coller du papier adhésif en croix sur la cuvette des WC si votre famille est du genre distrait.

Fuite en pleine canalisation

Contrairement à ce que l'on pourrait penser, les fuites en pleine canalisation ne sont pas les plus difficiles à réparer. Il existe en effet des pièces de réparation adaptables sur la majorité des tuyaux. Il s'agit d'un gros raccord qui épouse le diamètre de la conduite et que l'on fixe via divers dispositifs de serrage (vis, colliers ou écrous). Vous devez d'abord poser le joint d'étanchéité, généralement compris dans le kit de réparation, avant d'installer la pièce de raccord puis serrer (Figure 11.13).

Ces raccords extrêmement rapides à poser peuvent tenir une dizaine d'années. Toutefois il faut éviter de compter sur eux aussi longtemps et considérer le colmatage comme provisoire. Il ne s'agit en aucun cas d'une réparation définitive.

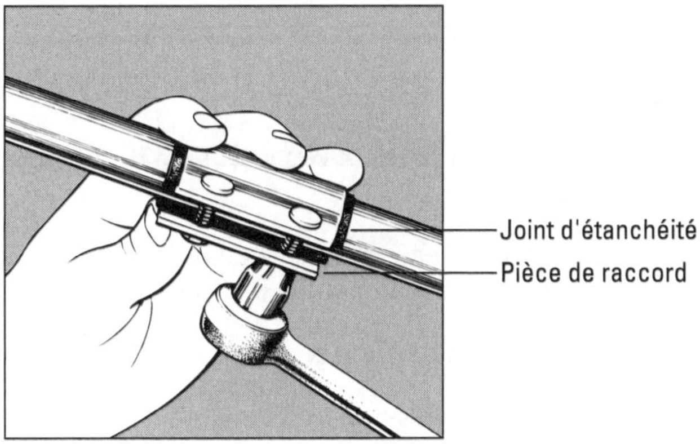

Figure 11.13 : Une pièce de raccord permet de réparer une fuite rapidement et facilement.

Fuite des joints de raccord

Si la fuite se situe aux joints de raccord, il y a une petite chance pour que vous puissiez y remédier vous-même, sans faire appel à un plombier. Le colmatage est réalisé à l'aide d'un mastic à base de résine époxy qui durcit à une certaine température lorsqu'elle est mélangée à un durcisseur. La réparation est provisoire et s'applique uniquement sur acier galvanisé ou sur cuivre.

Coupez l'eau avant de commencer, puis ouvrez un robinet pour vidanger la canalisation. Suivez scrupuleusement les indications du fabricant ; elles devraient, à peu de choses près, ressembler à ceci :

Savoir quand appeler un plombier

Rares sont ceux qui se réjouissent d'inviter un plombier à faire le déplacement jusqu'à leur domicile. Néanmoins, une conduite ou un joint de conduite qui fuit dans des proportions importantes, autrement dit au-delà d'un mince filet de quelques gouttes, doit faire l'objet d'un examen par un pro. Dites-vous bien que les fuites ne s'arrangent pas toutes seules. Pire, elles ont une fâcheuse tendance à l'aggravation. Les soins à apporter aux canalisations anciennes sont précis et difficiles à réaliser soi-même.

Pour réparer de façon permanente une fuite sur du cuivre ou de l'acier galvanisé, il faut le plus souvent en remplacer une partie complète. Là se pose alors le problème de l'étanchéité. Ajouter un morceau de canalisation c'est une chose, mais faire en sorte qu'elle soit parfaitement soudée, comme si elle avait toujours fait partie de l'installation, en est une autre. Le PVC est plus simple à réparer, mais vous avez tout de même intérêt à faire appel à un spécialiste.

1. **Séchez soigneusement la partie à réparer. La pâte ne prendra pas sur une surface humide.**

   Si vous n'avez pas coupé l'eau, prévenez au moins que personne ne doit utiliser les équipements alimentés par cette conduite.

2. **En cas d'oxydation sur la partie à réparer, frottez à la toile émeri.**

   Cela pour faciliter l'accrochage de la résine.

3. **Mélangez la résine et le durcisseur, puis colmatez la fuite (Figure 11.14).**

   Pour les proportions, suivez les indications du fabricant.

   Il est déconseillé de pratiquer la réparation par une température inférieure à 10°C.

4. **Laissez sécher.**

   Lorsque la retouche est parfaitement sèche, remettez l'eau et faites un essai en ouvrant un robinet raccordé à la canalisation.

Bon, ça peut aussi ne pas marcher, en fonction de l'ampleur de la fuite et de la pression de l'installation. En cas d'échec, appelez un plombier.

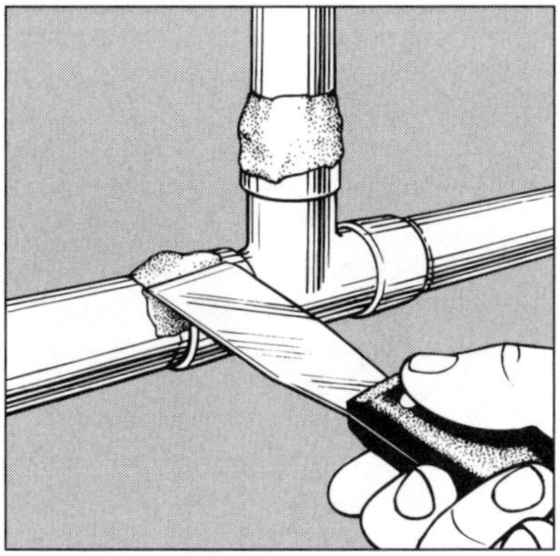

Figure 11.14 : Appliquez la pâte de réparation avec un couteau à enduit.

N'OUBLIEZ PAS

Lorsque vous effectuez une réparation vous-même, vous devez vérifier fréquemment le raccord. La pâte de réparation peut se détériorer, faisant réapparaître la fuite. Il faut savoir que le mastic est moins sûr que les pièces de raccord dont nous avons parlé en début de section.

Réparer des toilettes qui fuient

Une petite flaque autour du socle des toilettes est le signe que le raccord entre la cuvette des toilettes et la pipe d'évacuation est endommagé. Suivant l'installation, on trouve deux types de jonction : joint de mortier ou de mastic pour un raccordement vertical (au sol) ou raccord plastique qui s'encastre dans la descente pour un raccordement horizontal (au mur).

Pour changer ce joint, il va falloir déplacer la cuvette des WC, tâche qui vous obligera peut-être à demander de l'aide à quelqu'un de costaud.

TRUC

Pour ne pas trop pénaliser les habitants de la maison, achetez tout ce dont vous avez besoin *avant* de commencer la réparation. Cela permettra de mettre les toilettes hors d'usage moins longtemps.

Commencez, comme à l'habitude pour les réparations de plomberie, par couper l'eau, soit au robinet d'arrêt des toilettes, soit au robinet d'arrêt général (voir la première section de ce chapitre).

Cette précaution prise, suivez la procédure ci-après :

1. **Tirez la chasse pour vider le réservoir de chasse.**

Dégeler une canalisation

Le meilleur moyen d'éviter à une canalisation de geler, c'est de la protéger contre le froid. Les conduites situées à l'extérieur ou dans des locaux non chauffés sont, en hiver, susceptibles de geler, voire d'éclater dans la mesure où, à quantité égale, la glace occupe un volume plus important que l'eau. Voici comment éviter ce problème :

- Protégez la canalisation. Il existe une batterie de matériaux permettant de mettre vos canalisations au chaud (manchons en mousse, tresse, coques en laine de verre et consorts).
- Laissez l'eau couler en permanence dans les installations sanitaires dont les canalisations passent par des lieux non chauffés. L'eau courante gèle plus difficilement que l'eau stagnante.
- Dans les salles de bains et les cuisines situées dans des pièces exposées au nord, ouvrez les portes des placards habillant les conduites. Cela permet à l'air ambiant de la pièce de circuler autour des tuyaux.

Si une des canalisations est gelée, vous pouvez la réchauffer avec un sèche-cheveux ou un décapeur thermique. Avant de commencer, ouvrez un des robinets de la canalisation pour laisser s'échapper la vapeur d'eau générée par le réchauffement de l'eau coincée dans la conduite. Passez ensuite la source de chaleur sur une large surface, sans insister sur un point en particulier pour éviter un excès de pression. Soyez patient, le tuyau finira bien par se réchauffer, mais il est utile d'opérer progressivement pour ne pas endommager l'installation.

2. **Retirez autant d'eau du réservoir de chasse que possible.**

   Utilisez d'abord une petite tasse, puis essuyez le reste du liquide avec une éponge. Ne faites pas la chochotte, cette eau est propre !

3. **Avec un petit récipient, videz la cuvette des WC.**

   Enlevez le plus d'eau possible. Là, côté hygiène, l'eau de la cuvette laisse à désirer, donc mettez des gants et lavez-vous les mains avec un désinfectant après l'opération.

4. **Démontez l'amenée d'eau du réservoir de chasse.**

   Placez un récipient au-dessous du robinet d'arrêt des toilettes pour récupérer l'eau qui pourrait s'écouler, puis dévissez l'*amenée d'eau*, c'est-à-dire le tuyau qui véhicule l'eau vers le réservoir de chasse. Enlevez complètement ce tuyau pour qu'il ne soit pas déformé ou plié au moment où vous allez déplacer le siège.

5. **Dissociez le réservoir de la cuvette.**

   Le réservoir est fixé à la cuvette par de grandes vis qui pénètrent dans le siège ; elles sont maintenues par des écrous auxquels on accède par le dessous du siège (Figure 11.15).

6. **Enlevez le réservoir de chasse en le soulevant.**

   Si le réservoir est encastré au mur et relié par un tuyau fixé par de larges écrous (descente de chasse), vous ne devez pas arracher le réservoir du mur ! Il suffit de démonter la descente de chasse.

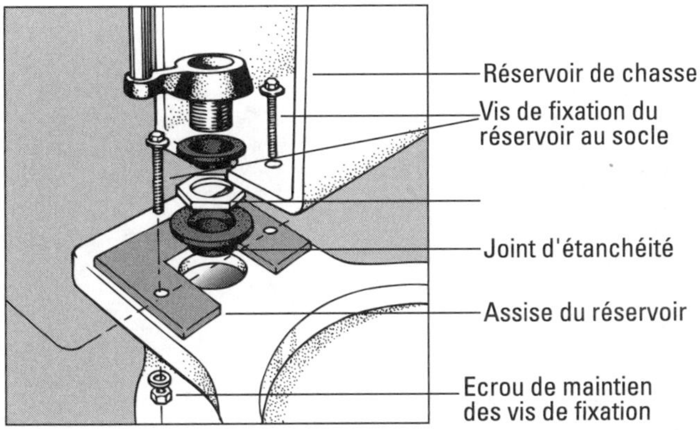

Figure 11.15 : Réservoir attenant, donc fixé à la cuvette.

7. **Dévissez les écrous qui maintiennent la cuvette au sol.**

   Il y a généralement une vis de chaque côté du socle. Elles peuvent être masquées par une pastille décorative que vous devez faire sauter.

8. **Déplacez la cuvette.**

   Tirez la cuvette en opérant un mouvement de balancier de gauche à droite pour la libérer du conduit d'évacuation en cassant le joint qui l'y fixe (Figure 11.16).

   Même s'il fuit, le joint qui lie la cuvette et le conduit peut être encore très solide. Il vous faudra vraisemblablement appeler un gros costaud à la rescousse pour bouger le socle. Quoi qu'il en soit, ne tentez pas de desceller les toilettes avec un levier ou un pied-de-biche. Vous ne feriez qu'endommager la porcelaine ou fêler le siège.

9. **Grattez le joint existant.**

   Nettoyez soigneusement toute trace de mastic ou de ciment.

10. **Installez le raccord ; replacez le siège.**

    Selon votre installation, il s'agira d'un raccord en plastique, d'un joint de mastic ou d'un joint de mortier. Il est préférable de faire cette opération à deux. Selon le raccord, il faudra soulever la cuvette et la reposer sur le joint au sol (raccordement vertical), ou remettre la cuvette en place en la soulevant tout en enfonçant le raccord souple dans la conduite d'évacuation (raccordement horizontal).

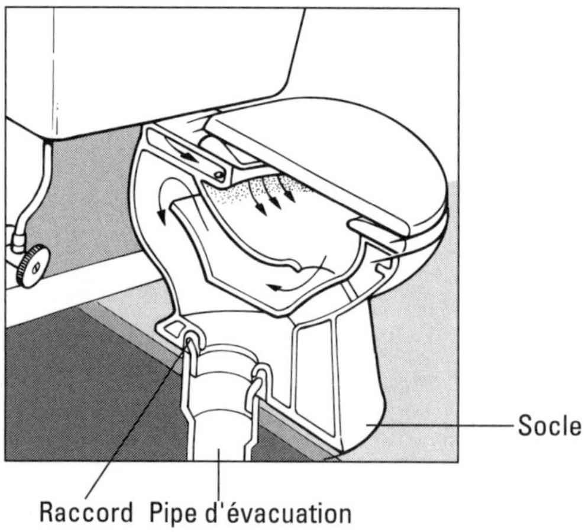

Figure 11.16 : Le raccord à remplacer sert de jonction entre le socle et la pipe d'évacuation. Ici il s'agit d'un raccordement au sol (raccordement vertical).

GADGETS

Il existe encore un autre type de raccord, appelé *pipe d'évacuation à 90°*. C'est un dispositif permettant de raccorder une sortie horizontale sur une attente verticale, c'est-à-dire lorsque la sortie des toilettes est située derrière le socle et devrait logiquement être raccordée dans le mur (raccordement horizontal), mais que l'entrée de la conduite d'évacuation est, elle, située au sol (nécessitant un raccord vertical). Ce type de raccord peut être le mieux approprié pour votre installation, voyez avec votre revendeur.

11. **Replacez les vis de maintien du siège au sol.**

    Intercalez des rondelles de caoutchouc entre chaque tête de vis et la céramique. Serrez bien, sans exagérer pour ne pas casser le siège.

12. **Placez un niveau à bulle transversalement sur la cuvette, et vérifiez l'aplomb des toilettes.**

    Si l'aplomb n'est pas satisfaisant, compensez le vide par une petite cale de bois ou colmatez au mortier de ciment.

13. **Remontez le réservoir ou la descente de chasse.**

    Profitez de ce démontage pour inspecter les joints d'étanchéité des dispositifs et changez-les si nécessaire.

14. **Remettez l'eau en service. Voilà, c'est fini.**

Réparer une chasse d'eau qui fuit

Une chasse d'eau qui coule en permanence est une véritable nuisance sonore. C'est aussi un gaspillage parfaitement inutile doublé d'un gouffre financier. Voilà, maintenant vous avez bien honte, aussi peut-être êtes-vous disposé à procéder à cette réparation qui nécessite, pour tout outillage, un tournevis.

Commencez par observer le mécanisme de chasse en ôtant le couvercle du réservoir (il faut l'attraper et le tirer vers le haut). Posez ce dernier à plat, en sécurité, quelque part où il ne risque pas de tomber ou de vous gêner. Actionnez le *dispositif de déclenchement de la chasse* – soit la tige qui se soulève lorsque vous tirez la chasse – et observez attentivement le ballet qui se déroule sous vos yeux. Les mots en italique sont illustrés Figure 11.17.

1. La *tige du clapet* qui bouche la sortie du réservoir soulève le *clapet* de son *siège* et permet l'évacuation de l'eau dans les toilettes.

2. A mesure que le réservoir se vide, une boule, le *flotteur*, descend en suivant le niveau de l'eau.

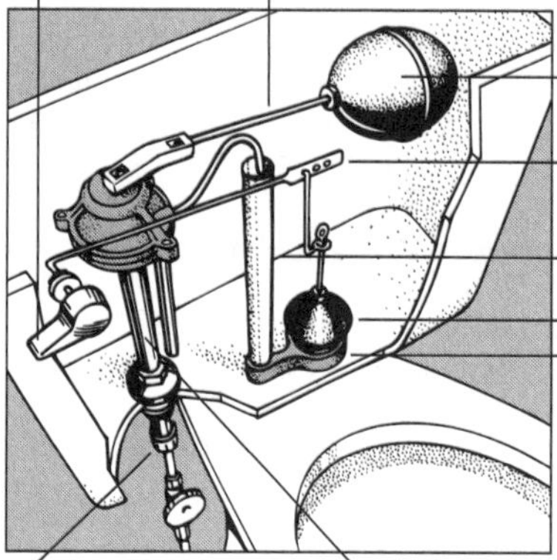

Figure 11.17 : Le mécanisme de chasse, en direct-live des toilettes.

3. La descente du flotteur provoque, par contrepoids, l'ouverture de la *valve d'arrivée d'eau* du réservoir de chasse. Sans avoir fait Polytechnique, on comprend alors que le réservoir se remplit d'eau, via le *tuyau d'arrivée d'eau*.

4. Le niveau d'eau remonte, et entraîne avec lui le flotteur qui provoque la fermeture de la valve d'arrivée d'eau. Le réservoir est plein.

Lorsque la chasse d'eau coule incessamment, tous ces éléments peuvent être incriminés ; voici quelques vérifications à faire et les réparations que vous pouvez réaliser vous-même.

- **Le flotteur joue au Titanic** : Pour pouvoir remplir correctement son rôle, le flotteur doit bien évidemment *flotter* ! S'il est endommagé, spongieux ou crevé, eh bien il coule. Il faut dans ce cas le démonter (Figure 11.18), et l'emmener faire un tour au magasin de bricolage pour acheter le même modèle.

- **Le flotteur a le bras trop long** : Le bras du flotteur peut être aussi trop long, ce qui retarde le moment où le remplissage s'arrête. Comme sur la Figure 11.19, pliez un peu ce bras vers le bas pour augmenter la pression exercée sur la valve de fermeture d'arrivée d'eau du réservoir.

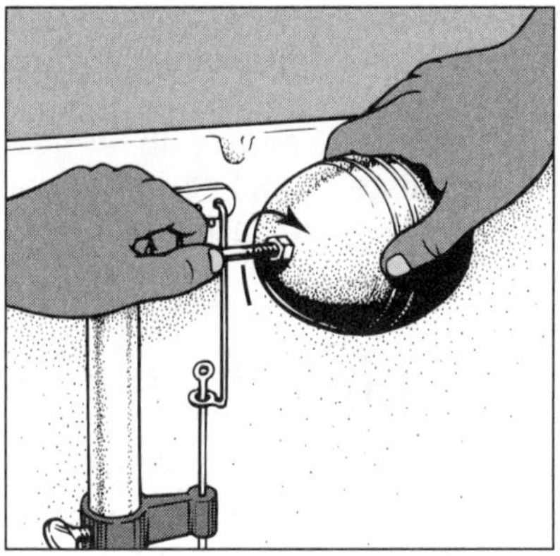

Figure 11.18 : Changement d'un flotteur défectueux.

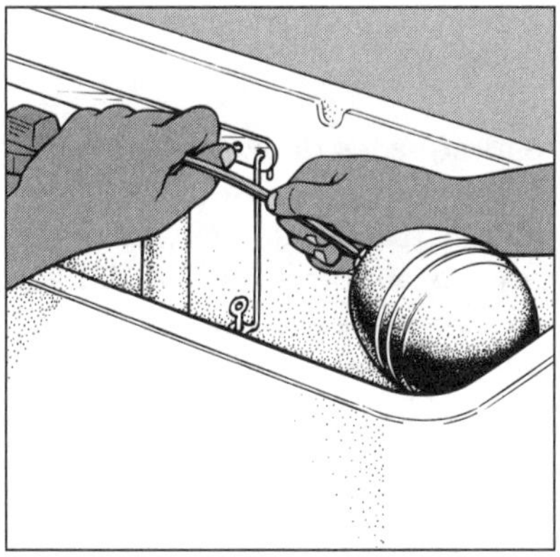

Figure 11.19 : Fléchissement du bras du flotteur.

- **La tige de lever du clapet a des rhumatismes** : Cette tige peut être rouillée ou coincée, si bien que le clapet ne se cale pas dans son assise et ne bloque pas l'écoulement d'eau vers les toilettes. Le flotteur est alors toujours en position basse et la chasse se remplit continuellement. Vous pouvez immédiatement parier que le problème vient de là lorsque vous ne parvenez pas à remettre correctement le dispositif de déclenchement de chasse, et que vous êtes obligé de faire jouer un peu le mécanisme. Ce défaut peut aussi être à l'origine du phénomène inverse de la fuite, à savoir la chasse qui ne marche plus, par défaut de remplissage du réservoir. Pour résoudre ces problèmes, accédez à la tige et arrangez-la.

- **C'est l'arrivée d'eau qui met le bazar** : Alors là, c'est plus ennuyeux, vous devez laisser cette réparation aux bons soins de votre plombier.

Si toutes ces astuces ne vous ont pas permis de mettre un terme à vos tracas de chasse, il est sage d'appeler un spécialiste, lequel pourra peut-être réparer votre mécanisme ou vous proposera de changer l'ensemble du réservoir.

Considérations avant de remplacer un robinet

Avant de poser un nouveau robinet, vous devez prendre toutes les cotes nécessaires et noter les moindres détails concernant votre installation. Ces détails de configuration sont capitaux pour choisir un type de robinet semblable à celui que vous déposez. Il faut, par exemple, prendre les mesures concernant l'écart entre les axes d'arrivée d'eau chaude et d'eau froide. Si vous pouvez emporter avec vous l'ancienne robinetterie, c'est aussi simple. Sinon, mesurez à partir du milieu d'une des poignées jusqu'au milieu de l'autre poignée (comme sur la Figure 11.20).

La mesure est un peu plus délicate lorsque les deux robinets du mélangeur ne sont pas séparés. Elle doit en effet être prise au-dessous de l'évier, derrière le siphon, un endroit horriblement difficile d'accès et très peu pratique pour travailler. Les travaux de robinetterie se caractérisent en effet par des problèmes d'accès ; il faut toujours aller se râper la peau des bras pour atteindre des recoins impossibles. Y manœuvrer des outils utilisés dans d'autres domaines est parfois mission impossible !

Il existe heureusement des outils spéciaux, créés tout particulièrement pour les travaux de plomberie. Au moment où vous achetez vos robinets, renseignez-vous auprès d'un revendeur, en expliquant bien la configuration de votre installation, pour voir si certains gadgets pourraient vous faciliter la tâche. Parmi ces outils, on trouve la *clé spéciale lavabo* (Figure 11.21), qui est une clé articulée permettant de serrer et de desserrer les écrous encastrés au-dessous des robinets.

TRUC

Si vous voulez déposer un évier ou un lavabo, il n'est pas forcément utile de démonter d'abord la robinetterie. Vérifiez s'il n'est pas plus facile de déconnecter simplement les arrivées et le siphon et de déposer l'évier et les robinets d'un seul bloc.

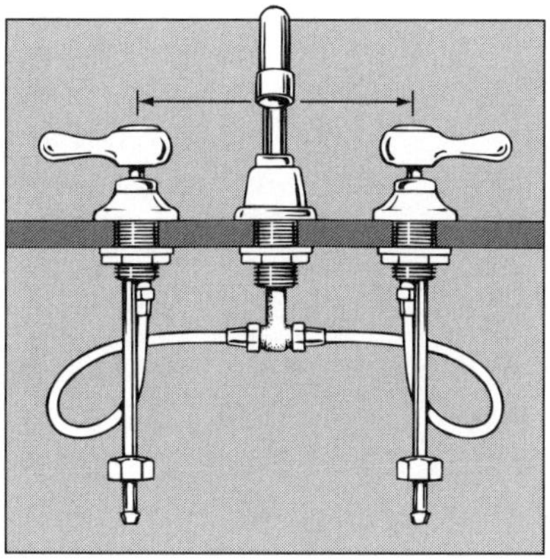

Figure 11.20 : Pour mesurer l'écart entre les robinets, prenez le centre des poignées pour repère.

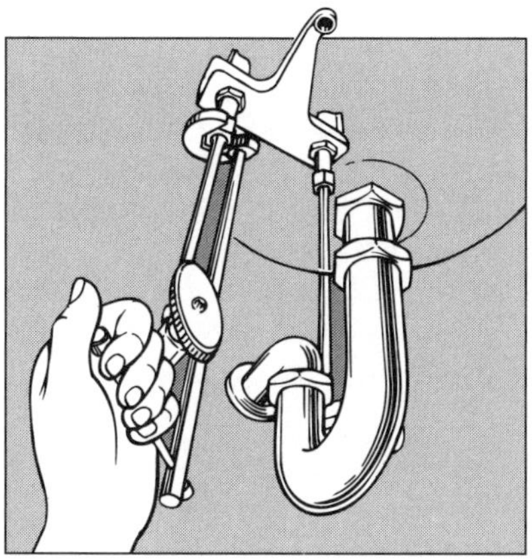

Figure 11.21 : Clé spéciale lavabo.

L'installation d'un robinet n'est pas extrêmement compliquée, mais elle peut varier d'un système à l'autre ; demandez de plus amples explications dans le magasin. La procédure est, dans les grandes lignes, la suivante : il faut commencer par fermer l'arrivée d'eau alimentant le dispositif sanitaire concerné (c'est la première précaution à prendre et elle fait l'objet de la première section de ce chapitre). La suite consiste à démonter et retirer l'ancienne robinetterie, puis à nettoyer toute trace de mastic, le cas échéant. Les tiges du nouveau robinet doivent ensuite être insérées dans le trou approprié (eau chaud, eau froide), puis fixées avec les dispositifs fournis avec le modèle.

Chapitre 12

Electricité : installations et réparations

Dans ce chapitre :

- Quelques règles de sécurité.
- Tableau de fusibles et disjoncteur général.
- Prises et interrupteurs.
- Eclairage électrique.

Depuis ce grand jour où Ben Franklin s'est amusé à faire voler son cerf-volant par un après-midi d'orage (mais à quoi pensait-il ?), la civilisation a développé une curieuse fascination, doublée d'une dépendance quasi maladive, pour l'électricité. Mais, que se passe-t-il si vous vous retrouvez soudain plongé dans l'obscurité suite à une coupure de courant ? Comment réagissez-vous ? Et ne nous dites pas que vous partez regarder la télé chez un ami, ce n'est pas la réponse que nous attendons de vous.

Quelques règles de sécurité

Dans le domaine de l'électricité, plus que dans tout autre domaine, quelques règles de sécurité s'imposent ; la plus importante d'entre toutes étant de ne jamais toucher un élément métallique dans lequel passe du courant électrique. Le cas échéant, vous recevriez une décharge, pouvant être mortelle si elle se produit dans une pièce où le sol est conducteur d'électricité (sol mouillé, carrelage, ciment, etc.).

Voici donc quelques règles de base que vous devez impérativement respecter pour éviter les accidents :

- **Respectez les normes définies dans les documents officiels.** Pour rester dans les normes de sécurité imposées, il vous suffit de veiller à toujours acheter uniquement des appareils et du matériel portant la mention NF (normes françaises), NF-USE et NF-ELECTRICITE qui garantissent cette conformité.
- **Si votre habitation est ancienne, vérifiez que son installation n'est pas vétuste.** Une installation vétuste (de plus de 30 ans) est dangereuse. (Votre tableau de répartition ne doit pas comporter de fusibles à tabatière ou à broches en porcelaine ; le disjoncteur général doit être de type différentiel ; les appareils électriques des salles de bains doivent disposer d'une double isolation, etc.) Si vous avez des doutes, il est plus prudent de faire établir un bilan par un professionnel. (Voir la section "Tableau de fusibles et disjoncteur général", ci-après.)
- **Coupez le courant au disjoncteur général avant toute intervention sur votre installation électrique.** C'est la première étape à ne jamais contourner si vous souhaitez bricoler. Par précaution, laissez une petite note sur le disjoncteur spécifiant que des travaux sont en cours et qu'il ne faut pas rétablir le courant.
- **N'utilisez pas d'appareil électrique les mains mouillées ou les pieds dans l'eau.** L'eau étant conductrice, vous risquez l'électrocution.
- **Equipez-vous d'un outillage spécifique pour les travaux d'électricité.** L'équipement de l'électricien est assez réduit, alors n'hésitez pas à acheter les outils appropriés (testeur de courant, tournevis à lame isolée, etc.).
- **Evitez les prolongateurs.** Ces rallonges qui traînent par terre peuvent provoquer des accidents (si les broches sont mal enfoncées sur un sol mouillé, par exemple).
- **Ne surchargez pas les prises multiples.** Les circuits ne comportant que des prises ne doivent pas être surchargés (pas plus de huit points d'alimentation), faute de quoi ils pourraient provoquer des courts-circuits, voire des incendies. (Voir la section "Prises et interrupteurs", plus loin dans ce chapitre.)
- **Ne percez pas un mur ou un plafond sans avoir préalablement repéré le cheminement des conducteurs électriques.**

Tableau de fusibles et disjoncteur général

Vous branchez votre nouvelle chaîne stéréo super-performante, appuyez sur le bouton, et soudain toute la maison sombre dans l'obscurité. Bien entendu, vous avez déjà entendu parler de courts-circuits et de fusibles qui sautent, mais savez-vous comment les réparer ?

La première étape consiste à localiser le *tableau de répartition des circuits.* Késako ? Reprenons depuis le début.

L'électricité domestique est assurée en France, jusqu'à présent, par l'EDF., sous une tension de 220-380 V, une puissance de 3 à 18 kW et un ampérage de 15 à 90 A, selon les installations spécifiées par l'abonné. (La puissance maximale à laquelle vous avez souscrit est inscrite sur le disjoncteur.). Ce courant est acheminé chez le particulier par des câbles, puis distribué par un ensemble de deux fils, appelé *circuit*. L'énergie électrique sort par un de ces deux fils (le *fil de phase*) et retourne au tableau via l'autre fil (le *fil neutre*).

Plusieurs circuits sont nécessaires pour alimenter un foyer. Chacun de ces circuits se définit par la section des conducteurs (la taille des fils en mm^2) et la puissance électrique des appareils qu'ils desservent. Ils ne peuvent donc véhiculer qu'une certaine quantité d'énergie. Au-delà, il y a surchauffe (ou surcharge). Un circuit "éclairage", par exemple, ne doit pas desservir plus de huit points. Si vous branchez trop d'appareils sur un circuit, de sorte que la puissance absorbée est supérieure à la capacité du circuit, les fils fournissant cette énergie surchauffent. Et si les fils fournissant l'énergie entrent en contact avant l'appareil qu'ils alimentent, ils créent un court-circuit, le circuit est brusquement raccourci, et les conducteurs peuvent s'échauffer en quelques secondes pouvant provoquer un incendie.

Chaque circuit est protégé soit par un *fusible* (ou *coupe-circuit*), soit par un *disjoncteur divisionnaire* qui coupe le circuit en cas d'anomalie. Les coupe-circuit en porcelaine traditionnels sont aujourd'hui remplacés par des *coupe-circuit à cartouche* – petits cylindres en céramique abritant un filament qui rompt sous l'effet d'une surcharge d'un conducteur ou d'un court-circuit. La Figure 12.1 illustre un tableau de répartition des circuits à gauche et un disjoncteur divisionnaire à droite.

- **Fusibles** : Les différents circuits des installations modernes sont contrôlés et protégés par des fusibles à cartouche. Pour couper le courant alimentant un circuit, vous devez retirer ces fusibles placés soit dans des logements basculants, soit coulissants. Avant de rechercher le fusible qui a sauté pour pouvoir le remplacer, vous devez couper le courant au disjoncteur général. (Pour les détails de la procédure, reportez-vous à la section "Remplacer un fusible", plus loin dans ce chapitre.)

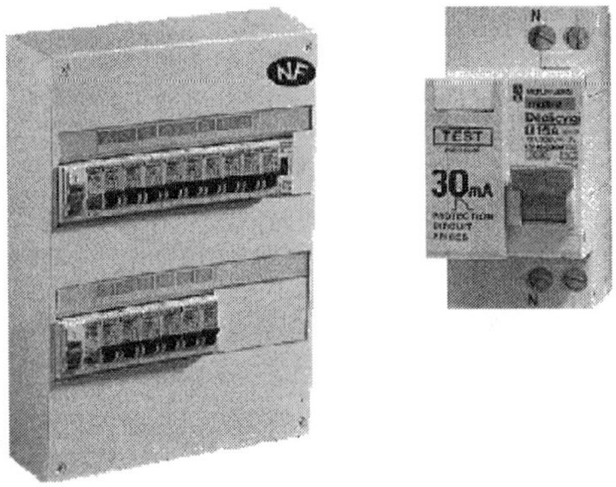

Figure 12.1 : Un tableau de répartition des circuits et un disjoncteur divisionnaire.

- **Disjoncteurs divisionnaires** : Dans les maisons encore plus récentes, l'interruption du courant des différents circuits est assurée par des disjoncteurs divisionnaires. Ces petits disjoncteurs présentent plusieurs avantages par rapport aux cartouches : le disjoncteur correspondant au circuit défectueux est immédiatement identifié, puisqu'il se place automatiquement en position "arrêt" (position inverse des autres disjoncteurs) ; la panne résolue, il suffit de remettre le levier ou le bouton de commande du disjoncteur en position de marche, vous n'avez donc plus de fusibles à acheter et à remplacer.

Travailler sur des conducteurs sous tension n'est jamais une très bonne idée, et parfois des conducteurs provenant de plusieurs circuits peuvent être présents dans un seul dispositif. Dans ce cas, pour vous assurer que l'électricité est coupée pour chacun de ces circuits, procurez-vous un *testeur de courant* ; un petit outil en forme de tournevis à manche transparent, intégrant une petite résistance. Une lampe témoin (mini-ampoule de néon) s'allume lorsque la lame est en contact avec un fil sous tension.

Remplacer un fusible

Si votre tableau est équipé de disjoncteurs divisionnaires, pas de problème. Pour rétablir le courant après réparation du défaut, il suffit de positionner le petit disjoncteur en position de marche. En revanche, si votre tableau est équipé de fusibles à cartouche, vous n'avez aucun moyen de repérer le fusible qui a sauté (à moins de disposer de modèles dotés d'une pastille témoin).

Pour retrouver le fusible correspondant au circuit défectueux, procédez comme suit :

1. **Allumez toutes les pièces de votre maison et branchez tous les appareils.**

2. **Coupez le courant au disjoncteur général et enlevez tous les fusibles à cartouche avant de remettre le courant.**

3. **Replacez un à un les fusibles pour identifier le circuit défaillant.**

   Repérez à chaque fois quel circuit se remet à fonctionner et profitez-en pour étiqueter vos fusibles (éclairage, petits appareils, machine à laver, cuisinière, etc.).

4. **Lorsque le circuit est repéré, retirez le fusible correspondant et examinez tous les dispositifs reliés à ce circuit pour déceler la cause de la panne et la réparer.**

   La cause la plus fréquente est la surtension : trop d'appareils ont été branchés sur le même circuit ou un appareil trop puissant. Il peut également s'agir d'un court-circuit provoqué par un branchement défectueux. Vous devez alors démonter l'appareil (prise, interrupteur, etc.) et positionner correctement les fils.

5. **Coupez de nouveau le courant, remplacez le fusible par un neuf et remettez le disjoncteur en marche.**

   Vous ne pouvez pas vous tromper. La longueur et le diamètre des cartouches varient en fonction de l'intensité contrôlée, de sorte que vous ne pouvez pas insérer une cartouche dont l'ampérage ne correspond pas.

TRUC

Pensez à stocker des fusibles de rechange près de votre tableau de répartition.

Prises et interrupteurs

Les prises, appelées *socles de prise* par les professionnels, se situent dans des circuits comprenant seulement des prises (8 au maximum) raccordées au tableau de répartition des circuits. Elles se composent d'un boîtier où vient se loger la platine de raccordement et d'un couvercle, et permettent d'alimenter en électricité les lampes et autres appareils de la maison. Dans une installation électrique, vous pouvez rencontrer plusieurs types de prises : les prises à trois alvéoles dont un rectangulaire, les prises à deux alvéoles sans contact de terre, les prises à deux alvéoles avec contact de terre et les prises simples ou doubles.

Raccorder des conducteurs

Pour vos branchements ou pour rallonger un fil trop court, vous devez savoir comment effectuer un raccordement. On utilise généralement pour cela une boîte de raccordement ou un domino : serre-fil métalliques dans des enveloppes en plastique, communément appelés "sucres" (illustré sur la Figure 12.2). Il est, en revanche, vivement déconseillé, car très dangereux, d'assembler des fils en les entrelaçant, puis en les recouvrant d'adhésif.

La procédure est simple : vous dénudez les fils à l'aide d'une pince à dénuder sur une longueur de 3 cm environ, puis repliez la pointe de chaque fil sur elle-même avant de la tordre à la pince. Ainsi, vous pourrez l'insérer plus facilement dans la borne de raccordement. Ensuite, il suffit de veiller à bien mettre en contact les fils de même couleur. (Pour les dominos, veillez à bien acheter une barrette dont le diamètre d'ouverture correspond au conducteur.).

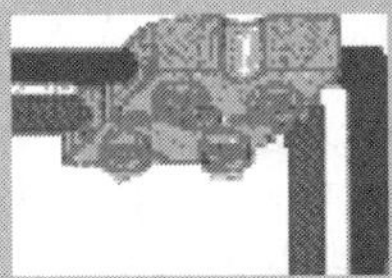

Figure 12.2 : Schéma d'un domino.

Comme leur nom l'indique, les *interrupteurs* coupent ou ferment un circuit électrique. Il existe différents types d'interrupteurs, les plus courants étant les interrupteurs à bascule, les boutons poussoirs, les commutateurs et les variateurs.

Lorsque vous remplacez une prise ou un interrupteur, vous êtes amené à raccorder des *conducteurs* composés de fils de cuivre protégés par un isolant. Les couleurs de ces enveloppes isolantes permettent d'identifier la fonction des conducteurs :

- Le conducteur neutre a une couleur bleu clair.
- Le conducteur de protection pour la mise à la terre est bicolore vert et jaune.
- Le conducteur de phase (et les autres) a une couleur unie quelconque (sauf bleu, vert ou jaune).

Poser une prise en applique

Une prise en applique se fixe au mur par quatre vis. Les conducteurs cheminent généralement sous des baguettes en bois ou en plastique. Pour poser une prise en applique et la raccorder à des conducteurs extérieurs, procédez comme suit :

1. **Positionnez le boîtier et enfoncez une mine dans les orifices pour marquer les emplacements des trous à percer.**

   Les prises se placent généralement au-dessus des plinthes à 15 cm du sol (la hauteur minimale étant de 5 cm au-dessus du sol), sauf dans les cuisines où il est préférable de les poser en hauteur au-dessus des plans de travail ou près des interrupteurs et dans les salles de bains où des règles très strictes s'imposent (toute prise, étant interdite à moins de 1 m de la baignoire ou du lavabo, doit être reliée à la terre).

2. **Percez les trous et insérez quatre chevilles.**
3. **Vissez le boîtier sur le mur.**

Changer une prise murale

Pour remplacer une prise endommagée, procédez comme suit :

1. **Coupez le courant au disjoncteur général et enlevez le fusible correspondant.**
2. **Démontez le socle et sortez-le de son boîtier avec les fils toujours reliés aux bornes de fixation ; utilisez un testeur de courant pour vérifier que le circuit est fermé.**
3. **Notez le nombre et la couleur des fils reliés à chaque borne, desserrez les vis de fixation et dégagez les fils.**
4. **Reliez les fils aux bornes du nouveau socle et enfoncez ce dernier dans le boîtier.**
5. **Vissez le socle.**
6. **Remettez en marche le disjoncteur.**

Poser des baguettes

Si vous ne voulez pas casser les murs pour encastrer les conducteurs de vos prises (ou interrupteurs), vous pouvez les faire courir le long des murs et les loger dans des baguettes spécifiques en bois ou en plastique. La Figure 12.3 illustre des moulures en profilé PVC fixées au-dessus des plinthes, le long des murs et sur le plafond pour acheminer le courant de la prise, vers l'interrupteur et jusqu'au plafonnier.

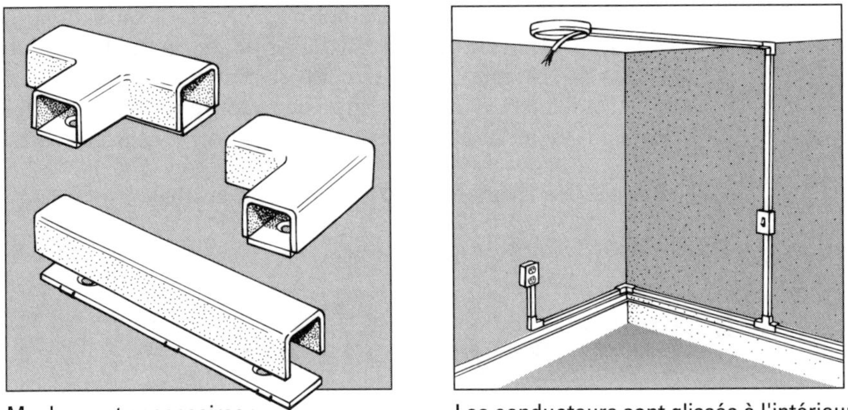

Moulures et accessoires : un jeu de construction.

Les conducteurs sont glissés à l'intérieur des baguettes.

Figure 12.3 : Les dérivations sous baguettes sont simples à réaliser, mais peu esthétiques.

1. **Déterminez le meilleur chemin depuis l'arrivée de l'électricité jusqu'à la prise ou l'interrupteur.**

   Les conducteurs doivent suivre le chemin le plus simple, généralement le long des plinthes, au ras du plafond et autour des portes.

2. **Mesurez cet itinéraire pour acheter suffisamment de longueur de baguettes et de conducteurs.**

3. **Fixez les socles des baguettes.**

   Ils sont généralement cloués avec des pointes tous les 30 cm ou parfois collés pour les baguettes en plastique. Tournez à angle droit.

4. **Glissez les conducteurs à l'intérieur des rainures appropriées et fixez les couvercles.**

Les conducteurs de prises ordinaires ont un diamètre de 2,5 mm^2.

5. **Raccordez les conducteurs à la prise.**

6. **Raccordez l'autre extrémité au fusible du tableau de répartition des circuits.**

   Vous pouvez également raccorder les conducteurs sur une prise existante (à condition que les bornes de la platine le permettent et que pas plus de 7 prises soient déjà raccordées sur ce circuit).

Il existe également des plinthes électriques modulaires qui se posent à la place des plinthes ordinaires par clouage, vissage ou collage. Ce matériel est composé d'un socle, dans lequel se glissent les conducteurs, et de prises préinstallées.

Mais qu'est-ce que la mise à la terre ?

Certaines prises possèdent, en plus de leurs deux alvéoles, une petite tige métallique : c'est le contact de terre. Ce dispositif permet d'évacuer sous terre le courant parasite. En effet, quelle que soit la qualité d'une installation, il arrive parfois, par faute d'isolation, que du courant se perde sur un circuit et provoque des accidents. Il peut s'agir d'un simple "court-jus", si l'on touche l'enveloppe métallique, appelée *masse*, d'un appareil électrique mis sous tension par défaut d'isolation, ou d'un choc beaucoup plus grave sur un sol mouillé. L'électricité cherchant toujours à regagner la terre trouve le chemin conducteur le plus court : vous !

Voilà pourquoi les appareils dont la masse peut être mise sous tension accidentellement sont reliés à des prises de terre. Ces prises comportent trois fils, un fil de phase, un fil neutre et un fil de terre ; les deux premiers fournissent l'électricité, le troisième conduit l'électricité parasite sous la terre.

Eclairage électrique

Il existe essentiellement deux types d'éclairage : l'*incandescence* et la *fluorescence*. L'éclairage par incandescence est assuré par un petit filament de tungstène porté à incandescence par le passage du courant. Il devient blanc éblouissant et dégage de la chaleur. Dans la mesure où elle est enfermée dans une ampoule remplie de gaz inerte, la résistance ne peut s'enflammer. (Les halogènes font partie de cette catégorie.). L'éclairage fluorescent fonctionne avec un gaz à basse pression contenant de la vapeur de mercure. La décharge électrique produite à l'allumage excite la fluorescence de la poudre qui tapisse l'intérieur du verre. Les progrès électroniques effectués dans le domaine de la fluorescence ont donné naissance à une nouvelle catégorie d'éclairage : les ampoules *fluo compactes*, plus puissantes, économiques et résistantes. Elles durent généralement 10 fois plus longtemps et consomment 5 fois moins d'énergie que les ampoules classiques.

Enlever une ampoule cassée

Il arrive qu'une ampoule se casse dans sa douille. Pour déposer les éclats de verre sans vous couper, procédez comme suit :

1. **Coupez le courant au disjoncteur général.**
2. **Avec une pince, cassez les morceaux de verre restants.**

TRUC

Pour enlever le culot de douille, vous pouvez utiliser un outil spécial, appelé *pince à douille*, ou à défaut une pince multiprise (qui sera moins efficace). Un bon truc consiste à utiliser une petite balle de caoutchouc.

Réparer une lampe

Les lampes sont généralement très fiables et résistantes. Mais il arrive que leur douille se révolte : la lampe clignote, ne s'allume pas à tous les coups ou refuse littéralement d'obtempérer. Si cette soudaine impertinence vous fournit une excuse parfaite pour débarrasser votre salon de cette affreuse chose, envoyez-la gaiement à la poubelle ! Mais si vous n'êtes pas encore prêt à vous séparer de votre lumineux compagnon, vous pouvez facilement le démonter pour l'opérer. En général, l'opération consiste à changer sa douille ; parfois, il suffit simplement de resserrer les vis de fixation de ses bornes. Dans les deux cas, vous devez savoir comment démonter une douille, une tâche à la portée de tous.

Il existe différents modèles de douilles, tous disponibles dans les grandes surfaces de bricolage. Pour ne pas vous tromper, le mieux consiste probablement à démonter votre lampe et à apporter votre douille défectueuse chez le marchand.

Pour remplacer une douille endommagée, dont un modèle est illustré sur la Figure 12.4, procédez comme suit :

1. **Débranchez la lampe.**
2. **Enlevez l'ampoule, la bague qui retient l'abat-jour, et l'abat-jour.**
3. **Démontez la douille.**

   Dévissez le fourreau afin de découvrir la platine sur laquelle sont raccordés les conducteurs.
4. **Dévissez les bornes et dégagez les conducteurs.**

   Si vous vous apercevez que les bornes étaient dévissées, resserrez-les et assemblez de nouveau la lampe. Des conducteurs mal fixés sont parfois la seule cause de la panne. Si la lampe marche après avoir resserré les vis, super ! Dans le cas contraire, démontez-la de nouveau et continuez la procédure.

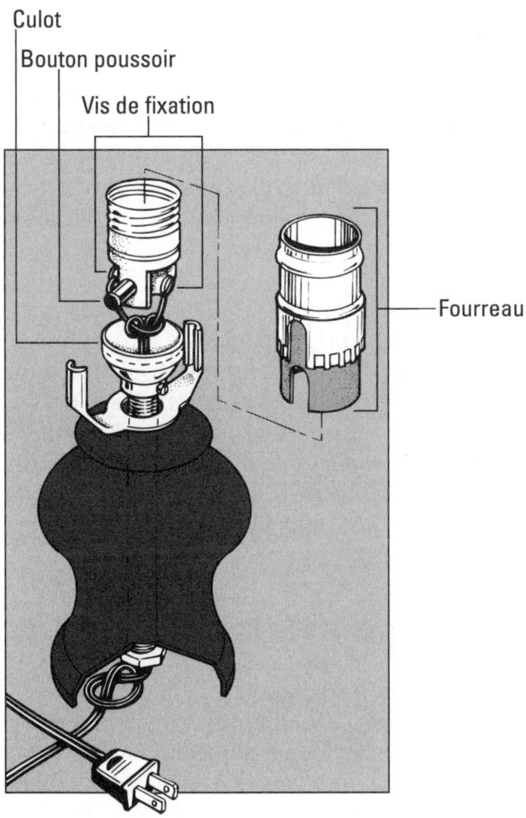

Figure 12.4 : Les différents composants d'une douille.

5. **Si la douille vous paraît en mauvais état (roussie ou endommagée), remplacez-la.**

   Dévissez le capuchon et retirez-le.

6. **Placez le nouveau capuchon et vissez les conducteurs sur les bornes de la nouvelle douille.**

   Repliez la pointe des fils pour obtenir une extrémité plus facile à raccorder et serrez à fond les vis de fixation.

7. **Vissez le nouveau fourreau sur le capuchon.**

8. **Replacez l'abat-jour, la bague et l'ampoule.**

Remplacer ou réparer un tube fluorescent

Il existe deux types de tubes fluo, les tubes à broches et les tubes à baïonnette. Les premiers sont les plus répandus : deux broches minces placées dans les alvéoles du socle fixent le tube. Si une électrode du tube est cassé, vous devez le remplacer. Pour changer un tube endommagé ou usé, il suffit de démonter le couvercle (simplement encastré ou vissé) et de soulever une douille du socle pour retirer le tube d'un côté, puis de l'autre. Procédez ensuite dans l'autre sens pour installer le nouveau tube. Pour les tubes à baïonnette, il suffit de dévisser le tube.

Si malgré le remplacement votre tube ne fonctionne toujours pas, vous allez devoir examiner ses raccordements pour déceler un faux contact. Vérifiez les raccordements aux extrémités, le tube est peut-être tout simplement mal positionné. S'il clignote aux deux extrémités sans s'allumer, le starter est défectueux : vous devez le démonter pour le remplacer. Les starters sont placés dans l'une des douilles du socle et se démontent par simple pression et/ou dévissage, selon le modèle. Emportez le starter avec vous dans le magasin pour éviter de vous tromper dans le choix du modèle.

Installer un éclairage extérieur basse tension

Faciles à installer et économiques, les systèmes d'éclairage alimentés en très basse tension (TBT), c'est-à-dire en 12 V, constituent une solution idéale pour l'éclairage extérieur. Les systèmes TBT, tels que celui illustré sur la Figure 12.5, sont des produits modulaires faciles à assembler. Quelle que soit leur application, ces systèmes d'éclairage comprennent toujours une alimentation en 220 V, un transformateur 220/12 V, un câblage, et des douilles et des ampoules.

Le câblage proprement dit est simple. Le plus difficile concerne le cheminement de ces câbles, car vous devez creuser une tranchée. Voici les grandes lignes de la procédure :

1. **Installez le transformateur près de la prise de terre extérieure.**

   Le transformateur, qui convertit le courant standard 220 en 12 V, doit être monté près de la prise extérieure. Les transformateurs équipés d'une minuterie peuvent être installés à l'intérieur, contrairement à ceux disposant d'un détecteur photoélectrique (qui doivent évidemment être installés à l'extérieur pour une exposition à la lumière).

2. **Disposez les câbles sur le sol selon l'itinéraire que vous avez défini.**

   Le chemin doit être le plus court possible.

Figure 12.5 : Piquets de jardin TBT avec transformateur.

3. **Reliez les bornes de jardin ou autres dispositifs d'éclairage au câble.**

   Les connexions de ces systèmes peuvent varier selon les modèles, mais la procédure générale consiste à raccorder le câble à un petit boîtier situé à la base de chaque luminaire.

4. **Lorsque tous les postes sont en place, branchez le transformateur à la prise extérieure et testez votre éclairage.**

   Si tout marche bien, vous pouvez creuser vos tranchées. Attention, tout éclairage extérieur doit répondre à des règles strictes : les câbles doivent être protégés par des fourreaux enterrés et parfaitement étanches.

5. Creusez de la largeur d'une bêche jusqu'à 80 cm de profondeur.
6. Recouvrez le fond de la tranchée d'une couche de 15 cm de sable et placez le câble à l'intérieur.
7. Recouvrez d'une couche de 10 cm de sable.
8. Déposez une grille de protection sur toute la largeur et la longueur.
9. Recouvrez d'une dernière couche de sable (5 cm) et complétez avec de la terre.

Chapitre 13

Appareils électroménagers : entretien et réparations

Dans ce chapitre :

- Lave-vaisselle.
- Machine à laver.
- Réfrigérateur.
- Brûleurs et plaques électriques.
- Chauffage central.
- Chauffe-eau.

Croyez-le ou non, mais d'après les réparateurs en électroménager, les causes les plus courantes de demandes de réparations sont en fait des appareils débranchés, des fusibles grillés ou des disjoncteurs divisionnaires en position "arrêt". Avant d'appeler le réparateur ou de bricoler vous-même votre appareil, vérifiez qu'il est correctement branché, que le fusible protégeant le circuit de cet appareil n'a pas sauté ou que le disjoncteur divisionnaire correspondant est bien en position de marche.

Si vous avez l'intention de vous lancer dans la réparation en série, investissez dans un *testeur universel*. Cet outil contrôle la continuité du courant, indique le voltage, l'ampérage, etc., ce qui vous permet de tester et vérifier vos installations (trouver les fils sous tension lorsque vous faites un raccordement) et de savoir si le courant passe dans un appareil en panne.

Deux petites règles de sécurité avant de commencer : évitez d'utiliser vos appareils électroménagers les pieds nus ou les mains mouillées ou humides et ne tirez pas sur le câble d'alimentation pour débrancher l'appareil. (Pour les autres règles de sécurité dans le domaine de l'électricité, reportez-vous au Chapitre 12.).

Lave-vaisselle

Un lave-vaisselle moderne, tel que celui illustré sur la Figure 13.1, est un appareil apparemment très complexe. Toutefois, tout bricoleur amateur est capable de résoudre les problèmes de lave-vaisselle les plus courants : mauvais lavage et mauvaise évacuation.

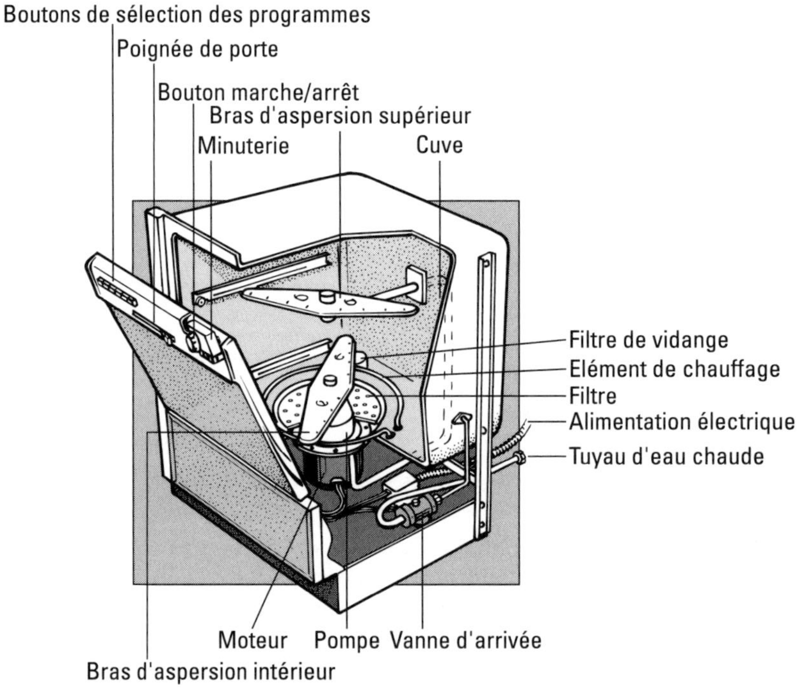

Figure 13.1 : Les principaux éléments d'un lave-vaisselle.

Prérinçage et chargement

Tous les lave-vaisselle ne naissent pas égaux. Le vôtre peut avoir besoin d'un prélavage plus soigné que vous ne l'imaginez, ou vous ne disposez peut-être pas la vaisselle correctement. Ressortez ce bon vieux manuel d'utilisation que vous avez rangé au fond d'un tiroir et suivez les instructions concernant le chargement et le rinçage. Si vous l'avez égaré, adressez-vous à un revendeur qui propose la même marque de machine, visitez le site Web du fabricant ou appelez-le. Le manuel contient tous les détails utiles pour utiliser au mieux votre lave-vaisselle.

Pression de l'eau

Une pression d'eau trop faible peut aussi être à l'origine d'un mauvais rendement de votre lave-vaisselle. Suivez ces étapes pour vérifier la pression d'eau de votre machine :

1. **Allumez votre lave-vaisselle et laissez-le tourner jusqu'au lancement du premier cycle de lavage.**

2. **Ouvrez la porte pour interrompre le cycle.**

3. **Utilisez une tasse pour vider l'eau de votre machine et la verser dans un récipient de mesure.**

   La machine devrait contenir 11 litres d'eau. Si le volume est inférieur, la pression est trop basse.

Si la pression d'eau dont vous disposez est trop basse pour un rendement optimal de votre équipement, vous pouvez peut-être corriger ce défaut en évitant d'utiliser les robinets ou de tirer la chasse pendant le remplissage du lave-vaisselle.

Une pression trop faible peut également provenir d'un filtre encrassé de la vanne d'arrivée d'eau. Pour nettoyer ce filtre, vous devez enlever la partie frontale de la machine. Mais, à moins de posséder le manuel d'utilisation qui identifie tous les composants de votre machine, il est préférable de laisser un professionnel se charger de cette tâche.

Si votre lave-vaisselle est un modèle compact, le filtre bouché peut se trouver au niveau de l'arrivée d'eau principale. Démontez et nettoyez tous les filtres avec un peu d'eau chaude et de vinaigre si la couche de tartre est importante.

Température de l'eau

Pour nettoyer parfaitement les plats et dissoudre la graisse, la température de l'eau d'un lave-vaisselle ne doit pas être inférieure à 60°C. Pour vérifier la température de l'eau de votre machine, faites-la tourner jusqu'à la fin du premier cycle de lavage, puis ouvrez la porte. Utilisez ensuite un thermomètre de cuisine pour mesurer la température. Si le degré est inférieur à 60°C, augmentez la température du thermostat de votre chauffe-eau pour qu'elle soit au moins égale à 50°C. Si la température de l'eau reste inférieure à 60°C, faites appel à un spécialiste pour qu'il remplace l'élément de chauffage de votre lave-vaisselle.

PRÉCAUTIONS

Un contact de quelques secondes avec une eau dont la température est supérieure à 55°C peut provoquer des brûlures graves. Si vous avez des enfants à la maison, ne réglez pas le thermostat de votre chauffe-eau à plus de 50°C.

Lavage

La propreté de votre vaisselle dépend, en partie, du produit de lavage que vous utilisez. (Incroyable !). Si le produit que vous achetez laisse votre vaisselle à moitié sale, essayez une autre marque, jusqu'à ce que vous trouviez celle qui fasse tout étinceler.

Les poudres de lavage peuvent former des petits blocs dans le bac à produit et empêcher une bonne évacuation de ce dernier dans la machine. Cela peut signifier que le produit est de mauvaise qualité ou que vous en mettez trop. Nettoyez tout résidu de produit de lavage dans ce compartiment et vérifiez qu'il fonctionne correctement.

TRUC

Si votre eau est très calcaire, du sel régénérant peut être nécessaire pour adoucir l'eau et parfaire le nettoyage.

Bras d'aspersion

Une vaisselle mal lavée peut également être le résultat d'un *bras d'aspersion* (ou *bras de lavage*) défectueux ou bouché. Le bras d'aspersion est l'espèce de petit tourniquet avec des petits trous pour asperger la vaisselle. Utilisez un tournevis pour retirer ce bras et posez de côté les rondelles ou joints dans l'ordre où vous les avez démontés. Si le bras est plié ou endommagé, remplacez-le.

Si votre lave-vaisselle est muni d'un filtre cylindrique sous le bras inférieur, démontez-le, comme illustré sur la Figure 13.2, pour le nettoyer.

A l'aide d'un fil de fer (petit clou, trombone tordu ou autre), nettoyez les alvéoles de chaque bras, comme illustré sur la Figure 13.2. Rincez le filtre et les bras sous un jet d'eau tiède et remettez-les en place.

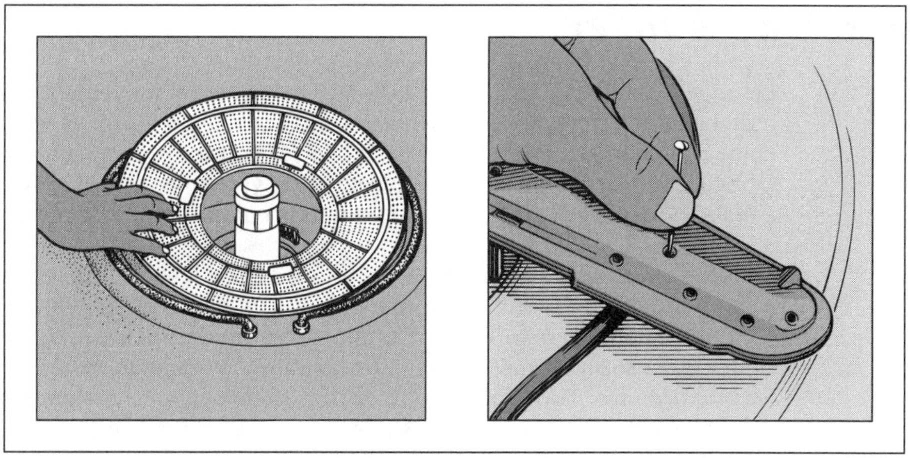

Figure 13.2 : Nettoyage du filtre et du bras de lavage.

Système d'évacuation

Si l'eau s'évacue pendant le cycle de remplissage, le problème provient d'une valve d'évacuation. Faites appel à un professionnel pour remplacer la valve défectueuse.

Si le lave-vaisselle ne vidange pas correctement, le problème peut provenir du clapet antiretour, un petit bloc de vidange qui se trouve sous les robinets de l'évier et qui empêche le refoulement de l'eau et des détritus de l'évier vers la machine (Figure 13.3). Démontez-le et enlevez tous les débris qui ont pu l'encrasser.

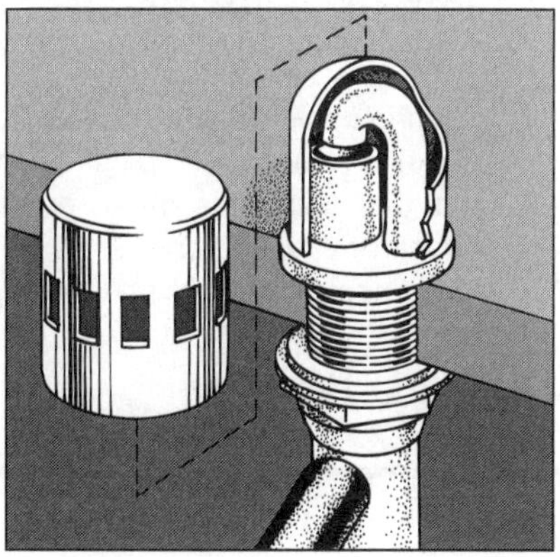

Figure 13.3 : Des blocs de savon et autres détritus peuvent encrasser le bloc de vidange du lave-vaisselle.

Machine à laver

Les machines à laver sont très résistantes et causent relativement peu de problèmes. La première règle consiste à lire le mode d'emploi fourni avec votre machine ; la seconde à éviter de la surcharger. Suivez les recommandations du fabricant concernant la capacité maximale de votre machine et le type de lessive à utiliser. Portez vos tapis, couettes et autres charges importantes au pressing.

Même si vous suivez bien à la lettre toutes les indications du manuel, vous serez peut-être un jour confronté à une machine à laver rebelle. Les lave-linge sont des machines complexes. Les machines modernes sont équipées de systèmes si sophistiqués qu'il faudrait suivre un stage intensif à la NASA pour les comprendre. Toutefois, la plupart des pannes courantes sont facilement réparables. Aussi, avant de vous adresser à un professionnel, essayez d'entreprendre vous-même ces petites réparations.

Si la machine ne démarre pas son programme de lavage après que vous avez appuyé sur le bouton de marche, commencez par vérifier qu'elle est bien branchée. Vérifiez ensuite que le fusible ou le disjoncteur divisionnaire à l'origine du circuit n'a pas sauté. Le cas échéant, remplacez la cartouche ou réenclenchez le disjoncteur divisionnaire. (Voir le Chapitre 12 pour en savoir plus sur les fusibles et les disjoncteurs divisionnaires.)

Des raccords de tuyau supérieurs à 1 m peuvent causer des dysfonctionnements de la pompe. Installez votre machine le plus près possible d'une arrivée d'eau.

Départ en vacances ? Pensez à vos tuyaux

Si vous devez vous absenter pendant un certain temps, pensez à vider les tuyaux de la machine. Détachez le tuyau de vidange de sa bande de fixation à l'arrière de la machine et videz-le complètement.

Fermez également le robinet d'arrivée d'eau ; vos tuyaux en plastique ne sont pas des conduites d'eau proprement dites et peuvent lâcher sous une pression constante. Vous ne voulez pas affronter un dégât des eaux dès votre retour de vacances !

Si le système surchauffe, un dispositif intégré interrompt le cycle. Eteignez la machine et laissez le moteur refroidir pendant une heure pour réenclencher le système. Rallumez ensuite la machine pour voir si elle reprend son cycle de lavage.

N'OUBLIEZ PAS

Avant d'intervenir sur votre machine à laver, ou tout autre appareil, pensez à éteindre la machine et à débrancher son câble d'alimentation. Fermez également le robinet d'arrivée d'eau.

La machine ne se remplit pas

Si votre machine ne se remplit pas alors que le moteur est froid et que le circuit électrique fonctionne correctement, essayez ces autres parades :

- Assurez-vous que le robinet d'arrivée d'eau est ouvert, redressez tout tuyau plié et remplacez les tuyaux ou raccords qui fuient. Si la garniture entre le robinet et l'arrivée d'eau est endommagée, remplacez-la et serrez bien à fond le tube de remplissage au robinet.
- Vérifiez que le voyant s'allume lorsque vous refermez le couvercle de la machine. Dans le cas contraire, la machine ne peut pas fonctionner ; appelez un professionnel.

Le problème peut également provenir d'un filtre bouché. Pour y remédier, suivez ces étapes :

1. **Fermez l'arrivée d'eau et débranchez les tuyaux de la machine.**
2. **Utilisez un petit tournevis pour retirer les petits filtres.**

   Voir Figure 13.4.

Figure 13.4 : Si la machine ne se remplit pas, nettoyez les filtres des tuyaux d'arrivée d'eau.

3. **Nettoyez les filtres avec une petite brosse et remplacez-les s'ils sont endommagés.**

Si votre machine ne se remplit toujours pas correctement, faites appel à un professionnel.

La machine ne vidange pas

La machine est équipée d'un filtre spécial capable de retenir les objets plus importants (tels que des pièces de monnaie oubliées dans vos poches) qui pourraient obstruer la vidange et qui peuvent facilement être récupérés. Pour éviter tout problème de corps étrangers dans le filtre, vous devez le nettoyer de temps en temps en respectant les normes de sécurité prescrites :

1. **Débranchez la prise de son socle.**

2. **Videz la machine de tout résidu d'eau.**

3. **Retirez le filtre.**

   Desserrez la vis qui permet de bloquer le filtre et retirez le filtre en faisant tourner sa poignée dans le sens des aiguilles d'une montre jusqu'à l'arrêt. (Pendant cette opération, récupérez la petite quantité d'eau restante dans un petit récipient.).

4. **Nettoyez le filtre.**

5. **Remontez le filtre.**

   Présentez-le en position verticale et serrez en tournant la poignée dans le sens inverse des aiguilles d'une montre, puis serrez la vis.

Si, malgré un bon entretien du filtre, la machine ne se vide pas, commencez par vérifier que le tuyau de vidange n'est pas plié. Le cas échéant, redressez-le. Veillez à ce qu'il soit correctement accroché par son extrémité coudée sur le rebord de la cuve d'écoulement sans faire de plis. Si l'extrémité du tuyau d'évacuation est trop élevée, abaissez-la.

Des blocs de poudre de lessive peuvent obstruer les tuyaux d'évacuation. Si vous trouvez des bouchons savonneux dans vos tuyaux, réduisez la quantité de lessive utilisée ou changez de produit.

Assurez-vous également que la vidange fixe en plastique raccordée est d'un diamètre plus important que le tube de vidange de la machine à laver pour permettre le passage de l'air.

Si vous avez essayé ces petits trucs et que la machine ne marche toujours pas, appelez un réparateur.

TRUC

Si, au contraire, la machine se vide un peu trop à votre goût – vous trouvez de l'eau par terre tout autour de la machine –, sortez l'excès de mousse par le trou prévu à cet effet situé à l'arrière et réduisez la quantité de lessive.

La machine n'essore pas

Les problèmes se corsent lorsque le lave-linge refuse d'essorer. L'agitation de la machine dépend du bon vouloir du moteur, du système actionnant le tambour et du système de transmission, et pour réparer ces éléments, les talents d'un réparateur professionnel sont nécessaires.

Vous pouvez, toutefois, vérifier deux ou trois choses avant de demander de l'aide :

- Avez-vous attendu suffisamment longtemps ? Il est possible que l'eau ne soit pas encore vidangée ou que les contacts du programmateur ne soient pas encore fermés (si vous avez positionné un programme de vidange) ; attendez quelques minutes.
- Le courant arrive-t-il jusqu'à la machine ? Vérifiez les fusibles, le câble d'alimentation. Vérifiez également que la porte est bien fermée et que le programmateur est enclenché (enfoncé ou tiré, en fonction du modèle).
- Vous venez d'emménager ? Assurez-vous que les barres de transport ont bien été enlevées, sinon la pompe ne peut fonctionner correctement.
- Le chargement est-il équilibré ? Vérifiez que le linge est bien distribué dans le panier et non complètement entassé sur un côté, ce qui pourrait causer suffisamment de vibrations pour enclencher le système de sécurité et éteindre la machine. Evitez également de charger uniquement des matières en coton absorbantes qui pourraient considérablement alourdir la charge et produire les mêmes résultats.
- De fortes vibrations pendant l'essorage peuvent indiquer que la machine n'est pas parfaitement d'aplomb. Ajustez la position des pieds réglables avec une clé à molette (Figure 13.5), en tournant dans le sens des aiguilles d'une montre pour élever le pied, dans le sens contraire pour le baisser.

Réfrigérateur

Les réfrigérateurs, communément appelés "frigos", de la marque Frigidaire, sont des appareils très résistants, mais qui requièrent un minimum d'entretien. Malheureusement, les quelques règles de base qui permettent de veiller à leur bonne santé sont souvent négligées… jusqu'à ce qu'ils tombent en panne. Un entretien régulier peut éviter des problèmes aussi divers qu'une surchauffe de la grille du condensateur, des arrêts et remises en marche fréquents, un cycle de refroidissement constant ou pas suffisant, ou encore l'arrêt total de la bête.

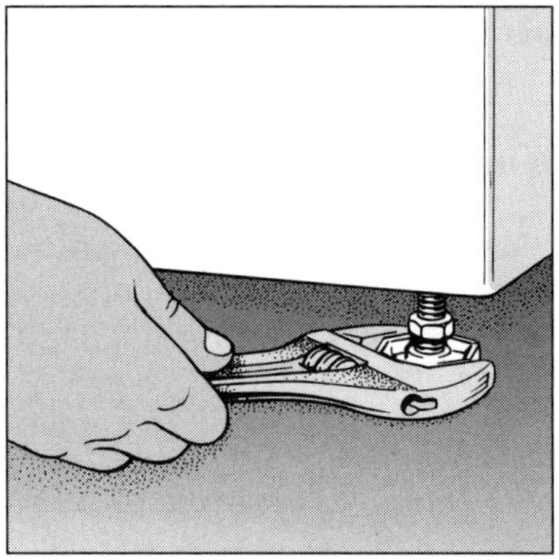

Figure 13.5 : Pour éviter de fortes vibrations durant le cycle d'essorage, assurez-vous que la machine est parfaitement d'aplomb.

Nettoyage de la grille du condensateur

Les grilles de nos frigos se trouvent soit au niveau du sol, soit à l'arrière. La Figure 13.6 illustre comment les nettoyer :

- La grille du condensateur située sous le réfrigérateur doit être nettoyée avec le tuyau de l'aspirateur au moins deux fois par an.
- Pour nettoyer une grille placée à l'arrière, tirez le frigo pour l'éloigner du mur et utilisez la brosse d'un aspirateur ou une brosse à poils durs pour la dépoussiérer. Eliminez également toute graisse accumulée avec une éponge et de l'eau savonneuse au moins une fois par an.

N'OUBLIEZ PAS

Si votre maison abrite des animaux domestiques, vous devez nettoyer vos appareils électroménagers plus souvent. Les poils de chat ou de chien peuvent encrasser les grilles des réfrigérateurs, les filtres, les conduites d'aération et autres systèmes.

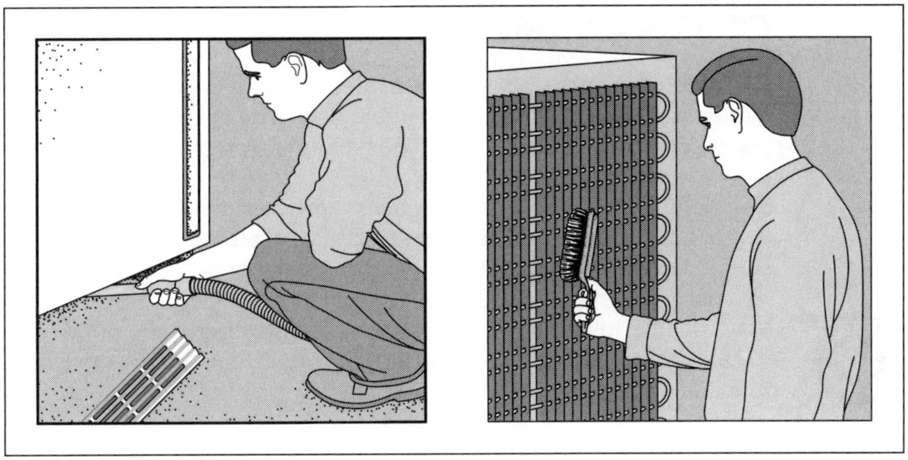

Figure 13.6 : Utilisez un aspirateur pour nettoyer la grille du sol et une brosse à poils durs pour la grille située à l'arrière du réfrigérateur.

Chasse aux bruits et aux odeurs

Si le bruit de votre frigo vous empêche de dormir, avant de prendre des somnifères, vérifiez qu'il est bien à l'horizontale. Placez un niveau à bulle sur le réfrigérateur et, si vous constatez un écart, réajustez sa position en réglant la hauteur de ses pieds à l'aide d'une clé à molette.

Le bruit peut également provenir de vibrations entre la grille du condensateur et le système de drainage situé sous le réfrigérateur. Vérifiez la position de ces deux dispositifs pour qu'il n'y ait aucun contact entre eux.

Pour les mauvaises odeurs, quelques règles élémentaires s'imposent : le poisson, la viande et le fromage doivent être positionnés sur les bacs supérieurs et enveloppés dans du papier aluminium ; ne surchargez pas votre frigo, l'air frais doit pouvoir circuler facilement ; enveloppez également les aliments crus pour qu'ils n'entrent pas en contact avec les autres aliments ; vous éviterez la propagation des bactéries.

Brûleurs à gaz et plaques électriques

Les appareils de cuisson sont peu compliqués et peuvent durer des dizaines d'années s'ils sont bien entretenus, toute réparation importante devant être laissée aux bons soins des spécialistes.

Brûleurs à gaz

Pour nettoyer correctement un brûleur à gaz d'une plaque de cuisson ou d'une cuisinière, il est indispensable de l'enlever de la plaque. Un lavage périodique au liquide à vaisselle assure l'entretien régulier.

Si la flamme ne sort pas par tous les trous, assurez-vous que le brûleur est correctement positionné. Le cas échéant, examinez les trous du brûleur. S'ils sont bouchés, utilisez des cure-dents en plastique pour les nettoyer.

TRUC

Voici une petite recette traditionnelle simple et efficace pour rénover l'aspect d'un brûleur à gaz : faites tremper le brûleur dans du vinaigre de vin pendant 12 à 24 heures, rincez et laissez sécher.

Pour nettoyer le brûleur d'un four, suivez ces étapes :

1. **Fermez tous les boutons.**
2. **Ouvrez la porte du four jusqu'à la première position d'ouverture et tirez la porte vers le haut pour la sortir de ses charnières.**
3. **Soulevez la plaque située au bas du four (la plupart se déboîtent simplement, d'autres se dévissent).**
4. **Allumez le four pour vérifier la répartition de ses flammes.**

   Si les flammes ne sont pas distribuées uniformément le long du brûleur, les orifices sont peut-être bouchés. Eteignez le four et utilisez un petit fil métallique ou des cure-dents en plastique pour les nettoyer.
5. **Replacez la plaque et la porte du four.**

Plaques électriques

Certaines plaques électriques sont constituées d'un élément chauffant équipé de deux bornes qui se branchent à un réceptacle (Figure 13.7). Si votre "plaque" ne chauffe plus, essayez cette petite procédure :

1. **Fermez le circuit électrique correspondant sur votre tableau de fusibles ou de disjoncteurs divisionnaires et soulevez la plaque.**
2. **Tirez vers vous pour décrocher les broches de leur fixation (comme illustré sur la Figure 13.7).**

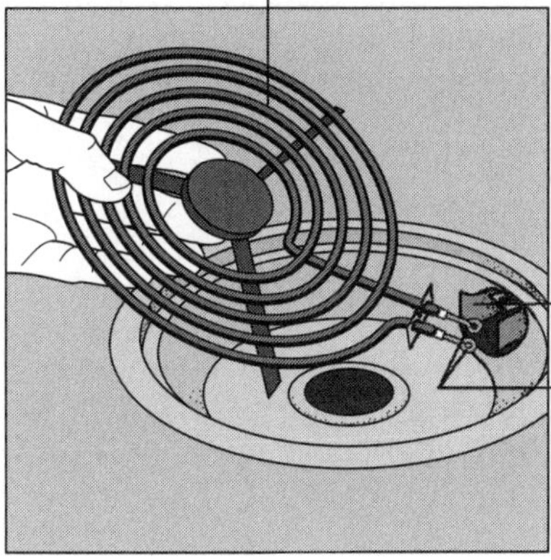

Figure 13.7 : Un modèle de plaque électrique.

3. **Utilisez un tampon abrasif pour nettoyer les broches et enlever toute corrosion.**

   Profitez-en pour inspecter le dispositif. S'il vous semble endommagé, remplacez-le par un nouveau, disponible chez un distributeur pratiquant la même marque.

4. **Replacez les bornes dans leur réceptacle.**

5. **Repositionnez le fusible ou le disjoncteur divisionnaire et tournez le bouton pour vérifier que la plaque chauffe.**

Si, après avoir effectué ces étapes, le système ne chauffe toujours pas, fermez de nouveau le circuit électrique et retirez la plaque *qui fonctionne* correctement. Insérez les bornes de l'élément chauffant dans le second réceptacle et faites un test.

- Si l'élément refuse toujours de chauffer, achetez-en un autre.
- S'il chauffe sur un autre réceptacle, le problème provient du premier boîtier de raccordement. Dévissez-le et examinez ses contacts métalliques. S'ils sont pliés ou usés, remplacez-le.

Chauffage central

Il existe deux types de chauffage central : le chauffage à air chaud et le chauffage à circulation d'eau chaude. Quel que soit le mode de propagation de la chaleur, il est préférable de laisser les problèmes majeurs de chauffage central entre les mains expertes des plombiers-chauffagistes (un entretien annuel est d'ailleurs obligatoire). Néanmoins, si les réparations ne sont pas à la portée de tous, une fois les problèmes résolus, vous pouvez largement contribuer à leur bon fonctionnement en vous chargeant de quelques petites interventions routinières.

Le chauffage ne fonctionne plus

Imaginez que vous vous réveilliez un matin dans une chambre où la température semble soudain avoir chuté à un degré digne de la Sibérie. Commencez par vous habiller chaudement (le bonnet est optionnel), puis passez au plan n° 2 – la recherche du problème :

- Vérifiez que le thermostat n'a pas été baissé par erreur. Le cas échéant, réglez la température et calez-vous près d'une bouche de sortie d'air chaud ou d'un radiateur, jusqu'à ce que vous soyez toasté à point.
- Allumez une lampe pour vérifier qu'il n'y a pas eu de coupure d'électricité. Si le courant est bien acheminé, examinez votre tableau de répartition des circuits pour voir si le fusible ou le disjoncteur divisionnaire correspondant au circuit de la chaudière n'a pas sauté. Le cas échéant, remplacez le fusible ou réenclenchez le petit disjoncteur (voir le Chapitre 12 pour la procédure). Si le fusible ou le disjoncteur saute encore, appelez un réparateur.
- Vérifiez que la chaudière est bien allumée. Qu'il s'agisse d'une chaudière à gaz, à fioul ou électrique, ces appareils sont généralement équipés d'un bouton marche/arrêt. Sur les chaudières à gaz ou à fioul avec veilleuse, vérifiez que la veilleuse est bien allumée. Dans le cas contraire, suivez les instructions spécifiques à votre appareil pour rallumer la chaudière et la veilleuse.

Si ces petits trucs ne fonctionnent pas, appelez le réparateur chargé de l'entretien de votre chaudière.

Systèmes à air chaud

Le chauffage à air chaud, moins populaire que le chauffage central à circulation d'eau chaude, pose également moins de problèmes. Aucun risque de fuite ou de gel (en cas d'absence prolongée en hiver) n'est à craindre et l'entretien des circuits de distribution est extrêmement simple. Toutefois, pour un rendement optimal, vérifiez régulièrement les quelques points suivants (après avoir éteint votre chaudière et fermé la veilleuse pour les chaudières si le cas s'y prête) :

- **Nettoyez ou remplacez le filtre à air de la chaudière** (Figure 13.8). Cette précaution, souvent négligée, est pourtant très utile. Si le filtre est encrassé, le ventilateur devient un système de distribution de poussières et non plus d'air chaud. Pour éviter qu'un filtre encrassé réduise l'admission d'air dans l'appareil, ainsi que son rendement, un nettoyage mensuel est nécessaire.

- **Nettoyez et graissez le moteur et l'hélice du ventilateur au moins une fois par an.** Assurez-vous que le carter de protection renfermant le ventilateur est bien fermé.

- **Vérifiez que tous les conduits sont bien raccordés et étanches.** Ces conduits sont de forme cylindrique ou rectangulaire, en métal et parfois enveloppés dans des manchons d'isolation depuis la sortie de la chaudière jusqu'aux diverses bouches de sortie dans la maison. Utilisez des bandes souples en laine de verre ou des galettes de calorifugeage auto-adhésives pour protéger vos tuyaux au niveau des raccords.

Figure 13.8 : Remplacement d'un filtre d'un système de chauffage à air chaud.

- **Enlevez les grilles de protection des bouches de sortie dans toute la maison pour les nettoyer.** Un simple tournevis suffit généralement pour les dévisser. Utilisez ensuite un aspirateur pour dépoussiérez complètement les grilles et les parois.

Systèmes à circulation d'eau chaude

Le chauffage central à eau chaude, actuellement le plus répandu, distribue la chaleur via un réseau de tuyauterie dans lequel circule l'eau chaude produite par la chaudière. La diffusion de la chaleur est assurée par des radiateurs de la maison par échange thermique du fait de la circulation du liquide caloporteur. L'eau chaude plus légère remonte dans les tuyaux et repousse automatiquement l'eau froide vers la chaudière pour être de nouveau réchauffée (c'est un circuit fermé).

S'il existe plusieurs modèles et types de radiateurs (essentiellement en acier, fonte et fonte d'aluminium), ils fonctionnent tous de la même façon : l'eau chaude qui sort de la chaudière chauffe les radiateurs, lesquels réchauffent l'atmosphère, qui à son tour vous réchauffe. (C'est, en clair, ce que nous avons essayé de vous expliquer un peu plus avant.).

Purge des radiateurs

Un radiateur de chauffage central peut se remplir d'air avec le temps. Le cas échéant, il chauffe moins (notamment en partie haute) et produit des bruits désagréables. L'air parvient toujours à s'infiltrer, notamment lorsque le chauffage est arrêté et modifié. Pour accroître de nouveau leur rendement et faire cesser ces bruits glouglouteux, vous devez purger les radiateurs. Le purgeur est souvent situé en haut des radiateurs, du côté opposé au robinet (Figure 13.9). Il peut être à molette, à écrou ou à clé (la clé spéciale est fournie avec l'appareil).

Figure 13.9 : Purgez vos radiateurs s'ils font du bruit ou ne chauffent plus aussi bien.

Pour purger un radiateur, procédez comme suit :

1. **Arrêtez l'accélérateur de la chaudière si elle en est pourvue.**
2. **Placez un récipient sous le purgeur.**
3. **Ouvrez la petite buse de purge ou dévissez (en fonction du modèle de purgeur).**

   De l'air s'en échappe avec un petit sifflement, puis de l'eau. Lorsque vous n'entendez plus de sifflement, refermez le purgeur.

Chasse aux bruits

Des radiateurs bruyants ne sont pas toujours la conséquence d'une infiltration d'air. En effet, différentes autres causes peuvent être à l'origine de nuisances sonores, notamment dans une installation ancienne :

- Les colliers de fixation des tuyaux peuvent transmettre les bruits d'écoulement à la maçonnerie. Le cas échéant, desserrez les colliers et intercalez entre le tuyau et le collier une bande de mousse ou de feutre.
- La pression peut être insuffisante. Dans un circuit fermé, augmentez la pression à la manette de commande ; dans un circuit ouvert (installations anciennes), surélevez le vase d'expansion.

Fuite sur un robinet de radiateur

La plupart des fuites sur un chauffage nécessitent l'intervention d'un spécialiste, mais il est possible d'intervenir sur une fuite courante assez mineure : de l'eau s'égoutte le long de la tige du robinet, au niveau du presse-étoupe. Pour y remédier, procédez comme suit :

1. **Fermez le robinet.**
2. **Démontez le volant (desserrez la vis du bouton de manœuvre du robinet et retirez-le).**
3. **Resserrez l'écrou du presse-étoupe avec une clé à molette.**

   C'est le premier écrou après le volant du robinet, le second écrou est celui de la tête de robinet.

Protection contre le gel

En cas d'absence prolongée en hiver, si vous coupez le chauffage il est préférable de le protéger contre le gel. Le cas échéant, deux solutions s'offrent à vous. Vous pouvez soit vidanger radicalement toute l'installation, soit ajouter de l'antigel. La quantité à introduire est indiquée sur le flacon.

Les antigels "non alimentaires" sont interdits car il y a un risque, en cas de fuite, de pollution de l'eau sanitaire ou du réseau extérieur. Dans un circuit ouvert, versez l'antigel dans le vase d'expansion. Dans un circuit fermé, vidangez en partie le système, puis versez l'antigel et complétez avec de l'eau.

Chauffe-eau

Si la production d'eau chaude d'une habitation n'est pas assurée par une alimentation collective d'eau chaude sanitaire ou par la chaudière d'un chauffage central, elle l'est par un chauffe-eau, à moins que vous ne chauffiez vos marmites tous les matins.

Les chauffe-eau (ou chauffe-bains) fonctionnent soit au gaz, soit à l'électricité. Les appareils électriques sont moins compliqués et plus simples à entretenir, mais certaines procédures sont communes aux deux types d'appareils.

L'eau et l'électricité forment un duo de choc. Lorsque vous travaillez sur un chauffe-eau électrique, n'oubliez jamais de couper le courant au disjoncteur général.

Vidange

Une fois par an, vous devez vidanger totalement la cuve pour évacuer les sédiments accumulés. Si la vanne de vidange fuit, réparez-la ou remplacez-la.

Pour vidanger un chauffe-eau, procédez comme suit :

1. **Fermez la vanne d'arrivée d'eau froide située sur le chauffe-eau.**

2. **Branchez un tuyau à la vanne de vidange (Figure 13.10) et dirigez l'extrémité du tuyau vers une sortie d'égout.**

3. **Ouvrez la vanne de vidange, et ouvrez le robinet d'eau chaude de la baignoire.**

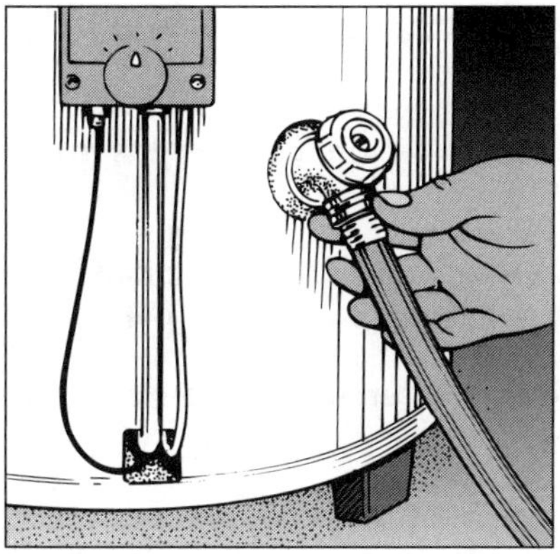

Figure 13.10 : Branchez un tuyau d'arrosage à la vanne de vidange pour évacuer les sédiments formés dans la cuve.

Pour remplir le chauffe-eau après l'avoir vidangé, procédez comme suit :

1. **Fermez la vanne de vidange et le robinet de la baignoire.**
2. **Ouvrez un robinet d'eau chaude situé dans une pièce éloignée du chauffe-eau.**
3. **Ouvrez la vanne d'arrivée d'eau froide du chauffe-eau.**

   Lorsque l'eau coule du robinet d'eau ouvert, vous savez que le chauffe-eau est rempli.

Fuite au niveau de la vanne de vidange

Si vous trouvez de l'eau sur le sol, autour du chauffe-eau, cela peut provenir d'une fuite de la vanne de vidange, la vanne que vous avez utilisée pour évacuer les sédiments du fond de la cuve. Certains dispositifs de vidange sont métalliques avec une vis sur la poignée et un joint, si bien qu'il suffit parfois de changer uniquement le joint pour réparer la fuite. D'autres sont équipés d'une vanne en plastique, auquel cas il faut remplacer toute la pièce.

Pour remplacer une vanne de vidange métallique, tournez simplement la vanne, dans le sens inverse des aiguilles d'une montre, avec une clé à molette. Lors de vos raccords ou réparations sur des canalisations en cuivre, enroulez toujours le filetage avec du ruban Téflon pour assurer l'étanchéité (laquelle peut également être obtenue en passant de la pâte d'étanchéité et en enroulant de la filasse). Utilisez la clé à molette pour resserrer la vanne.

Suivez ces étapes pour démonter et remplacer une vanne de vidange en plastique :

1. **A la main, tournez quatre fois la vanne dans le sens inverse des aiguilles d'une montre.**

2. **Tirez sur la vanne pendant que vous la tournez dans le sens des aiguilles d'une montre jusqu'à ce qu'elle se décroche de la cuve.**

3. **Apportez la vanne avec vous chez un distributeur spécialisé pour acheter un modèle identique.**

4. **Poussez sur la vanne tout en la tournant six fois dans le sens inverse des aiguilles d'une montre, puis quatre fois dans le sens des aiguilles d'une montre.**

   Ça tourne, ça tourne…

Cinquième partie

Rénovations intérieures et extérieures

"Mme Chanmard, vous n'imaginez pas comment une bonne couche de vernis et des lacets neufs contribuent à augmenter le prix de revente."

Dans cette partie...

Etagères, rangements et décoration,
au gré de votre inspiration.
Enduits, mastic et ciment,
tout réparer solidement.
Isolation, halte au toit qui fuit,
vive les économies d'énergie.
Du cellier au grenier, du sous-sol au toit,
cette partie vous mène sur la bonne voie.
Se trouve ici
tout ce dont vous rêvez
pour réparer, rénover et réveiller
votre petit coin de paradis.

Chapitre 14

Réparations et décorations intérieures

Dans ce chapitre :

- Entretien des murs : fissures et trous.
- Fixations.
- Etagères.
- Pose et réparation de carreaux en céramique.
- Isolation.

D'après les sociologues, nous serions une nation plutôt casanière : genre les rois du *cocooning !* Dans ce cas, nous ferions bien de passer un peu de temps à améliorer notre royaume. Ce que nous appelons notre "petit nid douillet" a parfois bien besoin d'un coup de neuf. Ce chapitre vous donne des conseils avisés pour réparer et améliorer votre petit coin d'univers.

Entretien des murs : fissures et trous

Techniquement parlant, les murs de la maison fournissent une protection et organisent l'espace au sein d'une habitation. Esthétiquement parlant, ils créent l'ambiance des pièces qu'ils habillent d'une palette de couleurs et de motifs et servent de fond à l'ameublement, aux œuvres d'art et à Dieu sait quoi encore.

Comme toutes les autres parties de la maison, les murs sont sensibles à l'usure du temps et susceptibles de se détériorer. Cette section explique tout ce que vous devez savoir pour réparer les parois qui maintiennent le toit au-dessus de votre tête !

Deux types de fissures sont susceptibles d'apparaître au plafond ou sur les murs : les fissures de surface et les fissures de structure. Les premières sont assez minces et peuvent être provoquées par un défaut de construction, un défaut du matériau ou votre fils s'il danse le "pogo". Les secondes, qui sont liées à la partie portante de la maison, résultent du travail des structures de l'habitation, par exemple le poids de l'immeuble pour les constructions en béton, les mouvements du terrain, ou le travail des éléments de bois pour les maisons construites sur ce type d'armature. Dans ce dernier cas, il s'agit de mouvements saisonniers liés aux modifications de température et d'humidité faisant varier le taux d'humidité du bois de construction.

Voici les différents outils et matériaux dont vous pouvez avoir besoin pour réparer une fissure :

- Grattoir triangulaire.
- Brosse pour le dépoussiérage.
- Couteau à enduire.
- Enduit de rebouchage.
- Eponge.
- Cale à poncer.
- Papier de verre à grain fin.

Vous ajouterez les éléments suivants pour les fissures un peu plus importantes : longueur de calicot, papier de ponçage à l'eau (qui génère moins de poussière que le papier de verre). Et ceux-ci pour reboucher des trous : deux morceaux de toile en tulle de fibre de verre et des ciseaux.

Voici ce qu'il vous faut pour les rebouchages au plâtre :

- Ciseaux de maçon.
- Brosse et éponge.
- Plâtre.
- Récipient et cuillère propres.
- Réglette.
- Enduit de lissage (facultatif).
- Matériel de ponçage (papier, cale ou ponçeuse électrique).

Pour les trous dans les plaques de plâtre, ajoutez ce qui suit : morceau de plaque de plâtre, morceau de ficelle, un clou.

TRUC

Les fissures à la jointure des angles peuvent être dues à un surplus d'enduit ou un excès de peinture. Ces fissures de surface apparaissent dans des matériaux particulièrement épais et ne s'étendent pas au-delà du calicot de renfort. Pour adoucir ce type de défaut, placez un morceau de papier de verre au bout d'un couteau à enduire et poncez avec précaution l'excès de matériau. Cette astuce permet d'obtenir une surface lisse et plane. Si vous ne prenez pas cette précaution, et que vous poncez un mur sec en tenant le papier avec vos doigts, vous risquez de créer des irrégularités. N'allez pas au-delà du calicot de renfort. Lorsque la surface vous paraît lisse, faites une retouche de peinture avec un pinceau fin. Lors de la réparation de fissures ou le montage de cloison, il faut en effet éviter tout surplus d'enduit au point de jointure des murs, car cet excès est, par la suite, susceptible de se craqueler.

Petites fissures

Il ne faut pas négliger les fissures minces, car elles peuvent entraîner un déchirement ultérieur du revêtement (surtout si vous posez du papier peint). Voici comment les reboucher :

1. **A l'aide d'un grattoir triangulaire, nettoyez et élargissez la fissure.**

   Avec la pointe du grattoir, vous devez agrandir le fond de la fissure pour que l'enduit accroche mieux. Faites tomber tous les morceaux de plâtre qui adhèrent mal ou qui s'effritent.

2. **Dépoussiérez à l'aide d'une brosse ou de l'aspirateur.**

3. **Humidifiez la fissure avec une éponge pour favoriser l'accrochage du reboucheur.**

4. **Appliquez le produit de rebouchage.**

   Pour les fissures peu importantes vous pouvez employer un reboucheur mastic prêt à l'emploi, en tube.

5. **Avec le couteau de peintre, pressez pour que la pâte pénètre jusqu'au fond.**

   Lissez ensuite le produit en laissant une petite protubérance. Celle-ci devrait normalement suffire à pallier le phénomène de retrait au séchage (dû au pourcentage d'eau contenue par le reboucheur).

6. **Si le retrait du produit est trop important, effectuez une deuxième application d'enduit.**

7. **Poncez si nécessaire.**

   Voilà, vous avez fait ce qu'il faut pour garantir la longévité du revêtement que vous allez poser sur votre mur.

Calicot pour les fissures plus importantes

Les étapes suivantes, illustrées Figure 14.1, expliquent comment réparer un défaut plus important avec une longueur de calicot. Le calicot est surtout utilisé pour les fissures peu stables, qui résultent d'un travail de la maçonnerie. Les parties pourront en effet continuer de travailler, la bande de toile étant suffisamment souple pour épouser les contours du défaut et continuer à le masquer.

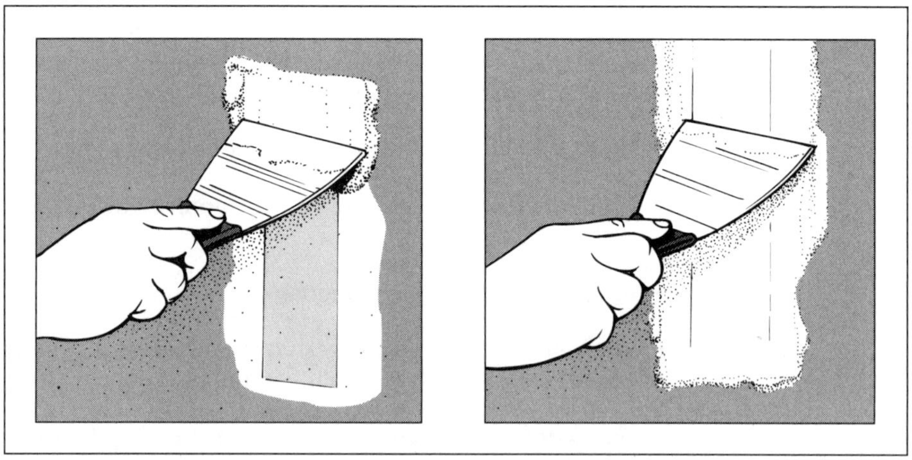

Figure 14.1 : Enduire légèrement, positionner la bande, puis appliquer par-dessus une première couche d'enduit (à gauche). Lorsque la première couche est sèche, appliquer une seconde couche assez fine (à droite).

1. **A l'aide d'un grattoir triangulaire, nettoyez l'intérieur de la fissure.**

   Il faut enlever toute particule ou morceau qui n'adhère plus au mur.

2. **Appliquez une première couche d'enduit de rebouchage dans la fissure.**

   Cette première couche doit être assez fine. Les enduits prêts à l'emploi sont en effet composés de 50 % d'eau par volume et rétrécissent au séchage. Pour parvenir à colmater la fissure, vous devez donc donner plusieurs couches afin de compenser le retrait du produit.

3. **Noyez un morceau de calicot dans l'enduit. Grattez le surplus d'enduit autour de la bande.**

   Le calicot doit être bien lisse. Si les contours de la fissure ne font pas une forme nette, coupez le calicot et appliquez un autre morceau, centré sur la partie où la fissure fait un zigzag.

4. **Appliquez une fine couche d'enduit sur le calicot. Prenez soin de lisser cette couche pour réduire la nécessité du ponçage.**

5. **Laissez la retouche sécher complètement.**

6. **Lorsque tout est sec, appliquez une couche d'enduit de lissage.**

   Vous pouvez pour cela utiliser un couteau à enduire d'environ 2 à 3 cm de largeur.

   Important : Cette application est destinée à lisser et masquer le calicot. Ne faites pas un gros pâté ; vous ne décorez pas un gâteau !

7. **Attendez le séchage complet, puis appliquez une troisième couche d'enduit, en croisant éventuellement le sens d'application.**

8. **Poncez pour uniformiser la surface.**

   Servez-vous d'une cale à poncer pour créer une surface bien plane.

   Pour éviter de créer trop de poussière, vous pouvez utiliser une éponge humide ou un papier spécial de ponçage à l'eau. Ce type de ponçage marche bien lorsque l'enduit a durci, mais n'est pas encore totalement sec. N'oubliez pas toutefois qu'il est bien plus facile de lisser soigneusement la surface au couteau au moment de la pose, plutôt que de poncer un enduit dur comme de la pierre.

9. **Appliquez une sous-couche d'apprêt et laissez sécher.**

   La retouche peut maintenant être décorée.

Défauts dus à des clous

Lorsque les cloisons sont constituées de plaques clouées sur une ossature en bois (type plaques de plâtre), il arrive que les clous ressortent et forment un défaut. Cela est dû au retrait du bois qui provoque la séparation du panneau et de la structure.

Le phénomène est moins courant avec les panneaux récents (donc vissés), dans la mesure où les vis ont, par rapport aux clous, une capacité de soutien supérieure avec un degré de pénétration moindre. La vis étant moins profonde, le jeu entre le panneau et la structure est moins important (une formule digne d'Einstein, n'est-ce pas ?).

Les étapes ci-après (aussi illustrées Figure 14.2) permettent de réparer ce type de défaut.

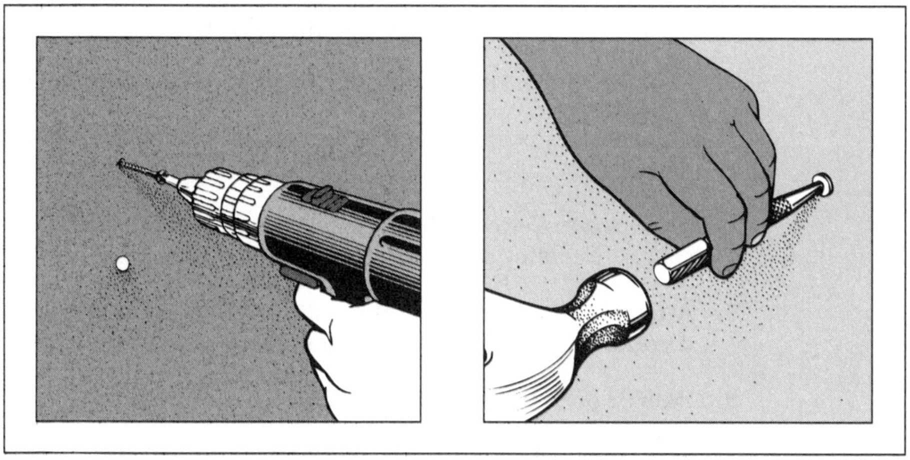

Figure 14.2 : Pose de nouvelles vis au-dessus et au-dessous du clou défaillant (à gauche). Ce dernier est ensuite enfoncé dans la cloison (à droite).

1. **Installez de nouvelles vis au-dessus et au-dessous du clou défait.**

   Cela permet de refixer le panneau à la structure. La tête de vis doit faire une petite fossette dans le revêtement de la cloison, mais pas y pénétrer.

2. **A l'aide d'un marteau et d'un chasse-clou, faites bien entrer le clou dans la cloison.**

   Ecrasez bien la tête du clou pour qu'elle n'apparaisse pas sur le mur.

3. **Masquez les têtes des nouvelles vis et du clou avec de l'enduit.**

   Attention aux pâtés, lissez bien la surface de façon que les défauts ne paraissent pas sur le mur.

4. **Lorsque l'enduit est sec, poncez avec du papier de verre fin pour lisser la retouche et la fondre avec la surface du mur.**

5. **Appliquez une seconde couche d'enduit comme précédemment, puis poncez.**

   Voilà, c'est arrangé.

Pour détecter les défauts dus à des clous, balayez la cloison avec une lampe de forte puissance. Le rayon de la lampe mettra en évidence le moindre petit problème. Otez l'abat-jour d'une lampe équipée d'une ampoule de 100 watts, puis placez-la à 30 cm environ de la cloison ; vous constaterez que cet éclairage latéral est absolument sans pitié pour les imperfections.

Trous dans le mur

Si les fissures dans un mur apparaissent d'elles-mêmes, pour les trous, c'est une autre histoire : ils ne se font pas tout seuls. Vous les trouverez, par exemple, derrière une porte, du fait de la poignée qui tape dans le mur. Ou encore ce sera votre fils en tricycle qui aura fait une rencontre du troisième type avec la cloison. Peu importe la cause, contentons-nous d'examiner le résultat.

Il y a les petits trous et les gros trous. Nous vous suggérons de masquer les petits trous par des cadres, et les gros par des armoires. Non, ça ne convient pas ? Alors lisez ce qui suit.

Petits trous

Pour traiter des trous de peu de volume (jusqu'à neuf centimètres), vous avez la possibilité de les recouvrir d'un morceau de toile en tulle de fibre de verre. Ce morceau de toile adhésive sert ainsi de support à l'enduit et évite de combler le vide. Procédez ainsi :

1. **Poncez les bords du trou avec du papier de verre fin.**

   Nettoyez ensuite le trou de façon à ne pas gêner l'adhérence de la toile.

2. **Avec des ciseaux, coupez la toile aux dimensions qui conviennent.**

3. **Collez le morceau de tulle sur la partie à boucher (Figure 14.3). Veillez à ce que la toile soit bien tendue et ne présente aucune irrégularité.**

TRUC

Collez votre toile un brin en diagonale puis, par-dessus, collez un second morceau en croix pour bien recouvrir l'ouverture.

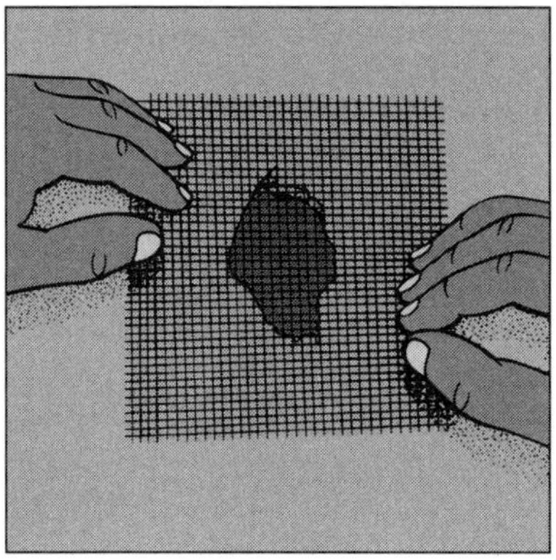

Figure 14.3 : Pose d'un morceau de toile qui va servir de support aux couches d'enduit.

4. **Appliquez le reboucheur en débordant largement sur le mur.**

   Une deuxième application sera peut-être nécessaire après séchage de la première couche d'enduit.

5. **Poncez avec une cale ou une ponçeuse électrique pour amener à niveau et lisser la surface.**

Rebouchage au plâtre

Lorsque les dégâts sont plus importants, on attaque directement au plâtre. La pose et la manipulation du plâtre sont des opérations assez délicates en raison de la prise relativement rapide du produit. En fonction du type de plâtre utilisé, il faut respecter scrupuleusement les indications données sur l'emballage.

1. **Au ciseau de maçon, enlevez le plâtre qui n'adhère plus.**

   N'hésitez pas à éliminer tous les morceaux de plâtre en mauvais état. Les bords et le fond du trou à réparer doivent être parfaitement sains.

2. **Dépoussiérez à la brosse, puis humidifiez la cavité et les bords avec une éponge.**

En version plus sophistiquée, vous pouvez aussi utiliser l'aspirateur et un pulvérisateur à plantes.

3. **Procédez au mélange plâtre et eau de façon à obtenir une pâte onctueuse.**

   La règle d'or pour cette étape est de verser le plâtre en pluie sur l'eau, jamais le contraire qui favorise la formation de grumeaux.

4. **Dans un récipient, gâchez avec une cuillère ; ces ustensiles doivent être parfaitement propres.**

   Maintenant, il faut faire vite.

5. **Bouchez le trou par couches de plâtre successives. Attendez la prise de cette première couche pour en appliquer une seconde si nécessaire.**

6. **Egalisez la retouche à l'aide d'une réglette ou en vous servant de l'arête de la truelle.**

7. **Avant la prise complète du plâtre, arrosez légèrement la surface et lissez-la à la truelle.**

   Si vous voulez obtenir une finition plus soignée, vous pouvez aussi donner une petite couche d'enduit.

8. **Poncez la surface pour la finition.**

Voilà ! Maintenant, il vous reste à poser un cale de porte ou à réparer les freins du tricycle de votre gamin pour éviter l'apparition de nouveaux trous dans votre maison.

Trous dans des plaques de plâtre

Les trous de ce type peuvent être réparés au plâtre, mais il y a au préalable une petite subtilité qui consiste à renforcer le trou par une pièce de plaque de plâtre avant de le regarnir. Voici les étapes permettant d'insérer cette pièce à l'arrière du creux :

1. **Comme illustré sur la Figure 14.4, découpez les contours de la cavité.**

2. **Découpez un morceau de plaque de plâtre.**

   Ce morceau doit être assez petit pour passer en biais dans la cavité, mais suffisamment grand pour déborder de quelques centimètres à l'arrière du trou.

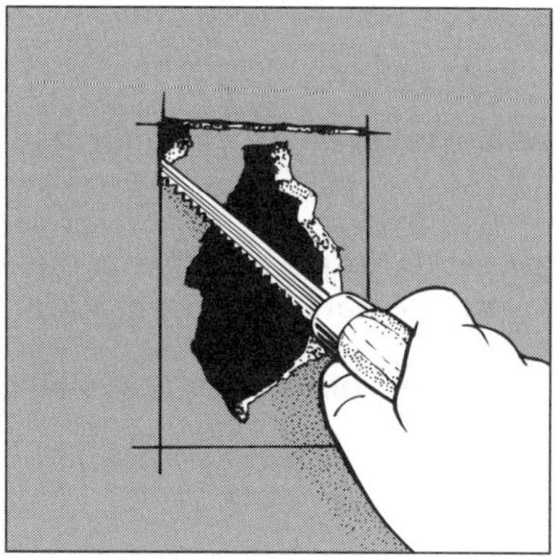

Figure 14.4 : Découpe nette selon les dimensions de la pièce de renfort.

3. **Percez un trou au milieu de la pièce et glissez-y un morceau de ficelle.**

4. **Nouez un clou ou un petit morceau de bois au bout de la ficelle, sur la partie *arrière* de la pièce.**

   Il s'agit évidemment de bloquer la ficelle.

5. **Appliquez un peu de plâtre ou de produit adhésif sur la partie *avant* de la pièce.**

   Attention, ne vous trompez pas de côté ; il s'agit de la face qui sera orientée vers vous une fois la plaque insérée dans le trou.

6. **En tenant la ficelle, faites passer la plaque en diagonale, dans le trou.**

   Nous sommes toujours d'accord, la partie enduite se place face à vous.

7. **Positionnez la plaque en vous aidant de la ficelle. Tenez la ficelle tendue et garnissez le trou.**

   Laissez un peu d'espace pour une éventuelle couche de finition.

8. **Lorsque le plâtre est pris, coupez la ficelle à ras et appliquez une couche de finition.**

   La retouche est terminée.

Fissures au plafond

Si votre plafond est en très mauvais état, il faudra songer à le faire refaire entièrement pour éviter tout danger. Nous ne vous conseillons pas d'entreprendre ce projet tout seul ; confiez-le aux bons soins d'un professionnel.

Pour des fissures importantes – mais qui ne représentent pas de danger –, vous pouvez utiliser de la toile à enduire sur l'ensemble du plafond. Attention, la toile ne vous affranchit pas des travaux préparatoires, elle permet surtout de masquer des défauts qui, même réparés, resteraient inesthétiques.

La toile est encollée avec de la colle spéciale, à la façon du papier peint, puis posée bord à bord (pour ne pas faire d'épaisseur). Elle doit ensuite être enduite, le plus soigneusement possible pour éviter un trop gros travail de ponçage. Ainsi préparée, la toile peut être peinte à l'*acrylique* uniquement. Il faut généralement deux couches.

Fixations

Après l'entretien, on passe à la décoration des murs. Le mode de fixation d'un élément au mur doit être choisi en fonction de la nature du support et du volume (taille et poids) de l'objet à suspendre. Pour prendre des cas extrêmes, une affiche encadrée ne nécessite pas la même attache qu'une masse architecturale en pierre. De même qu'on ne procède pas de la même façon pour ancrer un élément dans un mur creux et dans un mur en briques.

Au moment d'acheter vos fixations, vous devez connaître les paramètres suivants :

- **Poids approximatif de l'objet** (mettez-le sur la balance de la salle de bains).
- **Dimensions de l'objet** (prenez votre mètre de couturière).
- **Nature du support** (ouvrez l'œil : plâtre, pierre, brique ?).

Dans le magasin, lisez avec soin les indications figurant sur l'emballage des différentes fixations. Elles précisent généralement le poids et les dimensions maximales qu'elles peuvent supporter. Vous devez également définir le nombre d'attaches nécessaires. Pour un large tableau, par exemple, il est clair qu'une seule attache ne suffira pas ; vous utiliserez au moins deux fixations.

Murs creux

On commence par le plus difficile ; il semble en effet assez paradoxal de vouloir fixer quelque chose là où justement il n'y a pas de "matière" !

Dans les cloisons creuses sont susceptibles d'être encastrés les fils électriques et les éléments de plomberie de la maison. A priori, les normes de sécurité font que les réseaux encastrés sont généralement protégés et que vous pouvez percer de bon cœur sans craindre de les endommager. Soyez toutefois vigilant et, lorsque vous percez ou clouez, arrêtez-vous dès que vous rencontrez la moindre résistance. La pierre, la brique ou le plâtre sont généralement plus tendres que les tuyaux en acier ou en cuivre. Si le matériau résiste, ne forcez pas ; faites machine arrière et essayez de voir ce qui provoque cette résistance. Même dans vos pires cauchemars, vous êtes loin d'imaginer les dégâts que peut entraîner la perforation d'une conduite d'eau !

Pour fixer des objets légers dans des cloisons creuses, vous pouvez utiliser les attaches suivantes :

- Petits clous de finition et clous de tapissier plantés perpendiculairement.
- Petits crochets vissés dans le mur.
- Crochets adhésifs.

Pour fixer des objets de poids moyen, optez pour les éléments suivants (également illustrés sur la Figure 14.5) :

Cheville à ressort : Utilisée en majorité dans les faux plafonds. Comporte des ailettes repliées au moment de la pose. Pour fixer un objet, vous devez percer un trou correspondant à la cheville, introduire la cheville (après avoir positionné l'objet à suspendre), puis visser. A mesure que vous serrez, les ailettes s'écartent et viennent se plaquer contre la paroi, ce qui assure le maintien de la fixation.

Cheville métallique à expansion (ou **cheville Molly**) : Fixation destinée aux supports de type plaque de plâtre, brique et parpaing creux. La cheville comporte une partie en métal qui, au vissage, s'écarte par le milieu. On parle alors d'ancrage *parapluie* dans la mesure où l'appui est pris loin des bords du trou. Pour fixer un objet, il faut percer, dévisser légèrement la vis, enfoncer la cheville dans le trou (après avoir positionné l'objet à suspendre), puis visser à fond.

Cheville à expansion en caoutchouc : La cheville s'insère dans un trou prépercé ; lorsque vous la vissez, elle remonte sur le filetage, formant un bourrelet qui bloque la vis.

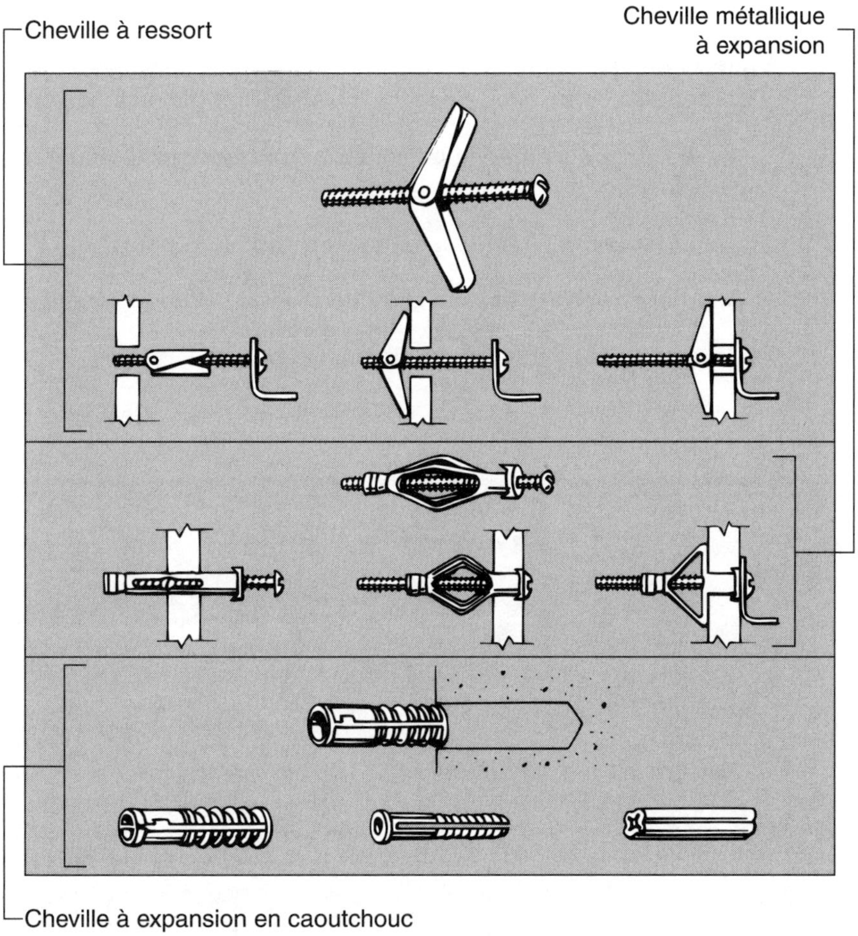

Figure 14.5 : Fixations pour objets mi-lourds et cloisons creuses.

Brique et maçonnerie

Percer dans des surfaces aussi dures que la brique et le béton nécessite une perceuse équipée d'une mèche à béton pour faire un avant-trou.

Pour accrocher des objets légers, procédez comme suit :

1. **Percez un trou de la même taille (profondeur et diamètre) que la cheville.**

2. **Enfoncez une cheville en plastique dans le support.**

3. **Placez une vis dans la cheville et vissez pour la bloquer dans le mur.**

Pour les objets mi-lourds, vous devez utiliser des chevilles à *expansion* (qui s'écartent à mesure que l'on serre, ce qui garantit le maintien de la vis) :

1. **Percez un trou de la même taille (profondeur et diamètre) que la cheville.**
2. **Enfoncez la cheville à expansion dans le support.**
3. **Placez une vis dans la cheville et vissez pour la bloquer dans le mur.**

Voilà, il ne vous reste plus qu'à accrocher vos décorations.

Retrouver le montant

Rassurez-vous, nous n'allons pas parler d'un convertisseur de francs en euros ! Disons que tant qu'à accrocher quelque chose dans un mur creux, pourquoi ne pas essayer de retrouver les montants de la cloison. Si l'emplacement vous convient, il semble plus judicieux d'utiliser ces surfaces pleines, plutôt que les espaces entre deux montants.

Si vous êtes *high tech*, vous pouvez localiser les éléments de structure de la cloison à l'aide d'un gadget électronique qui vérifie la densité de la paroi. Lorsque vous passez le gadget sur un montant, une lumière signale que vous êtes tombé sur du plein.

Un moyen moins perfectionné consiste à poser une lampe de chevet, dont on a ôté l'abat-jour, à environ 30 cm de la cloison. Cette lumière devrait mettre les têtes de clou en évidence. Là où vous voyez des clous (ou des vis) espacés à intervalles réguliers, il y a des chances pour qu'un montant se trouve derrière. Vous pouvez également vous mettre à genoux et rechercher les clous des plinthes. Là où vous trouvez une tête, il y a aussi des chances pour qu'un montant se cache derrière.

Etagères

Une étagère toute simple fixée sur un mur est à la fois fonctionnelle et décorative ; elle peut servir à montrer votre collection de pipes ou à stocker vos livres de cuisine. Un système de rangement plus perfectionné (crémaillères et équerres) demande un peu plus de temps et d'argent, mais en vaut généralement la peine. Quant à rationaliser l'intérieur d'un placard, c'est aussi très payant dans la mesure où vous écartez ainsi tout risque de vous faire assommer pas les objets qui y sont entassés. Les étagères sont toujours le moyen le plus simple et le plus économique pour tout ranger au bon endroit.

Monter une étagère basique

Une étagère simple, comme celle illustrée Figure 14.6, consiste en une "planche" soutenue par deux équerres (ou consoles) fixées au mur. L'étagère peut elle-même être vissée aux équerres ou simplement reposer dessus. Pour une étagère de taille normale, deux équerres suffiront. Il vous en faudra plus pour une étagère plus longue.

Vous trouverez des équerres simples dans toutes les grandes surfaces de bricolage, ainsi qu'une grande variété de modèles décoratifs dans les catalogues et les boutiques de décoration et tous les magasins qui proposent des accessoires pour la maison.

Voici les étapes à suivre pour installer en deux temps trois mouvements une étagère soutenue par deux équerres :

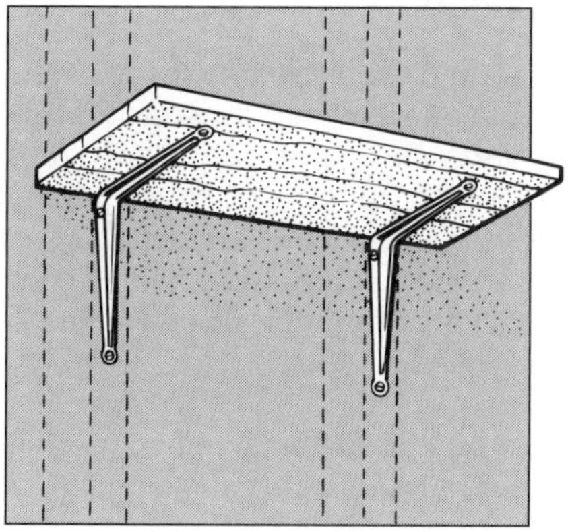

Figure 14.6 : Pour les cloisons creuses, il est plus sage de visser l'étagère dans la structure de la cloison pour s'assurer qu'elle pourra soutenir des objets lourds.

1. **Repérez l'endroit où vous allez fixer la première équerre.**

   Si vos murs sont creux, voyez si vous ne pouvez pas fixer les équerres à la structure de la cloison (voir un peu plus haut dans ce chapitre l'encadré "Retrouver le montant"). Vérifiez également qu'il n'y a pas de canalisations ou de câbles à l'emplacement choisi. Lorsque la position est définie, placez votre équerre contre le mur, à la hauteur qui vous convient, puis faites une marque à l'emplacement des vis de fixation.

2. **Installez la première équerre.**

   Si vous fixez l'étagère sur l'ossature de bois, utilisez de longues vis, capables de pénétrer de deux à trois centimètres dans le montant. Pour les murs en plâtre et brique, prenez des vis de 45 mm de long. Pour les cloisons minces et creuses, utilisez des chevilles spéciales.

3. **Repérez l'emplacement de l'autre équerre.**

   Choisissez par exemple le prochain montant si vous fixez sur l'ossature de la cloison. Posez un niveau à bulle sur la première équerre et tracez une ligne de niveau jusqu'à l'autre montant. Tenez la seconde équerre en position pour marquer l'emplacement des vis.

4. **Fixez la seconde équerre.**

5. **Posez l'étagère sur les équerres en la stabilisant, au besoin, avec de petites vis.**

Monter une série d'étagères

A présent, il s'agit de monter une série d'étagères mobiles posées sur un système à crémaillères. Les éléments de base sont les suivants : une paire de crémaillères (bandes métalliques verticales parsemées d'encoches et fixées au mur), des consoles qui s'accrochent sur les crémaillères par l'intermédiaire de taquets et sur lesquelles sont posées les étagères. Le gros avantage de ce système est qu'il est totalement adaptable ; les étagères sont mobiles, leur écartement en hauteur peut varier en fonction des éléments à ranger (Figure 14.7).

Avant de vous jeter sur la première série d'étagères venue, voici quelques trucs pour vous décider en toute connaissance de cause :

- Partez en reconnaissance dans votre boutique de bricolage préférée et étudiez toutes les combinaisons proposées. Essayez de trouver une brochure explicative ou notez toutes les spécifications concernant les crémaillères et le mode de soutien des consoles. Prévoyez un petit sandwich, car cette expédition peut prendre un peu de temps !

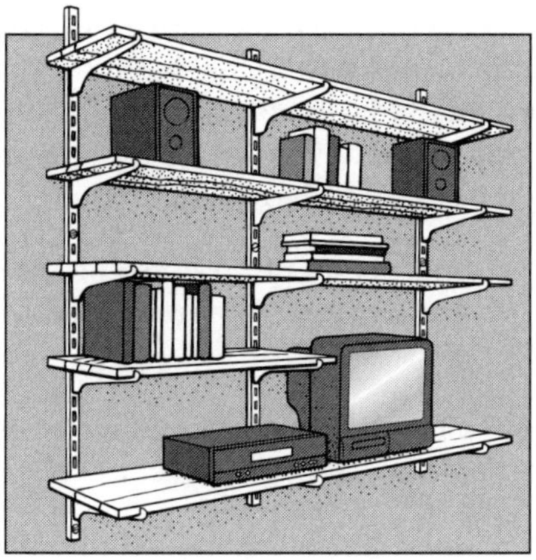

Figure 14.7 : Etagères à trois crémaillères ; un système modulable qui offre une grande variété de dispositions.

- Evaluez le nombre d'étagères dont vous souhaitez disposer et prévoyez leur agencement. Si vos murs sont creux, voyez si vous n'avez pas intérêt à fixer les crémaillères dans les montants de la cloison. Si vous optez pour cette solution, faites un plan du mur en notant l'emplacement des montants.
- Choisissez les dimensions et le style des étagères en fonction de ce qu'elles vont soutenir : des étagères profondes pour les objets lourds et des planches moins larges pour de petits objets. En ce qui concerne l'écart entre les crémaillères, il doit être de 70 cm environ pour les étagères en panneaux de particules ou en bois massif d'au moins 18 mm d'épaisseur, et de 60 cm pour des panneaux de 15 mm. Il ne faut pas les écarter davantage, car les planches risqueraient de fléchir ou de se casser. Si vous voulez qu'elles débordent un peu en longueur, cette marge ne devra pas dépasser un sixième de la longueur totale de l'étagère.
- Pour fixer vos crémaillères dans un mur creux, choisissez des chevilles spéciales en vérifiant leur capacité de soutien. N'hésitez pas à demander conseil dans le magasin.
- Si vous achetez un système en kit, vérifiez les éléments inclus : nombre de taquets, nombres de consoles, capacité de charge et profondeur, nombre d'étagères et dimensions. Certains kits comprennent également les vis de montage, mais ce n'est pas toujours le cas. Le jour de votre achat, assurez-vous que vous avez tout ce qu'il vous faut avant de quitter le magasin.

Lorsque vous êtes prêt pour l'installation, suivez les étapes ci-après :

1. **Repérez l'endroit où vous allez fixer la première crémaillère.**

   Si vos murs sont creux, voyez si vous ne pouvez pas fixer les crémaillères à la structure de la cloison (voir un peu plus haut dans ce chapitre l'encadré "Retrouver le montant"). Marquez dans ce cas le milieu des montants. Pour un autre emplacement, vérifiez qu'il n'y a pas de canalisations ou de câbles là où vous prévoyez de percer.

2. **Faites une légère marque à l'emplacement de la première vis de fixation de la crémaillère (vis du haut), puis percez à cet endroit un petit trou de guidage.**

3. **Introduisez la première vis, sans serrer. Positionnez correctement la crémaillère en vérifiant son aplomb avec un niveau.**

   Lorsque la crémaillère est en place, marquez la position des autres vis de fixation en introduisant un crayon dans les trous correspondants (Figure 14.8).

4. **Faites glisser légèrement la crémaillère le long du mur et percez les trous aux emplacements marqués.**

5. **Replacez la crémaillère, introduisez les vis et serrez.**

6. **Repérez l'emplacement de la seconde crémaillère.**

   Placez une équerre dans la crémaillère que vous venez de fixer. Tenez l'autre crémaillère au mur et placez l'équerre opposée, exactement dans la même encoche. Posez ensuite un niveau sur les deux équerres ou sur une étagère (voir l'illustration à droite, Figure 14.8) et déplacez verticalement la crémaillère jusqu'à ce que le niveau indique l'horizontale.

7. **Marquez l'emplacement d'une des vis, puis fixez-la légèrement. Pour les autres vis, procédez comme indiqué précédemment, mais en vérifiant, cette fois, l'écart des crémaillères à différentes hauteurs.**

8. **Procédez de la même façon pour toutes les autres crémaillères.**

9. **Installez les taquets sur les crémaillères.**

   La forme des taquets est généralement spécialement étudiée pour qu'ils se bloquent lorsque vous les insérez dans les encoches.

10. **Installez les étagères.**

Il vous reste à présent la partie la plus agréable du travail, qui consiste à décorer vos étagères des différents objets que vous souhaitez exposer.

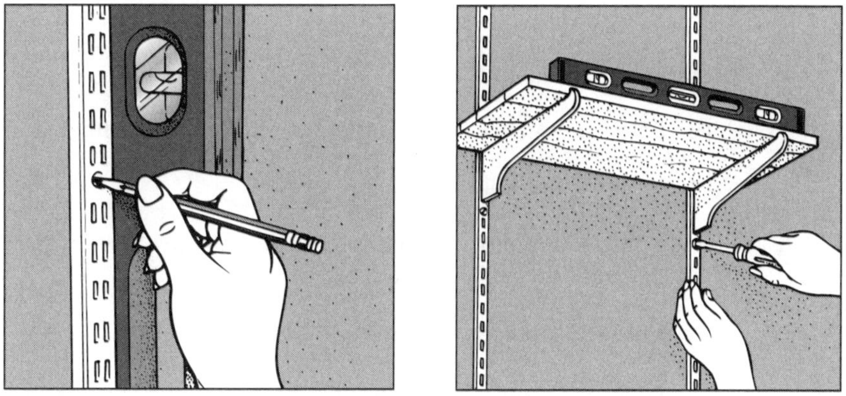

Figure 14.8 : Le niveau permet de vérifiez l'aplomb et l'horizontalité des crémaillères.

Installer des étagères dans un placard

A présent, nous vous proposons d'en finir avec le désordre qui règne dans votre placard en y montant, comme sur la Figure 14.9, des étagères en métal plastifié. Outre le fait que vous écartez les risques d'avalanches, ce système permet pratiquement de doubler l'espace de rangement du placard. Alors avouez que ça vaut la peine de faire un peu de tri dans votre pagaille pour permettre l'installation. Car c'est bien l'étape de rangement et de nettoyage qui, dans ce projet, sera la plus ingrate (notamment parce qu'elle vous fera réaliser que vous ne rentrez plus dans certains vêtements !).

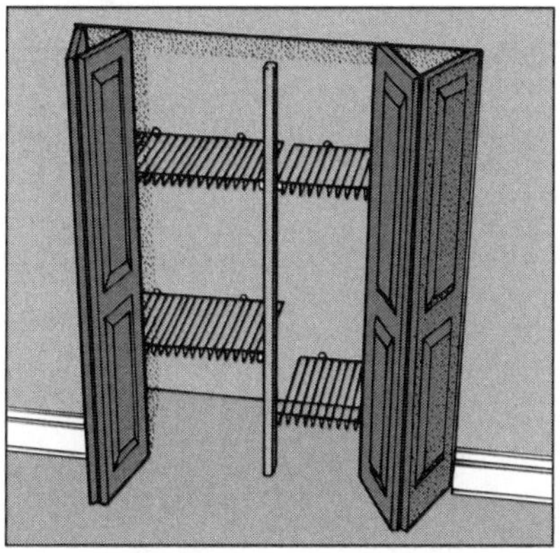

Figure 14.9 : Etagères de placard, une solution simple et flexible pour ranger ses petites affaires.

Voici ce qu'il vous faut pour aménager votre placard (ces éléments – excepté le dernier – sont disponibles dans toutes les grandes surfaces de bricolage) :

- Niveau à bulle.
- Tournevis.
- Mètre ruban et crayon.
- Scie à métaux pour découper les étagères aux dimensions.
- Un après-midi libre.

Voici la partie la moins intéressante du travail : les travaux préparatoires à effectuer avant de garnir le placard.

1. **Enlevez toutes les affaires du placard.**

   C'est une étape obligatoire. Pensez que vous allez avoir l'opportunité de vous débarrasser d'un tas de choses que vous n'utilisez plus. Donnez ces trésors à des œuvres de charité ou à quiconque en aura l'utilité, mais débarrassez-vous-en !

2. **Défaites le système de rangement existant.**

   Le cas échéant, démontez la tringle à vêtements et les étagères existantes. Vous aurez peut-être besoin d'un petit burin pour déclouer les étagères si elles ont été fixées dans le mur. Sinon, il s'agit juste de dévisser quelques vis ou fixations qui retiennent les étagères ou la tringle à habits.

3. **Rebouchez les éventuels trous correspondant à l'ancien système.**

   Utilisez un reboucheur standard, comme expliqué dans la section "Petites fissures", au début de ce chapitre.

4. **Si les parois sont un peu "cracra", donnez une couche de peinture.**

   Encore un petit effort que vous saurez apprécier lorsque vous ouvrirez votre placard.

Pour monter les étagères, avec le système d'attaches reproduit Figure 14.10, procédez comme suit :

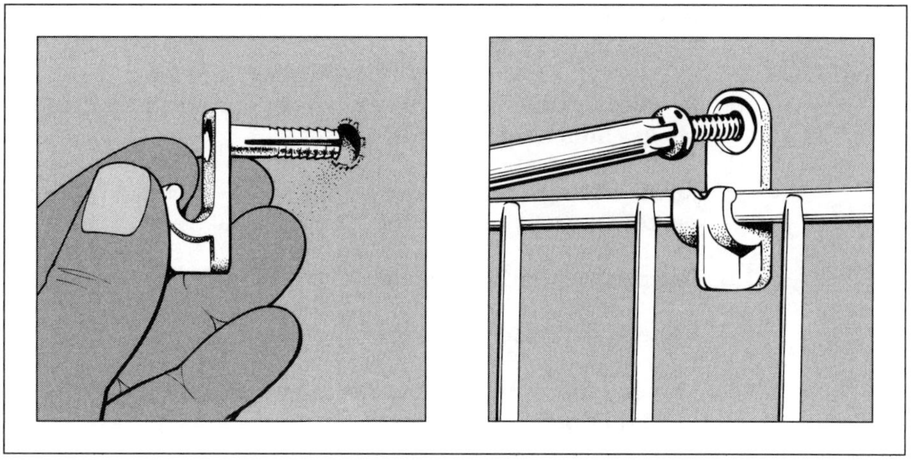

Figure 14.10 : Insérez l'attache, accrochez l'étagère, vissez ; ça y est, votre placard est habillé.

1. **Si vous disposez d'instructions spéciales, fournies avec les étagères, lisez-les attentivement.**
2. **Sur le fond du placard, déterminez la hauteur de l'étagère principale, placez le niveau à cette hauteur et tracez une ligne au crayon.**

   Attention, tracez un autre trait un peu au-dessus de la ligne de l'étagère si vous voulez que celle-ci soit exactement à la hauteur désignée. En effet, si vous utilisez des crochets du type reproduit sur la Figure 14.10, vous voyez qu'il y a quelques centimètres entre la vis et le système qui soutient effectivement l'étagère.
3. **Marquez la position des vis des attaches.**

   Placez l'étagère sur votre ligne de niveau et marquez l'emplacement des vis au crayon.
4. **A la place des marques, percez des trous d'environ 5 mm et insérez les attaches (Figure 14.10, à gauche).**
5. **Insérez une vis dans chaque attache et vissez pour les fixer au mur.**

   Ne serrez pas les vis trop fort pour l'instant.
6. **Mettez les embouts de protection à l'une des extrémités et découpez l'autre extrémité de l'étagère aux dimensions qui conviennent.**
7. **Posez les embouts de protection à l'extrémité coupée de l'étagère.**

8. **Posez l'étagère dans le U des attaches du fond, comme illustré Figure 14.10 (à droite).**

9. **Relevez ensuite l'étagère vers vous pour marquer l'emplacement des vis des attaches latérales.**

   Relevez l'étagère jusqu'à ce qu'elle soit perpendiculaire au mur et percez les trous correspondant aux vis latérales.

10. **Insérez les attaches, puis les vis.**

11. **Vissez sans serrer trop fort.**

12. **Lorsque toutes les vis sont installées, vissez-les à fond pour terminer l'installation.**

Il vous reste maintenant à replacer soigneusement vos affaires.

Pose et réparation de carreaux en céramique

Le carrelage est un revêtement très esthétique et très durable ; du fait de sa résistance, ce matériau convient quasiment à toutes les pièces de la maison. Vu son succès, on le trouve directement dans les grandes surfaces de bricolage ou dans des boutiques spécialisées. La seule véritable difficulté dans la réalisation d'une zone carrelée, c'est de décider de la couleur, de la forme, du style et de la taille des carreaux. Le choix est effectivement très impressionnant, du revêtement le plus sobre en blanc cassé, aux tons ou motifs les plus extravagants.

Posé en majorité dans les cuisines et les salles de bains, le carrelage est soumis aux infiltrations d'eau. Lorsque l'étanchéité du joint entre les carreaux diminue, l'eau s'immisce et finit par desceller le revêtement. Les sections suivantes expliquent comment réparer et installer des carreaux en céramique.

Réparations

Les réparations les plus courantes pour le carrelage sont les suivantes : réfection des joints, recollage d'un carreau et remplacement d'un carreau cassé. Le carrelage étant un matériau robuste et simple à manipuler, ces réparations sont généralement à la portée de tous, même du bricoleur le plus timide.

Réfection des joints de carrelage

Les interstices entre les carreaux sont comblés par une garniture qui assure l'étanchéité du revêtement. Il arrive que ces joints, soumis au travail du mur sur lequel repose le carrelage, se craquellent, ce qui peut provoquer le descellement des carreaux par infiltration d'eau. Il est possible de procéder à des réparations ponctuelles pour un ou deux carreaux en ajoutant du produit de jointoiement. Si les lésions sont plus étendues, il faudra refaire les joints pour l'ensemble du revêtement.

Voici ce dont vous avez besoin pour réparer des joints de carrelage :

- Produit de jointoiement (barbotine).
- Pointe métallique ou fil de fer pour retirer les lambeaux de joint endommagé.
- Taloche (pour une grande surface) ou truelle langue de chat.
- Spatule en caoutchouc.
- Eponge propre, serviette de bain propre et sèche.

Les étapes ci-après, illustrées également sur la Figure 14.11, expliquent la procédure à suivre :

1. **Nettoyez la surface carrelée pour enlever tout dépôt et trace de saleté.**

   Le nettoyage avec un produit javellisé supprime les moisissures et champignons qui se développent en milieu humide. Passer un produit à l'alcool permet de supprimer les traces de savon rebelles et, de manière générale, tout résidu gras. La dynamite fera un nettoyage radical "par le vide" (une envie qui vous passera sans doute par la tête lorsque vous frotterez vos carreaux).

2. **A l'aide d'une pointe en métal ou d'un fil de fer, enlevez le joint défectueux autour du carreau.**

   Passez une éponge humide sur le carreau nettoyé pour enlever tout résidu de l'ancien joint.

3. **Mélangez le produit de jointoiement en suivant les indications du fabricant.**

   Préférez un produit qui se mélange au latex, plus adhérent qu'un ciment de jointoiement ou qu'un joint synthétique à l'eau.

4. **Utilisez une taloche pour étendre le produit sur toute la surface à réparer.**

   Cette méthode est beaucoup plus rapide, surtout lorsqu'il s'agit de regarnir une large surface (si vous n'avez qu'un ou deux carreaux à réparer, vous pouvez utiliser une spatule ou une truelle langue de chat pour faire pénétrer la pâte entre les carreaux). Pour enlever le surplus de produit, passez une spatule en caoutchouc (ou raclette) en diagonale et tenue perpendiculairement pour bien répartir la pâte.

5. **Avec le manche d'une vieille brosse à dent, faites pénétrer le produit entre les carreaux.**

6. **Lorsque le joint commence à prendre, mais qu'il n'est pas totalement sec, passez une éponge humide pour nettoyer l'excès de produit.**

   Un léger dépôt peut subsister sur les carreaux ; il s'enlève avec une serviette éponge propre et sèche.

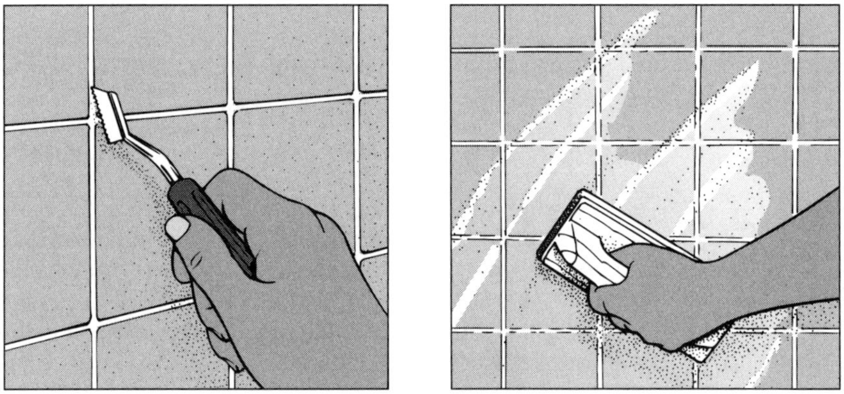

Figure 14.11 : Retrait du joint endommagé (à gauche), puis garnissage des joints à l'aide d'une taloche (à droite).

L'interstice entre la baignoire et le premier rang de carreaux doit être bouché par un produit spécial. Ce point étant particulièrement sollicité (poids des personnes et de l'eau dans le bain), un ciment de jointoiement ordinaire risquerait de se craqueler entraînant des infiltrations d'eau. Il faut appliquer un joint spécial au silicone présenté généralement sous forme de "pistolet". Pour lisser ce joint, passez un doigt mouillé (un morceau de pomme de terre épluché marche encore mieux), puis retirez l'excédent avec une éponge humide.

Recoller un carreau descellé

Lorsque les joints d'un carrelage ne sont plus étanches, l'eau ne manque pas de s'infiltrer et descelle les carreaux. Pour recoller un carreau, suivez ces étapes :

1. **Retirez le carreau avec précaution en faisant levier à l'aide d'un couteau de vitrier.**

   Enlevez soigneusement les traces de ciment-colle subsistant sur le dos du carreau et le mur. Nettoyez aussi les bords des carreaux voisins qui doivent être exempts de tout reste de joint. Remettez le carreau "à sec" dans son emplacement pour vérifier s'il s'adapte dans le creux.

2. **Encollez le dos du carreau avec une truelle crantée ou un couteau de vitrier.**

   Si vous utilisez un couteau, faites quelques stries dans la colle au dos du carreau. Assurez-vous que l'épaisseur de colle convient pour la mise à niveau du carreau ; ce dernier ne doit pas être en retrait ou dépasser par rapport aux autres.

3. **Replacez le carreau dans le trou en pressant avec un petit mouvement "droite-gauche" pour assurer une bonne répartition de la colle sur le support et les carreaux adjacents.**

   Au besoin, *marouflez* le carreau en frappant légèrement dessus avec le manche du marteau, ou en interposant une cale de bois.

4. **Enlevez l'excédent de colle.**

   Normalement, les adhésifs sont suffisamment puissants pour que le carreau adhère immédiatement au support. Si ce n'est pas le cas, scotchez le carreau pendant le temps de prise de la colle.

5. **Après séchage de la colle, appliquez la barbotine et procédez au jointoiement, comme expliqué dans la section sur la réfection de joints.**

6. **Nettoyez les dépôts de barbotine avec une éponge humide, puis, après séchage, polissez le carreau avec une serviette propre et sèche.**

Remplacer un carreau cassé

Voici la procédure à appliquer pour extraire et remplacer un carreau fêlé ou ébréché :

1. **Retirez le carreau en le cassant au burin (Figure 14.12).**

   Placez le burin au centre du carreau et donnez un coup fort avec le marteau jusqu'à faire trou (vous pouvez aussi forer le centre du carreau à la mèche à béton).

   Portez des lunettes pour protéger vos yeux des éclats d'émail qui pourraient sauter.

2. **Brisez le carreau par petits morceaux en allant du centre vers l'extérieur.**

   Utilisez pour cela le burin ou une petite barre métallique. Vous devez veiller à ne pas endommager les carreaux adjacents. Vérifiez ensuite que le support est intact.

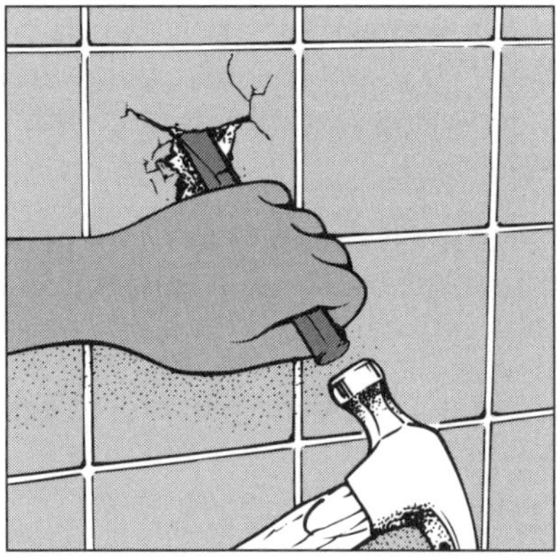

Figure 14.12 : Extraction du carreau par petits morceaux, au burin.

3. **Avec un grattoir métallique ou un burin bien affûté, retirez tout reste de carreau, résidu de colle et de produit de jointoiement.**

   Placez ensuite le nouveau carreau dans le trou pour évaluer l'épaisseur de colle nécessaire pour la mise à niveau. Assurez-vous que la forme du carreau est bien celle qui convient à cet emplacement.

4. **Encollez le carreau, replacez-le, puis jointoyez après séchage.**

   Suivez pour cela les instructions de la section "Réfection des joints de carrelage", plus haut dans ce chapitre.

Pose d'un rebord carrelé au-dessus d'un évier

Un rebord en carrelage au-dessus d'un évier – ainsi qu'entre les plans de travail et les placards – ajoute une touche décorative et présente un avantage certain pour l'entretien. Le choix de matériaux et de couleurs est très vaste : faïence, grès, terre cuite ou pâte de verre, en carreaux individuels ou en plaque (mosaïques sur filet ou sur papier) ; vous devriez trouver sans peine un carrelage qui convient à votre pièce.

TRUC

Le choix du décor vous appartient, mais vous avez intérêt à opter pour des carreaux dont les dimensions s'adaptent tout juste à vos mesures pour éviter un trop grand nombre de découpes. N'oubliez pas, en prenant vos cotes, de compter l'espacement entre les carreaux (au moins 0,3 mm).

La pose murale de carrelage peut s'effectuer directement sur du béton, du plâtre ou un revêtement plastique existant type Formica. Il faut commencer par nettoyer scrupuleusement le support qui doit être exempt de résidu de peinture, de graisse ou de cire pour garantir une bonne adhérence de la colle (un détergeant usuel fera l'affaire). Si vous installez le carrelage sur une surface plastique, procédez à un nettoyage au solvant, puis frottez au papier de verre pour favoriser l'accrochage de la colle. Essuyez ensuite la poussière créée par le ponçage.

La pose peut varier en fonction de la taille et de la nature du revêtement ; en voici les grandes lignes :

1. **Tracez le premier axe de pose (*vertical*).**

   On part généralement d'un axe vertical situé au milieu du panneau. Sur la Figure 14.13, par exemple, c'est le milieu du plan de travail qui sert de repère. Vous décidez vous-même des dimensions de la partie à carreler, aussi, arrangez-vous pour qu'il y entre un nombre exact de carreaux entiers, en hauteur et en largeur. Première chose à respecter : vous devez avoir le même nombre de carreaux de part et d'autre de l'axe vertical.

2. **Evaluez le nombre de carreaux à installer en largeur (Figure 14.13, à gauche).**

   Prenez deux carreaux, posez le premier à blanc (c'est-à-dire sans colle) sur l'axe vertical, puis tracez un repère de chaque côté. Posez un autre carreau à côté de celui que vous tenez (par exemple à droite), tracez un repère et intervertissez ainsi les carreaux jusqu'à ce que vous atteigniez le bout de la partie à carreler. Faites de même pour l'autre partie (à gauche). Arrangez-vous de cette façon pour faire entrer le même nombre de carreau de part et d'autre de l'axe vertical.

3. **Repérez ensuite le nombre de carreaux à installer en hauteur (Figure 14.13, à droite).**

   En procédant de la même façon, c'est-à-dire en intervertissant les carreaux l'un après l'autre, marquez les repères de la première colonne de carreaux. La limite en hauteur de la partie carrelée se fera là où vous n'aurez pas pu caser un carreau entier.

Figure 14.13 : On définit la position du premier rang et le nombre de carreaux en largeur en fonction d'un axe vertical situé au milieu de la partie à garnir (à gauche). On vérifie ensuite le nombre de carreaux à poser en hauteur (à droite).

4. **En partant du repère indiquant la dernière rangée en hauteur, tracez le premier axe *horizontal* de pose.**

   Posez un niveau à bulle sur votre repère, tracez un trait, déplacez le niveau pour prolonger votre ligne, et ainsi de suite, autant de fois que nécessaire pour terminer la ligne. Posez ensuite le niveau sur le repère au-dessous et tracez le deuxième axe horizontal. Procédez ainsi pour tous les repères de hauteur. Au moment de la pose, vous ajusterez, pour chaque rangée, le haut de vos carreaux sur ces lignes.

5. **A l'aide d'une spatule crantée, étalez la colle sur le support (Figure 14.14).**

   La couche de colle doit être d'épaisseur uniforme pour éviter les différences de niveaux entre les carreaux.

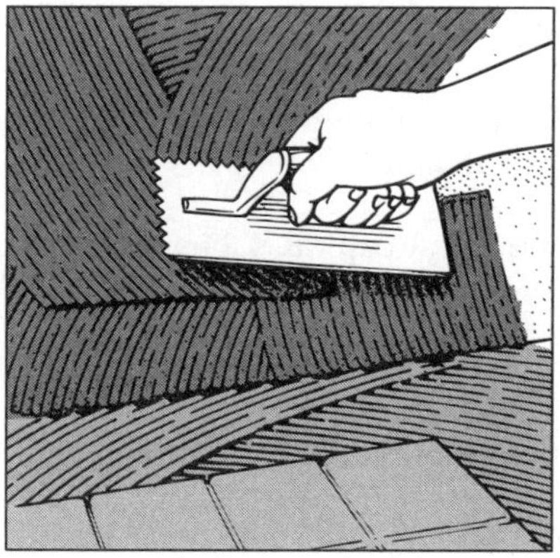

Figure 14.14 : La colle à carrelage est appliquée à l'aide d'une spatule crantée.

6. **Posez le premier carreau en pressant avec un petit mouvement "droite-gauche" pour bien asseoir le carreau dans la colle.**

   En ce qui concerne l'espacement, le plus simple est de choisir un carrelage dont la *forme* comprend cet espacement, autrement dit des carreaux à bords chanfreinés. Pour les carreaux à chants d'équerre (bords droits), vous devez utiliser des croisillons d'écartement pour garantir la régularité des joints.

7. **Posez le reste des carreaux, puis laissez sécher la colle selon les indications du fabricant.**

8. **Procédez au jointoiement.**

   Suivez pour ce faire les instructions de la section "Réfection des joints du carrelage", plus haut dans ce chapitre.

Isolation

Voici une des améliorations parmi les plus simples et les plus appréciables que tout bricoleur du dimanche peut entreprendre : isoler "thermiquement" son habitation. Evidemment, il y a plus *glamour* que de ramper à quatre pattes dans son grenier, et personne parmi vos hôtes ne verra que vous avez fait du très bon travail. Néanmoins, il reste que votre porte-monnaie, lui, vous en sera très reconnaissant au moment du paiement de la facture de chauffage.

Isolation des combles

Depuis des années, la *fibre de verre* est le matériau le plus utilisé pour l'isolation ; cela parce qu'il a les qualités suivantes :

- **Inaltérable et imputrescible** : c'est capital, sachant que l'isolant est souvent exposé à l'humidité de la maçonnerie.
- **Résistant au feu** : la résistance au feu est exprimée par la lettre M suivie d'un chiffre de 1 à 5. Seuls sont autorisés dans les habitations les isolants classés M.0 (incombustible) et M.1 (non inflammable).
- **Faible conductivité thermique** : propriété exprimée par un coefficient (lettre grecque lambda) ; plus cette valeur est faible, plus le matériau est isolant.
- **Résistance thermique élevée** : capacité à résister aux échanges de chaleur ; exprimée par la lettre R suivie d'une valeur. Plus la valeur est élevée, plus le matériau est isolant.

Pour en finir avec les sigles, vous rencontrerez aussi parmi les caractéristiques des isolants, la lettre H suivie d'un chiffre de 1 à 3. Il s'agit de la zone d'habitation. On n'isolera effectivement pas de la même façon une maison en montagne et une maison en Bretagne. En France, le pays est découpé selon les zones suivantes :

- **Zone HI :** l'est du pays, les Alpes, les départements montagneux du centre.
- **Zone H2 :** partie centrale du pays, du nord au sud.
- **Zone H3 :** littoraux océaniques et méditerranéens.

Si la laine de verre a toutes les qualités requises pour un isolant idéal, elle a cependant pour inconvénient d'être très irritante. Sa manipulation revient à peu près à caresser un hérisson à mains nues. De plus, elle a tendance à se disperser dans l'air sous forme de très fines particules, et l'inhalation de ces particules pourrait, selon les spécialistes, représenter un danger pour les poumons.

Heureusement, une nouvelle génération d'isolant est arrivée : la laine de verre "contact". Elle est protégée par un voile imputrescible sur trois faces, lequel autorise la manipulation du matériau sans contact direct avec la laine et sans que celle-ci ne se disperse dans l'air. Le voile n'a aucune incidence sur les performances thermo-acoustiques de l'isolant. Attention, le voile ne fait pas non plus office de *pare-vapeur.*

Le pare-vapeur est un écran étanche que l'on installe entre l'isolant et le côté chauffé de l'habitation pour éviter que la condensation de la pièce chauffée ne pénètre la couche isolante. Certains rouleaux de laine de verre sont déjà revêtus d'un pare-vapeur en papier Kraft étanche ou en aluminium (les fabricants ont eu, de plus, la bonne idée de dessiner un quadrillage sur le kraft pour vous aider dans vos découpes). Si vous ajoutez une couche isolante sur une isolation existante, choisissez un isolant non revêtu d'un pare-vapeur. Pour les parties où un pare-vapeur est requis, n'oubliez pas que la face qui en est munie doit être installée côté intérieur (autrement dit, le côté chauffé de l'habitation).

Pour renforcer l'isolation des combles, vous pouvez ajouter une deuxième couche de laine de verre. Comme sur la Figure 14.15, cette deuxième couche doit être posée perpendiculairement à la première. Pour découper le rouleau de laine, utilisez une scie égoïne à grosse denture.

Figure 14.15 : Déroulage croisé d'une deuxième couche d'isolant.

Isolation des sols

Les déperditions thermiques par le bas de l'habitation ne sont pas négligeables. Si le bâtiment est construit sur cave ou sur vide sanitaire, la chaleur ne manquera pas de s'échapper par les sols. En fonction de votre construction, vous devez vous renseigner sur les moyens les plus appropriés pour garantir une bonne isolation des sols. Prenons par exemple le cas d'un plancher posé sur des solives ; l'idéal est alors de choisir une laine de verre de la même épaisseur que les solives et de les installer par lés en sous-couche, entre les solives (Figure 14.16).

La laine est maintenue par agrafage aux solives. La continuité de l'isolation est indispensable pour éviter les déperditions de chaleur et l'humidité ; il faut veiller à ne pas créer d'espace ou de pli lors de la pose de l'isolant. Assurez-vous de même que le pare-vapeur est parfaitement en contact avec le plafond.

Figure 14.16 : Pose de l'isolant entre les solives du plancher. Le pare-vapeur est placé vers le haut (côté chauffé de l'habitation).

Chapitre 15

Réparations et rénovations extérieures

Dans ce chapitre :

- Revêtements de façade.
- Gouttières et descentes.
- Problèmes d'humidité au sous-sol.
- Toiture.
- Nettoyeurs à haute pression.

L'entretien extérieur d'une habitation demande quelques connaissances. A la base, il s'agit toujours de maintenir le bâtiment hors d'eau : il faut vérifier régulièrement la façade, le sous-sol et la couverture de la maison, à la recherche de tout problème susceptible d'engendrer des infiltrations d'eau. On comprend bien que vous préfériez passer votre dimanche à la plage ou à taper dans une balle de golf, mais avant de partir pour le green, faites donc le tour de la maison et repérez tous les signes révélateurs d'usure ou de détérioration. S'agissant de l'entretien extérieur d'une maison, agir tôt est la meilleure garantie contre un délabrement et une dévaluation précoces de la résidence.

Revêtements de façade

Les détériorations extérieures les moins difficiles à déceler sont les défauts dans la façade. Toute partie rongée ou tachée signale un problème, sans parler des endroits où la maçonnerie est apparente, l'enduit censé la protéger s'étant détaché.

Si vous êtes chanceux – et surtout prévoyant –, vous retrouverez, dans votre garage ou votre abri de jardin, des vieux éléments de construction de la façade. Si vous êtes contraint de racheter ces matériaux, commencez par prospecter chez les fournisseurs de la région installés depuis longtemps. Ces derniers auront sans doute eu des demandes similaires, aussi trouverez-vous plus facilement ce dont vous avez besoin.

Façades en bois

Voici les réparations concernant les dommages pouvant apparaître sur des façades en bois. Elles nécessitent les outils et matériaux suivants :

- Pour les petits dégâts : grattoir, spatule, pâte à bois, papier de ponçage.
- Pour le remplacement d'une latte entière : petits morceaux de bois (allant servir de cales), latte neuve, scie égoïne ou scie circulaire, scie à métaux, apprêt ou vernis, cale de bois, marteau, clous identiques à ceux déjà utilisés pour le revêtement, mastic.

Petits dommages

Lorsque le défaut est mineur, il est inutile d'enlever la latte de bois entière (manœuvre que nous verrons un peu plus loin). On se contente de reboucher le trou avec les outils qui conviennent, soit : un grattoir, une spatule et de la pâte à bois. Si le revêtement est ancien et soumis aux intempéries, utilisez un produit de comblement qui comprend un durcisseur permettant de stabiliser le bois avant l'application de la pâte.

Procédez comme suit :

1. **Avec le grattoir, nettoyez la surface à réparer. Enlevez du trou toute particule ou fibre de bois qui n'adhère plus.**

2. **A l'aide d'une spatule appliquez un enduit ou une pâte à bois à base de résines époxy.**

   Le produit doit avoir la consistance d'une pâte à tartiner. Plusieurs applications seront peut-être nécessaires pour boucher complètement la cavité. Dans ce cas, laissez la première couche sécher jusqu'à ce qu'elle ait durci avant d'appliquer le reste de produit. La retouche doit bien remplir le creux et épouser ses contours pour être parfaitement invisible après ponçage.

3. **Lorsque la retouche est sèche, poncez.**

   Ce n'est pas l'étape la plus amusante, mais c'est celle qui permet de fondre le raccord au revêtement.

4. **Appliquez une sous-couche sur la partie retouchée, laissez sécher, puis donnez une couche de peinture ou de vernis.**

Remplacement d'une latte

Lorsqu'une section entière du revêtement est endommagée par l'eau, fissurée ou détériorée, suivez les étapes ci-après pour la remplacer (Figure 15.1) :

1. **A l'aide d'un levier et de petites cales de bois, soulevez la partie au-dessus ou au-dessous de la section à réparer afin de pouvoir accéder à cette dernière.**

   Vous pouvez à présent déclouer la latte défectueuse. Enlevez les clous avec soin ; le bois peut être cassant, et si vous arrachez les clous brusquement, ce n'est pas une latte, mais toute la façade qu'il faudra rattraper !

2. **Mesurez l'écart qui sépare les deux montants sur lesquels est clouée la latte à remplacer.**

   La nouvelle planche sera également fixée sur cette structure. La section à remplacer doit être sciée à au moins 30 cm de chaque côté de la partie endommagée.

   GADGETS

   La découpe se fera avec une scie égoïne ou, mieux encore, une scie circulaire (si vous en avez une et si vous savez la manier). Réglez la hauteur de coupe à la même épaisseur que le revêtement. Terminez la coupe (partie supérieure) avec une scie à main. Coupez les clous qui maintiennent les lattes adjacentes en glissant la lame d'une scie à métaux sous la latte chevauchant celle que vous voulez extraire.

3. **Nettoyez l'espace de travail de tout copeau de bois.**

   Assurez-vous que le support en dessous est intact. Dans le cas contraire, remédiez au problème avant de poser la nouvelle latte.

4. **Mesurez soigneusement les dimensions de la planche de remplacement, en soustrayant une marge de 10 mm de chaque côté pour le joint de dilatation.**

   Découpez la nouvelle planche à ces dimensions. Passez une couche d'apprêt ou de vernis sur les bords découpés, pour éviter qu'ils ne s'effritent.

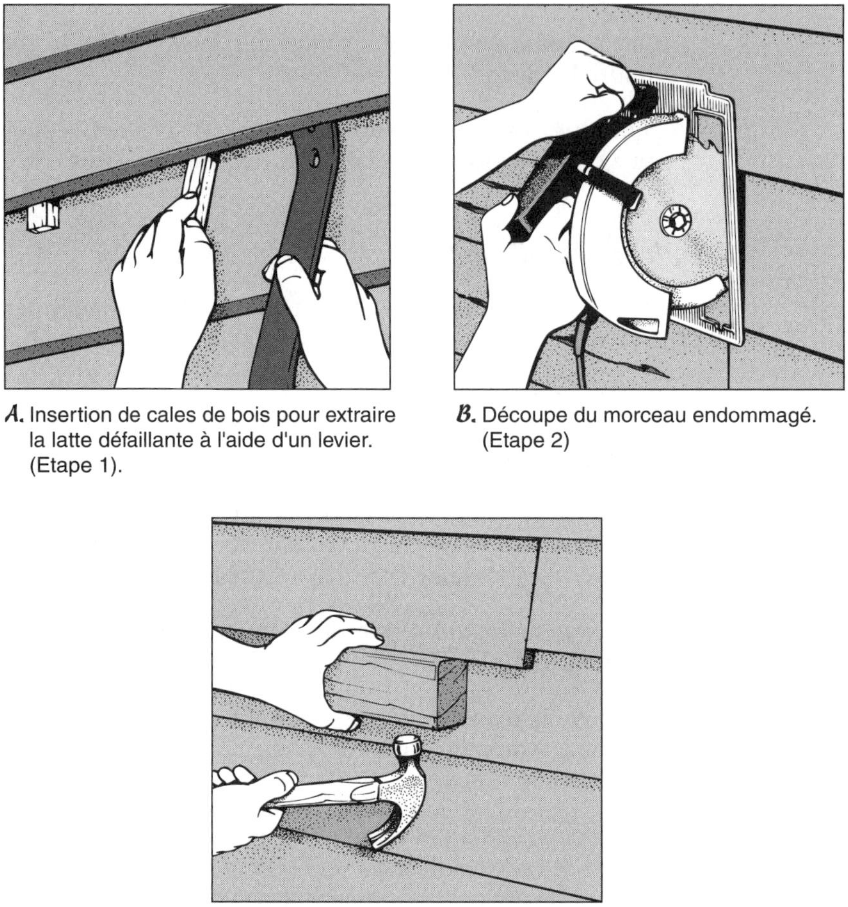

A. Insertion de cales de bois pour extraire la latte défaillante à l'aide d'un levier. (Etape 1).

B. Découpe du morceau endommagé. (Etape 2)

C. Insertion de la nouvelle planche dont la tranche est protégée par une cale de bois.

Figure 15.1 : Lorsque la surface à réparer est importante, on place une latte de remplacement.

5. **Mettez la nouvelle planche en place et fixez-la.**

   Pour positionner la latte, protégez la tranche avec une cale de bois et donnez des petits coups de marteau jusqu'à ce que la planche de raccord soit bien alignée. Fixez la nouvelle latte en prenant des clous similaires à ceux utilisés pour le reste du revêtement.

6. **Calfeutrez les joints entre les lattes et masquez les têtes de clous à l'aide d'un mastic silicone ou acrylique.**

   Prenez un mastic qui peut être peint.

7. **Appliquez une couche d'apprêt sur le raccord, puis passez une couche de vernis ou de peinture en fonction de la finition existante.**

Si vous devez replacer plusieurs lattes, suivez la même procédure. Pour que le résultat soit plus esthétique, arrangez-vous pour que les joints de toutes les nouvelles lattes soient alignés verticalement.

Les enduits de façade

L'enduit de façade est une couche de finition ; les matériaux de construction modernes étant plutôt inesthétiques, et le plus souvent poreux, il est nécessaire de recouvrir les murs d'un enduit de protection. Ce dernier doit protéger la construction des intempéries, mais également laisser respirer la maçonnerie. Pour joindre l'utile à l'agréable, le revêtement peut, pourquoi pas, être décoratif.

Parmi les enduits traditionnels, on trouve le *mortier*, qui se compose d'un mélange de sable et d'eau associé à un liant : *ciment* pour le mortier de ciment dont les caractéristiques sont la résistance, la prise rapide et l'imperméabilité, *chaux* pour le mortier de chaux, un enduit moins résistant, mais à prise plus lente et d'aspect moins rustique. Le *mortier bâtard* contient de la chaux et du ciment et équilibre ainsi les qualités et les défauts des autres types de mortier. L'enduit au mortier est généralement appliqué en trois couches : une couche d'accroche, le corps d'enduit et une couche de finition.

Les enduits modernes sont basés sur des résines synthétiques, ce qui leur confère des propriétés très intéressantes : étanchéité, élasticité (ils épousent les fissures de la maçonnerie qui travaille) et simplicité de mise en œuvre (prêts à l'emploi, application en une ou deux couches).

Reboucher un trou dans un enduit de mortier

Les retouches sur enduits de mortier ne font pas partie des réparations les plus simples, mais bon, ce n'est pas non plus de la chirurgie à cœur ouvert !

L'humidité est la cause principale des dommages : l'enduit devient poreux et se détache du support mural. Vous devez impérativement déceler et supprimer les causes d'humidité avant de commencer la réparation.

Il ne faut pas entreprendre les travaux si la température est susceptible de descendre au-dessous de 7°C pendant la réparation. Le froid risque d'entraîner le gel de l'eau du mortier et provoquer des fissures prématurées.

Voici les outils et les matériaux qui vous seront nécessaires :

- Lunettes et gants de protection.
- Ciseau et masse (ou marteau).
- Brosse.
- Eponge ou vaporisateur d'eau.
- Plâtroir ou bouclier (un tasseau cloué perpendiculairement à une planchette peut très bien faire l'affaire).
- Truelle.
- Tasseau de bois ou taloche.
- Planchette ou éponge propre.
- Enduit de mortier.

En ce qui concerne les proportions, respectez les indications du fabricant et préparez juste la quantité de produit dont vous avez besoin pour chaque étape. Voici la procédure permettant de reboucher un trou dans un enduit de mortier :

1. **A l'aide d'un ciseau et d'une masse, nettoyez et agrandissez le trou à réparer.**

   Allez-y franchement, n'hésitez pas à agrandir le trou. Testez la zone autour de la cavité en tapotant avec un marteau ; les parties saines doivent rendre un son mat, les parties endommagées rendent un son creux.

   Portez des lunettes pour protéger vos yeux des éclats qui pourraient sauter et vous blesser. Portez également des gants solides, type gants de jardiner, si jamais vous vous tapez sur les doigts.

2. **Brossez pour enlever tous les débris et poussières.**
3. **Mouillez la surface à réparer avec une éponge ou un vaporisateur.**

Gardez près de vous un vaporisateur d'eau pour que l'enduit puisse être humecté si nécessaire. Le matériau a en effet tendance à absorber rapidement l'humidité et un séchage trop rapide entraîne par la suite des fissures.

4. **Passez la première couche.**

   Là, il s'agit littéralement de *jeter* l'enduit contre le mur. Le geste est assez simple, il faut prendre du mélange sur le plâtroir avec le bout de la truelle et projeter le mortier sur le mur. La couche doit atteindre environ 5 mm.

   Vous pouvez bricoler votre propre plâtroir ou bouclier en clouant un tasseau (qui servira de manche) perpendiculairement à une petite planchette de bois. Cet outil est en effet pratique pour avoir le produit à portée de main et éviter les va-et-vient.

5. **Lorsque le mortier commence à durcir (après 20 mn environ), griffez la surface pour faciliter l'accrochage de la couche suivante (Figure 15.2).**

   Utilisez pour ce faire la truelle ou un éclat de bois.

Figure 15.2 : La surface est griffée pour faciliter l'accrochage de la couche suivante.

6. **Laissez sécher la première couche durant au moins 14 heures.**

7. **Pour la couche de finition, servez-vous d'un mélange dans les mêmes proportions que pour la première couche.**

   Appliquez le mortier à la truelle en formant une petite bosse par rapport à la surface environnante.

8. **Attendez 15 minutes environ, puis passez un tasseau de bois ou une taloche pour égaliser parfaitement la surface (Figure 15.3).**

9. **Lorsque le mortier commence à durcir (environ 20 mn après son application), lissez encore en passant légèrement une éponge ou une planche humide sur la surface.**

Pour que la retouche s'incorpore parfaitement à la surface, vous pouvez teinter directement le mortier dans la masse, par le biais de colorants. Si vous préférez peindre le raccord, vous devez donner au préalable une couche d'apprêt.

Figure 15.3 : La surface est égalisée à la taloche.

Petit raccord

Si le mur a reçu un coup, qu'il s'est formé un trou, mais que l'enduit autour est sain, vous pouvez vous contenter de reboucher le creux en une seule couche de la façon suivante :

1. **Dégagez les parties qui n'adhèrent plus.**

2. **Humidifiez le défaut avant d'appliquer l'enduit.**

3. **Egalisez à la taloche et lissez.**

Réfection des joints dans un mur de briques ou de pierres

Rejointoyer des briques ou des pierres est une réparation à la fois nécessaire et esthétique !

1. **Commencez par faire sauter tous les joints qui adhèrent mal.**

   Videz les anciens joints en utilisant un ciseau de maçon. Enlevez tous les morceaux qui n'adhèrent plus.

2. **Dépoussiérez avec soin et mouillez la surface à rejointoyer.**

3. **Appliquez ensuite le mortier bâtard avec une truelle langue de chat ou une truelle à joint.**

   Si la surface doit être enduite, les joints seront égalisés au même niveau que les pierres ou les briques, et non pas en retrait.

Gouttières et descentes

Les travaux concernant les gouttières manquent franchement de charme, mais ce n'est pas une excuse pour ne pas s'y frotter deux fois par an : une fois au printemps et une fois en hiver. Pourquoi ? Mais parce qu'il est impératif d'enlever les feuilles mortes, les brindilles et les autres dons du ciel accumulés dans le système d'évacuation. Si vous n'effectuez pas cette petite tâche d'entretien bi-annuelle, préparez les seaux et les éponges en prévision de dégâts d'eau dont vous vous souviendrez.

Inspection et nettoyage

Faites le tour de la maison à la recherche de problèmes potentiels : fuites provenant de trous dans la gouttière ou les descentes, sections de gouttière affaissées, portions de descentes cabossées ou entaillées, crochet, patte, collier de fixation manquant ou défait, traces de rouille sur les gouttières en métal.

PRÉCAUTIONS

Ne jouez pas à Tarzan sur vos gouttières ; prenez une échelle et faites-la tenir par quelqu'un (de préférence une personne robuste !). Utilisez un écarteur de mur ou crochet de toit permettant d'éviter que l'échelle ne repose directement sur la gouttière, ce qui risquerait de l'écraser. Ne grimpez pas sur une échelle en métal s'il existe un risque de choc électrique.

Pour retirer les cochonneries accumulées dans la gouttière, prenez une cuvette ou un seau en plastique qui servira à réceptionner et évacuer les déchets. Pour gratter, optez pour une grande cuillère, une truelle de jardin ou encore un *vrai* grattoir à gouttière, en plastique. Utilisez un couteau de vitrier pour racler les débris durcis ou imbibés d'eau. Nous avons une préférence pour la méthode "en couple" : deux personnes, deux seaux. Le moins chanceux des deux se tient sur l'échelle et récure la gouttière (si le sort vous a désigné, portez des gants en plastique), tandis que l'autre se charge de récupérer le seau plein qu'il échange contre le seau vide. Cette approche permet de se débarrasser rapidement de cette corvée en toute sécurité. Déplacez ainsi votre échelle le long de la gouttière jusqu'à ce qu'elle soit entièrement propre.

Si la descente est bouchée, utilisez du fil de fer ou un furet de plombier pour dégager le bouchon. Prenez ensuite le tuyau d'arrosage, mettez le jet dans la descente (par le haut), puis ouvrez l'eau à forte pression pour vous assurer que la descente est bien dégagée.

TRUC

Les bouchons apparaissent le plus souvent aux angles et aux points de raccordement de la gouttière et de la descente. Si vous parvenez à enlever le coude de raccordement de la descente, dégagez le bouchon avec un bâton, puis nettoyez avec le tuyau d'arrosage avant de réassembler les éléments.

Pour éviter ce genre de problèmes à l'avenir, prévoyez de poser un dispositif de protection (filtre, couverture ou grille), en particulier aux moignons de raccordement de la gouttière et des tuyaux de descente. Si certains arbres sont spécialement responsables des bouchons, élaguez-les en attendant de prendre d'autres dispositions.

Réparations sur gouttières

Des gouttières bien entretenues peuvent durer toute une vie. Il se peut néanmoins que des fuites apparaissent – quelques gouttes provoquées par un point de rouille ou plus – dues à des trous, des joints cassés ou des sections manquantes.

Colmater une fuite

Si la gouttière est percée, mais que le trou n'est pas trop gros, il suffit de colmater la fuite avec du mastic spécial couverture. Les opérations sont les mêmes pour les gouttières en zinc et les gouttières en PVC. Voici comment faire :

1. **Avec une brosse en métal, nettoyez la surface abîmée.**

Brossez l'intérieur et l'extérieur de la gouttière. N'hésitez pas à nettoyer également la surface environnant le trou. Terminez par un rinçage à l'eau.

2. **Décapez la surface pour la rendre rugueuse et améliorer l'adhérence du mastic.**

   Vous pouvez, par exemple, utiliser un tampon vert servant à récurer les casseroles.

3. **Par temps sec, appliquez une ou deux couches de mastic spécial couverture sur la face interne de la gouttière (Figure 15.4).**

   Un petit couteau de vitrier fera tout à fait l'affaire pour recouvrir des petits trous. Lissez soigneusement la surface pour que l'eau puisse circuler librement et ne forme pas de poches stagnantes.

   Pour des trous plus importants, vous pouvez, à cette étape, poser un morceau de toile de verre après avoir encollé la surface à réparer avec du mastic spécial couverture. Faites adhérer la toile en la tamponnant avec un pinceau propre et sec. Passez ensuite une couche de mastic sur toute la surface.

Figure 15.4 : Les petites fuites peuvent être colmatées au mastic spécial couverture. Il faut bien lisser la retouche pour que l'eau circule sans encombre.

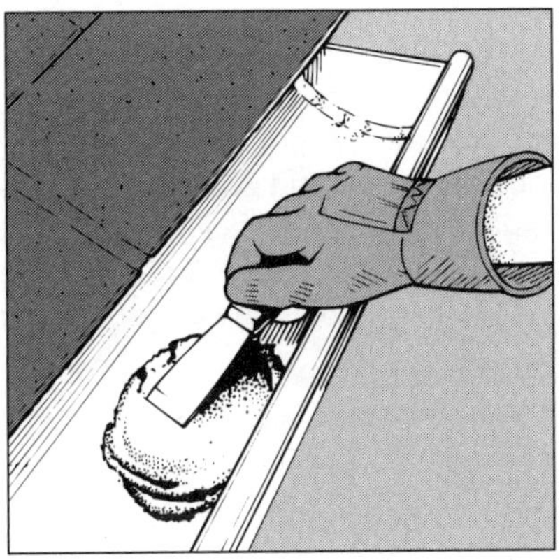

Remplacement d'une section de gouttière

Les gouttières en PVC peuvent éclater par endroits ; dans ce cas il faut déposer et remplacer la section endommagée. Procédez comme suit :

1. **Découpez la partie abîmée avec une scie à métaux.**

   N'oubliez pas de protéger vos yeux. Tenez bien la partie saine de la gouttière pour éviter de l'endommager (descellement, etc.).

2. **Découpez une section de gouttière neuve.**

   La longueur de la section doit être légèrement inférieure à celle de la partie à remplacer.

3. **Poncez les bords de la gouttière et ceux de la section de remplacement à la toile émeri pour rendre les parties rugueuses et favoriser l'adhérence.**

   Dépoussiérez ensuite les zones d'encollage qui doivent être parfaitement propres.

4. **Encollez les bords extérieurs de la pièce de remplacement avec de la colle PVC.**

5. **Placez le morceau neuf à l'intérieur de la gouttière et collez à l'extérieur des éléments de jonction PVC aux points de raccord entre la gouttière et la nouvelle partie.**

TRUC

Pour les gouttières en zinc, il existe des éléments de gouttière que l'on raccorde par des clips et qui possèdent des joints incorporés (on parle alors de gouttière en zinc sans soudure). Contrairement aux gouttières en zinc ordinaires, toujours posées par des professionnels à cause des soudures, ce système peut être installé par un amateur, car il suffit de "clipper" chaque pièce pour obtenir un assemblage parfait. Aussi facile qu'un jeu de construction.

Autres fuites

Il arrive que, bien que la surface soit en parfait état, l'eau jaillisse de la gouttière au lieu de s'évacuer par le tuyau de descente. Dans ce cas, il faut incriminer l'élément de raccordement qui fait la jonction entre la gouttière et la descente. Un éclat ou encore la rouille, pour les gouttières en zinc, peuvent être à l'origine de fuites au point de raccordement. Si le défaut est très important, il faut remplacer la section de raccordement. Si les dégâts sont mineurs, la Figure 15.5 montre qu'il n'est pas difficile de remédier au problème.

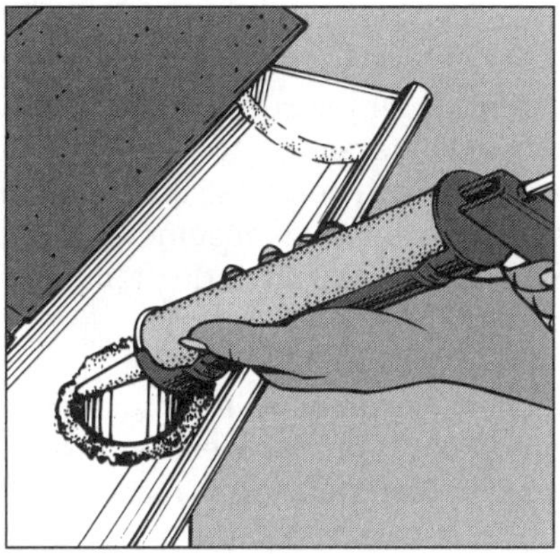

Figure 15.5 : On renforce le point de jonction de la gouttière et de la descente en ajoutant un mastic spécial autour de l'entrée du tuyau de descente.

Il suffit en effet de colmater, au mastic spécial couverture, le bord de l'entrée (ou cuvette) du tuyau de descente pour renforcer le point de raccordement. Pour un renfort accru, vous pouvez boucher les trous avec des petits morceaux de grille métallique que vous noierez dans le mastic.

A la suite du dauphin (dernière section de la descente), vous pouvez installer un système de protection anti-éclaboussures, sorte de gros entonnoir en ciment, en fibre de verre ou en plastique qui permet d'éloigner les eaux de pluies et de protéger le soubassement de la maison.

Problèmes d'humidité au sous-sol

Le meilleur moyen d'éviter l'humidité des pièces du sous-sol, c'est d'habiter en appartement (humour !). Sérieusement, le sous-sol est la partie de l'habitation la plus exposée à ce genre d'attaque ; or c'est tout de même la *base*, l'assise sur laquelle la maison repose. Pour conserver cette zone au sec, il faut à tout prix en éloigner toute source potentielle d'humidité. Il existe pour cela des astuces assez simples et peu coûteuses que nous allons vous présenter dans cette section.

Eviter la condensation

Vous avez peut-être tout simplement un problème de condensation. S'il y a une humidité excessive sur des murs chauds ou des tuyaux froids, vérifiez que la ventilation du sèche-linge ne s'effectue pas à l'intérieur de la pièce.

Dans ce cas, modifiez l'installation pour que l'évacuation se fasse à l'extérieur. Si l'air humide pénètre par des ouvertures que vous ne pouvez pas boucher, achetez un déshumidificateur.

Comment savoir si l'humidité provient de l'intérieur de la pièce ou arrive de l'extérieur, par infiltration d'eau dans les murs et le sol ? Le test suivant vous renseignera : découpez deux carrés dans un rouleau d'aluminium ménager. Collez un morceau contre le mur, en le fixant soigneusement avec du scotch pour que toute la surface épouse bien la paroi. Faites de même avec l'autre morceau, que vous placez au sol.

Attendez quelques jours, puis décollez les carrés d'aluminium. Si le papier comporte des traces d'humidité sur le côté "pièce", c'est un problème de condensation ; l'humidité provenant de l'intérieur de la maison, il faut en améliorer le système de ventilation. Si le papier comporte des traces d'humidité sur l'autre face, alors les problèmes sont dus à un manque d'étanchéité des murs et du sol. Là, il faut trouver les sources d'humidité potentielles et les neutraliser ou les éloigner de la maison.

Eloigner toute source d'humidité des fondations de la maison

L'humidité est un ennemi à prendre au sérieux car, lentement mais sûrement, elle va s'infiltrer et ronger tout ce qui se trouve sur son passage (voir Figure 15.6). Quand il s'agit des fondations du bâtiment, avouez qu'il faut tout mettre en œuvre pour y remédier :

- L'agent numéro 1, responsable de sous-sols humides, est le *système d'évacuation des eaux de pluie*. Nous avons vu, dans la section précédente, qu'il fallait régulièrement nettoyer, déboucher et entretenir le réseau de gouttières chargé de récupérer les eaux pluviales. Vous devez en outre veiller à ce que l'eau qui s'écoule des descentes soit tenue éloignée des fondations de la maison. Pour cela, vous trouverez dans le commerce des éléments pré-fabriqués permettant une bonne évacuation de l'eau recueillie.

- Un dallage de surface, installé selon une pente de quelques centimètres, contribue aussi à diriger l'eau vers les caniveaux et les bouches de collecte. Poser un revêtement en pente autour de la maison permet effectivement d'éviter l'accumulation de terre, ou encore de résister à la tentation de faire reposer des éléments contre la façade, éléments qui en stagnant risqueraient de favoriser la formation de flaques d'eau. La pente protège aussi des pressions exercées sur les fondations par les allées, les terrasses et tous les éléments qui aboutissent à la maison.

Figure 15.6 : Mesures permettant d'éloigner les sources d'humidité des fondations de la maison.

- Une pente douce permet d'atténuer les risques, mais ne suffit pas toujours. Un caniveau peut venir renforcer le rejet des eaux loin de l'habitation. Calé légèrement en pente, dans une tranchée située à 2 mètres au moins des fondations, le caniveau collecte l'eau qu'il dirige vers le dispositif d'évacuation adéquat.

- La terre qui environne l'habitation peut être drainée par des matériaux *naturels*, notamment des graviers. Par contre, il faut se méfier de la nature lorsqu'elle vient chatouiller les fondations de la demeure. Plantez les arbres et les massifs à distance de la maison ; les racines retiennent l'humidité, peuvent faire pression contre les fondations et parfois même percer des canalisations. L'éloignement des arbres permet aussi d'éviter l'accumulation de feuilles dans les gouttières et les descentes.

Voici donc les mesures que vous pouvez entreprendre vous-même. Pour des soucis plus sérieux, vous devez faire appel à des spécialistes. Ils feront un diagnostic de vos installations et vous proposerons le système de drainage et d'étanchéité le mieux approprié.

Toiture

Une toiture peut fuir à maints endroits et pour maintes raisons. Pour traiter à fond des réparations de couverture, il faudrait un livre complet, notamment pour rendre compte de toutes les spécificités de formes et de matériaux.

Nous nous contenterons dans cette section de présenter les causes principales des fuites susceptibles d'apparaître dans un toit, les agents favorisant leur apparition, les indices permettant de les détecter et les diverses réparations possibles. Cela pour vous permettre de décider si vous voulez entreprendre les réparations vous-même ou faire appel à des pros.

TRUC

La condensation qui se crée suite à une mauvaise ventilation sous les soffites ressemble à une fuite, mais n'en est pas une. Pour remédier au problème, on perce une série de trous de 2 à 3 cm de diamètre dans les soffites.

Les bases

Un toit se compose *grosso modo* de trois niveaux :

- Revêtement extérieur.
- Armature textile ou en fibre de verre étanche.
- Charpente.

Le toit est, par définition, la surface qui recouvre un édifice et qui le protège des intempéries. Il est abrité par une *couverture*, protection qui se doit d'être parfaitement étanche. L'idéal serait une surface d'un seul tenant, inattaquable. Or il se trouve qu'une maison a besoin d'aérations, de conduits d'évacuation, voire de fenêtres pour les combles habitables. Des discontinuités dans le matériau de couverture représentent un risque potentiel de fuite ; ces points faibles sont désignés sur la Figure 15.7.

Figure 15.7 : Points faibles d'une toiture.

Projet pour un dimanche pluvieux : rechercher les fuites

Si les combles sont accessibles, profitez d'un jour où il pleut beaucoup pour rechercher les fuites. Suivez le parcours de l'eau en remontant le long de la charpente jusqu'à la source de la fuite. Mettez une petite brindille dans le trou, ou un fil de fer, pour pouvoir retrouver ce point à l'extérieur. A l'intérieur, marquez l'endroit de la fuite au feutre indélébile. Méfiez-vous car, comme vous pouvez le constater sur la Figure 15.8, l'origine de la fuite n'est pas toujours le point exact où l'eau coule du toit. Il se peut en effet que le défaut se situe beaucoup plus haut et que l'eau ruisselle le long de la charpente.

Examinez soigneusement les joints autour des ouvertures : lucarnes, vasistas, souche de cheminées, lanterneaux d'aération. Toute trace d'humidité signale une fissure dans le revêtement de couverture ou un défaut d'étanchéité du joint qui protège l'élément fiché dans la toiture.

Toujours par ce jour pluvieux, vérifiez un éventuel trop-plein des gouttières. Pour les déboucher et éviter de nouveaux problèmes, voyez la section appropriée de ce chapitre.

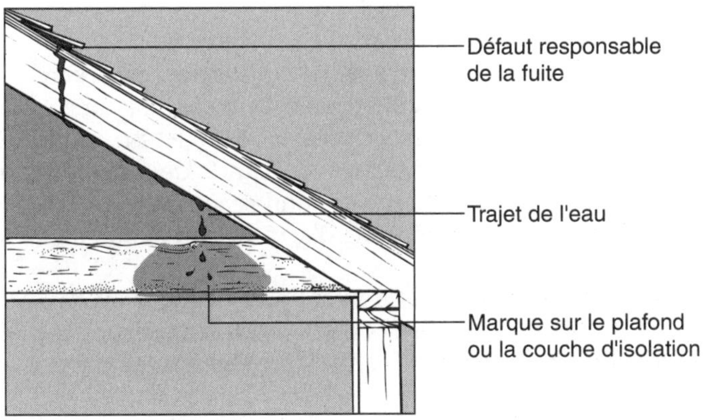

Figure 15.8 : Repérez les fuites de la toiture par les combles ; l'eau s'infiltre par un trou, coule le long de la charpente et fait une trace sur le plafond.

Réparation d'urgence

Même une petite fuite peut, à terme, provoquer des dommages considérables. Il n'est pas difficile de stopper une fuite, mais la réparation ne sera que *temporaire*. Si une des tuiles du revêtement se détache, vous pouvez parier qu'il y en a deux ou trois autour qui sont aussi sur le point de tomber. Par conséquent, si l'astuce qui suit peut certes vous permettre de réparer provisoirement le dégât, vous devez sans tarder faire appel à un spécialiste qui examinera votre toiture et vous proposera un diagnostic complet de son état.

Pour commencer, ne faites rien si le toit est mouillé. Pensez que vous n'économiserez pas beaucoup d'argent si, pour faire le raccord, vous devez appeler un couvreur depuis votre lit d'hôpital !

Si vous avez suivi les conseils de la section précédente, et introduit un petit repère permettant de localiser la fuite à l'extérieur, vous pouvez à présent vous aventurer sur votre toit (sec). Avant de grimper, munissez-vous d'une feuille d'aluminium (ou autre matériau étanche et rigide) de 1 m de long sur 30 cm de large, d'un marteau et d'un morceau de bois.

Localisez les éléments de revêtement défectueux et glissez la feuille d'aluminium en dessous. Poussez la feuille sous le revêtement, aussi loin que vous pouvez. Placez pour ce faire la petite cale de bois sur le bord de la feuille et faites-la progresser en tapant avec le marteau.

La réparation ne doit pas modifier le niveau du revêtement afin que l'eau puisse glisser librement sur le toit. En d'autres termes, elle ne doit pas soulever les tuiles, car l'eau ne manquerait pas de s'infiltrer par les côtés des éléments saillants.

Scellez la retouche avec du mastic spécial couverture en prenant soin de ne pas faire de bosse. Soignez particulièrement la tranche située en amont ; un bourrelet formerait un rempart emprisonnant l'eau en une petite flaque qui finirait pas s'infiltrer sous les joints, provoquant le décollement du raccord. Il faut absolument que l'eau glisse sans encombre sur la retouche et ne trouve pas d'obstacle ou de creux susceptible d'arrêter son écoulement.

Tous les joints ou enduits détruits doivent être dégagés avant le rejointoiement. Recouvrez toutes les têtes de clou apparentes et, de façon générale, le moindre millimètre de renfort protégeant les ouvertures.

Rescellez, avec une pointe de mastic spécial couverture, les tuiles décollées en examinant le support en dessous pour évaluer les dommages. Remplacez les tuiles fissurées ou trouées et recherchez les tuiles déformées qui, dans la majorité des cas, signalent une infiltration d'eau. Enfin vérifiez soigneusement les tuiles composant le faîtage, car elles sont particulièrement exposées.

Nettoyeurs à haute pression

Le nettoyeur à haute pression compte parmi les outils les plus utiles qu'un bricoleur peut avoir dans son garage. Ces appareils électriques sont, de plus, super-rigolos à utiliser : c'est l'arme absolue de "Monsieur Propre".

Le premier prix pour un petit nettoyeur est à peu près 120 euros ; pour la "Rolls" des nettoyeurs avec un équipement on ne peut plus perfectionné (pour un peu il ferait même la cuisine), comptez 900 euross.

Les appareils ont généralement une molette de contrôle permettant de faire varier le débit de l'eau. Le débit est défini en litres par heure et la pression maximale de l'appareil est exprimée en bars. Le type de jet projeté par la lance est généralement réglable, ainsi que la pression. Il existe toutes sortes d'accessoires pouvant se fixer à l'embout, tels que les brosses de nettoyage ou la "turbo-buse" qui propulse l'eau avec un mouvement rotatif, excellent pour désincruster la crasse la plus tenace.

Le jet projeté par un nettoyeur haute pression peut être mortel. Un petit nettoyeur est tout aussi dangereux qu'un modèle de luxe. Evaluez toujours les risques avant de vous servir de l'appareil, et surtout ne l'utilisez jamais lorsque des personnes ou des animaux se trouvent dans les parages. Prenez le temps de lire la notice d'utilisation entièrement et avec attention.

Pour entretenir votre façade, vous pouvez mélanger des produits détergents à l'eau pulvérisée. Ces produits sont associés au jet par le biais d'un bidon accroché au tuyau ou aspirés depuis un réservoir de détergent.

Préparation des lieux

L'eau propulsée à haute pression s'immisce partout ; vous devez protéger les éléments situés à proximité de la zone à nettoyer :

- Colmatez avec des sacs poubelle toutes les ouvertures faites dans les murs, à savoir les tuyaux de ventilation de sèche-linge ou du chauffage, l'évacuation de la cheminée, le système d'aération du grenier, etc. Protégez également avec du plastique et du ruban adhésif les interrupteurs et les prises d'extérieur. Coupez au préalable le courant qui alimente ces éléments. Dès que vous avez terminé le nettoyage, enlevez aussitôt les protections.
- Fermez les fenêtres et les portes (toutes, sans exception).

- Enlevez tout meuble, outil, matériel se trouvant sur la trajectoire du jet et alentour.
- Protégez les plantes et les massifs à l'aide de bâches que vous maintenez en place avec des pierres (Figure 15.9). Enlevez les protections dès que vous avez terminé.

Figure 15.9 : Protection de la zone à nettoyer.

On arrose !

Voici quelques règles à respecter avant de vous jeter sur votre appareil :

- N'entreprenez pas ce travail un jour de grand vent !
- Portez des vêtements de pluie, notamment des bottes, ainsi que des lunettes de sécurité.
- Faites des tests de pression et ajustez la force du jet avant de le diriger sur la façade (et envoyer le revêtement sur orbite !). Evaluez aussi la distance à laquelle vous allez propulser le jet. Passez d'abord le jet sur un coin caché pour doser la pression et la distance. Si le revêtement de la maison part en miettes, réduisez la pression ou reculez légèrement.
- L'angle de projection a aussi son importance ; là encore, faites des essais sur une portion qui ne se voit pas trop.

Veillez à ne pas diriger le jet directement sur les vitres ou sur les montants de porte (effet bombe atomique garanti). Si votre demeure est ancienne, allez-y doucement. Le revêtement a vécu et peut être fragile ; un jet trop puissant ne manquerait pas de le faire voler en éclats. Commencez le nettoyage de la façade sur 1 mètre à peu près, en débutant en haut d'un mur et en vous déplaçant horizontalement.

Pour nettoyer une terrasse, comme sur la Figure 15.10, débutez par la portion de terrasse attenante à la maison, puis continuez le nettoyage en vous éloignant de la maison.

Figure 15.10 : Eloignez-vous progressivement de la maison pour nettoyer une terrasse en progressant par petites surfaces.

Sixième partie

Les petits plus du bricoleur

Dans cette partie...

Une tradition dans la collection ... *pour les Nuls*, la dernière partie est toujours un pot-pourri de petits trucs et astuces destinés à vous faciliter la vie. De l'économie d'énergie au choix d'un entrepreneur, de la protection de votre maison contre les cambriolages aux mesures préventives pour les petits, cette partie du livre contient une multitude d'idées simples, parfois évidentes, qui peuvent faire une grande différence dans ce royaume que nous appelons "foyer".

Chapitre 16

L'essentiel pour la peinture

Dans ce chapitre :

- Préparation, application, nettoyage et compagnie.
- Conseils divers et variés en peinture.

La peinture à l'huile, c'est bien difficile, mais c'est bien plus beau... Bon, tout le monde connaît ce refrain. Alors vous avez votre matériel : brosses, peinture, scotch de masquage ? C'est parfait, mais avant de vous glisser dans la peau de Michel-Ange, n'oubliez pas de lire ce chapitre pour ne pas commettre certaines bévues typiques, qu'il est si simple d'éviter.

Ne négligez pas les travaux de préparation

C'est l'étape la plus rasoir dans les travaux de peinture, et nombreux sont ceux qui l'esquivent purement et simplement, préférant se jeter directement sur leurs pinceaux et commencer à barbouiller. Mais soyez prévenu : si vous ne prenez pas le temps de nettoyer les murs à traiter, vous vous retrouverez avec des boules de poussière prises dans la peinture, ou encore, votre nouvelle peinture s'écaillera par manque d'adhérence à la surface (effet "beurk" garanti !).

Dans le même ordre d'idée, prenez le temps de masquer les surfaces à protéger avec du papier adhésif étanche (vitres, interrupteurs, plinthes...). Et dans ce domaine, vous n'avez pas d'excuse car il y a le choix (ils se décarcassent les fabricants !) : protection des droites (papier adhésif non étirable), protection des arrondis (étirable), protection des papiers peints, protection des vitres, protection des plinthes et des bordures (grande taille). Enlevez aussi les poignées de porte ainsi que tout élément fixé au mur.

Ces quelques précautions suffisent pour obtenir des résultats satisfaisants et durables.

Pas de préparation est synonyme d'imperfections : il faudra vous en accommoder. D'un autre côté, si vous aimez les travaux de peinture, ça vous donnera l'occasion de recommencer dans quelques mois !

Peignez vers la peinture fraîche

Ne peignez jamais *en partant* d'une zone de peinture fraîche, mais plutôt *en allant* vers celle-ci. Débutez à quelques centimètres de la zone qui vient d'être peinte et dirigez vos coups de pinceaux (ou votre rouleau) vers cette zone. De cette façon, la couche que vous appliquez se fondra plus facilement à la surface déjà peinte. Si vous partez de cette surface, celle-ci ayant déjà un peu séché, vous appliquerez en fait une seconde couche ; et là, bonjour les différences de tons et les traces de superposition !

Ne soyez pas radin sur la peinture

Eh, la peinture n'est pas faite à base de champagne, c'est un produit tout à fait abordable, alors ne soyez pas chiche sur la quantité ! Sinon, vous prenez le risque de devoir appliquer deux couches lorsqu'une seule aurait parfaitement suffit. Que vous utilisiez une brosse ou un rouleau, chargez votre outil d'une bonne quantité de peinture, en veillant simplement à ce qu'elle soit bien répartie pour que l'application soit uniforme.

Ne soyez pas non plus trop généreux

A l'inverse du type économe sur la couche de peinture, on trouve l'excessif qui trempe généreusement ses outils dans le bac comme s'il touillait la soupe et ressort une brosse ou un rouleau qui goutte partout. Ne peignez pas comme si vous jetiez de la nourriture aux cochons ! Egouttez votre pinceau en le tapotant légèrement sur le bord du bac pour enlever le surplus de peinture. Si vous sévissez au rouleau, veillez à ce qu'il n'y ait pas de peinture accumulée sur les côtés du manchon. Cet excès de peinture risque en effet de provoquer des marques de coulures sur la surface peinte : pas vraiment l'effet recherché !

Au rouleau, dosez votre effort

Cette règle a l'air stupide, mais figurez-vous que l'application au rouleau demande un peu de pratique si l'on veut obtenir une couche uniforme. Sachez qu'il faut adapter la pression à exercer sur la brosse selon la façon dont vous tenez votre rouleau (main droite ou main gauche, avec ou sans manche d'extension) ou encore selon votre degré de fatigue. Ça n'est pas une blague : il y a des chances pour qu'en début de journée, vous y alliez de bon cœur, mais qu'au fur et à mesure, votre enthousiasme et vos forces s'atténuent, modifiant aussi la régularité de l'application. Soyez donc constamment attentif à la façon dont vous "roulez" et efforcez-vous de maintenir une pression égale.

Attention à l'effet buvard sur les nouvelles cloisons

Les cloisons neuves se comportent comme de véritables éponges ; elles absorbent tout produit liquide appliqué sur leur surface. Avant de peindre, il est absolument nécessaire d'utiliser une sous-couche d'accrochage, spécifiquement conçue pour ce type de fond. La sous-couche – ou fixateur – uniformise la surface d'absorption et garantit la régularité de la couche de peinture que vous allez donner. Sans fixateur, vous verrez apparaître des traces et des irrégularités, en particulier au niveau des jonctions des panneaux.

Faites la chasse aux taches

Il est possible de peindre sur des marques de rouge à lèvres, de stylo ou autres, mais si vous n'utilisez pas un produit spécial permettant de "bloquer" la tâche, celle-ci risque de réapparaître sur votre mur neuf. Et vous pourrez toujours passer et repasser sur la trace, elle transparaîtra toujours, comme dans un mauvais rêve ! Pour vous éviter cet effet Halloween, traitez préalablement les zones tachées avec un produit d'apprêt spécial (généralement à vaporiser ou à appliquer au pinceau).

Enlever le ruban adhésif de protection des vitres

Vous avez écouté nos conseils et protégé vos vitres pour pas ne les tacher de peinture. C'est très bien, mais il est aussi nécessaire de ne pas trop tarder pour enlever ce scotch. A défaut, au lieu de racler les traces de peinture, il faudra gratter l'adhésif ! En effet, le soleil dessèche le scotch et le rend effritable. Dès que la peinture est un peu sèche, retirez la protection des vitres, pour vous éviter un travail fastidieux dans les jours qui suivent.

N'achetez pas du matériel bon marché

On trouve toutes sortes de brosses jetables et de bacs ou de rouleaux à petit prix, mais vous serez toujours gagnant en achetant quelques outils de qualité. Acheter du matériel jetable, ou peu cher, est certes tentant, mais ce n'est pas un conseil à donner. Il vaut mieux acheter peu d'outils, mais de bonne qualité (que vous nettoierez soigneusement après usage). Ils sont la garantie d'un fini professionnel et durable.

Nettoyez vos outils

Encore une étape ingrate, mais nécessaire. Il est clair qu'en fin de journée vous n'avez guère envie de vous mettre à nettoyer le matériel, alors que vous êtes fatigué et que le travail est terminé. N'écoutez pas votre flegme et faites-le. La peinture fraîche est plus facile à nettoyer que la peinture sèche, et, s'agissant des outils, leur durée de vie en dépend.

Chapitre 17
Mesures de prévention contre les cambriolages

Dans ce chapitre :

- Portes, grilles et fenêtres à toute épreuve.
- Conseils pour éviter que l'on vienne se servir chez vous !

Quel est l'intérêt de refaire à neuf sa maison si on ne la protège pas des *éléments* ? Les éléments naturels bien sûr, mais aussi les facteurs *humains* susceptibles de réduire à néant tous vos efforts. Ce chapitre donne quelques judicieux conseils pour que les voleurs restent en dehors de votre maison, et vos biens à l'intérieur...

Bien dégagé autour des ouvertures !

Mais où est le rapport entre le jardinage et la protection contre les vols ? C'est très simple, des portes ou des fenêtres masquées par la végétation facilitent la tâche du cambrioleur ; ce dernier peut s'amuser avec votre serrure ou briser un carreau sans se faire remarquer par les voisins ou les passants. Pour plus de sécurité, taillez la végétation qui entoure les accès à la maison, de sorte qu'ils restent bien visibles de la rue.

Pour les vacances, partez discrètement

Ne faites pas de pub lorsque vous partez de chez vous. Evitez de le faire savoir à tout le voisinage et faites en sorte que votre habitation ait toujours l'air "vivante". Ne laissez pas s'amonceler le courrier et les prospectus dans votre boîte aux lettres. Si vous êtes abonné à des journaux, faites stopper la livraison durant votre absence. Mieux encore, donnez la clé de votre boîte à une personne de confiance qui passera relever votre courrier.

Pendant votre absence, ne faites pas de votre habitation une maison morte. Arrangez-vous pour donner l'impression qu'elle est habitée : utilisez des dispositifs de programmation pour allumer et éteindre certaines lampes à divers moments de la journée. Pour choisir les intervalles d'allumage, basez-vous sur les habitudes qui sont généralement les vôtres. Pourquoi ne pas demander aussi à vos voisins de se garer de temps en temps devant votre habitation ? La présence de voitures devant une maison est le signe d'une présence et d'une activité normale. Faites également tondre votre gazon et nettoyer vos allées.

Sur votre répondeur, ne laissez pas de message explicite racontant que vous avez quitté les lieux pour quelque temps ! Optez plutôt pour une annonce assez vague, du style "on vous rappellera dès que possible", ou encore, n'enregistrez pas d'annonce.

Voilà, ces quelques arrangements permettent d'éviter que quiconque sache que la maison est vide et devraient vous mettre à l'abri des mauvaises surprises.

Allumez la lumière extérieure pour dissuader les rôdeurs

Si, comme beaucoup, vous êtes équipé d'un système d'éclairage extérieur, installez un dispositif de détection qui allume la lumière dès qu'une personne passe devant. Autre solution, une lumière avec détecteur photosensible qui s'allume automatiquement lorsque le soleil décline.

Renforcez les fenêtres du sous-sol

Simples d'accès et souvent cachées de la rue, les fenêtres des sous-sols sont les plus simples à briser pour un voleur. Sécurisez ces accès en installant des barreaux ou une grille de protection.

Idem pour les fenêtres du rez-de-chaussée et du premier

Souvent à hauteur d'homme, les fenêtres du rez-de-chaussée offrent un accès aisé à votre palace. Les fenêtres du premier étage sont aussi parfois faciles à atteindre, sans beaucoup d'efforts. Sous forme d'alarmes, de détecteurs de mouvements ou de serrures de crémones, il existe de nombreux dispositifs permettant de sécuriser ces ouvertures.

Protégez les fenêtres coulissantes

Les baies coulissantes peuvent offrir aux cambrioleurs un accès assez large pour y faire entrer une voiture ! Il leur suffit de soulever la baie de son rail de guidage et le tour est joué... Il existe des verrous de sécurité qui permettent de bloquer le panneau coulissant en le solidarisant au cadre ou au panneau adjacent. Vous pouvez aussi poser une barre dans le rail de coulissement, de façon à rendre le mouvement du panneau impossible.

PRÉCAUTIONS

Quel que soit le dispositif choisi, assurez-vous que vous n'aurez pas de difficulté à le neutraliser si vous devez ouvrir votre fenêtre en cas d'urgence.

Sécurisez les portes extérieures

Attention à vos portes de sous-sol ou d'accès au jardin : oubliez les planches de bois maintenues par de petits loquets, un bon coup de pied là-dedans et hop ! le cambrioleur se retrouve chez vous sans le moindre effort. Choisissez des portes en bois massif ou encore en métal et munissez-les de verrous "bétons".

Attention au sas garage-maison

Un garage non protégé peut s'avérer être la voie royale à votre demeure : une fois entré dans le garage, un professionnel n'aura aucun mal à fracturer la porte de la maison, d'autant plus qu'il pourra opérer à l'abri des regards. Donnez-lui du fil à retordre en adoptant une porte en bois massif équipée d'un bon verrou, ou une porte blindée.

Adoptez un chien imaginaire

Vous savez qu'il existe des faux gendarmes et des fausses voitures de police sur le bord des routes pour empêcher les automobilistes de rouler trop vite ? Eh bien pour dissuader les cambrioleurs, installez un chien imaginaire. Posez une pancarte "Chien méchant" sur votre grille d'entrée ou pas trop loin d'une entrée et, bien en vue, placez une grosse gamelle d'eau avec le nom "MOLOSSE" ou quelque chose du genre. L'idée qu'un pittbull puisse être le gardien de la maison peut suffire pour dissuader un cambrioleur de s'introduire dans la maison.

Bien sûr, vous pouvez adopter un vrai chien, si vous avez la possibilité de vous en occuper et suffisamment d'espace pour lui permettre de gambader !

Les clefs sont sous le paillasson

Oui, alors dans ce cas, pourquoi ne pas envoyer un carton d'invitation aux voleurs ! Le système clefs sous le paillasson, dans un pot de fleurs ou dans la boîte aux lettres est à bannir.

Si vous devez absolument laisser une clé, faites preuve d'imagination et planquez-la dans un endroit insoupçonné et difficilement accessible.

Chapitre 18

Guide des économies d'énergie

Dans ce chapitre :

- Thermostats, isolation, lampes basse tension et consorts.
- Les bons conseils pour dire halte au gaspi !

Faire attention aux dépenses d'énergie est une attitude devenue super-branchée, pour ne pas dire politiquement correcte. Bon, si les sirènes écolos vous laissent de marbre, peut-être serez-vous sensible à l'aspect financier du problème. Ici, on vous propose de faire une bonne action, d'être dans le vent et en plus d'économiser des sous ; tout ça !

Viva el thermostat !

L'installation d'un thermostat peut réduire votre note de chauffage de 20 à 30 % par an. Il s'agit d'un dispositif muni d'une horloge programmable permettant de contrôler la température de l'habitation à tout moment. Pourquoi chauffer une maison vide lorsque vos proches sont à l'école ou au travail ? C'est une dépense parfaitement inutile.

Les nouveaux dispositifs sont enfantins à installer et leurs performances en termes d'économies d'énergie (donc *d'économies* tout court) devraient vous motiver pour réaliser ce projet qui vous prendra, allez... même pas une heure.

Ne chauffez pas le jardin !

Il y a des trous dans votre demeure ; c'est inévitable, alors faites la chasse à toute ouverture susceptible de laisser le chauffage (ou l'air conditionné) s'échapper. Cherchez bien, car ces trous ne sont pas toujours faciles à détecter. Faites le tour de la maison par l'extérieur et colmatez toutes les brèches, en accordant une attention particulière aux endroits qui suivent.

- Autour du robinet d'arrivée d'eau, du tuyau d'aération du sèche-linge, des diverses canalisations et de toute ouverture faite dans le revêtement extérieur.
- Aux points de jonction de revêtements différents : raccords bois et maçonnerie, par exemple, assemblage brique-ciment entre le mur et la cheminée, etc.
- Sous les rebords de fenêtre et entre le chambranle de fenêtre et le mur.
- Au seuil des portes, attention aux fissures du bois et aux espaces qui ont pu se former sous la porte.

Les points d'accès à des espaces non chauffés sont aussi une source d'infiltration d'air. Calfeutrez l'entourage de la trappe d'accès au grenier et celui de la porte qui mène du garage à la maison.

Un mastic au silicone fera l'affaire en toute occasion, pour peu qu'il soit de bonne qualité. Pour les fissures de formes bizarres ou les endroits difficiles à atteindre, utilisez un reboucheur distribué en pistolet ou une mousse expansive, qui prend, en la remplissant, la forme de la cavité dans laquelle elle est vaporisée.

Scellez les fenêtres et les portes

Il existe des joints d'isolation spéciaux permettant de calfeutrer les portes et les fenêtres dont le matériau a travaillé. Peu coûteux et pas sorciers à poser, ils remplissent leur fonction de manière très efficace.

Pensez à combler le vide existant la plupart du temps entre la porte d'entrée et le sol. Vous pouvez acheter une protection de type bas de porte, une sorte de plaque ou de balai qui se fixe facilement au bas des portes ou utiliser tout simplement une "saucisse" ou boudin de tissu pour empêcher l'air d'entrer.

Si vous avez un garage attenant à la maison, n'oubliez pas d'en isoler la porte qui laisse sans aucun doute passer beaucoup d'air. Il existe pour cela des joints spéciaux et des kits destinés à ces portes de grands gabarits.

Pour garantir l'étanchéité des prises de courant et des interrupteurs – car l'air passe parfois autour de ces éléments –, vous trouverez des formes en mousse prédécoupées dans lesquelles viennent s'insérer les prises et les interrupteurs.

Il faut i-so-ler !

Perfectionner l'isolation d'un grenier est on ne peut plus simple. Il suffit d'ajouter des lés de laine de verre pour combler les endroits où l'isolation n'est plus si efficace, et vous voilà récompensé par des coûts de chauffage moindres. Il existe aujourd'hui un nouveau produit, la laine de verre "contact", non irritante. Comme elle est protégée sur trois faces par un voile imputrescible, la laine ne pose plus de problèmes de manipulation. Il suffit de découper des lés aux dimensions qui conviennent et de les dérouler (le Chapitre 14, traitant des rénovations intérieures, contient toutes les explications concernant l'isolation).

Adoptez les lampes basse tension

Ce sont des lampes toutes simples à installer ; également appelées lampes économiques ou fluocompactes, elles remplacent avantageusement les lampes incandescentes (celles que nous utilisons depuis des années). Elles durent 9 à 13 fois plus longtemps et, par rapport à leurs cousines, représentent une économie d'énergie de 64 à 82 %. Certes, elles coûtent plus cher, mais cela représente un investissement à long terme lorsqu'elles sont utilisées dans des pièces où vos lampes traditionnelles restent longtemps allumées. Aujourd'hui on trouve même des modèles à variateur d'intensité.

Baissez la température de l'eau

Baissez la température de votre chauffe-eau. Passez à la position "Tiède" ou "Moyen", soit environ 50°. Cette mesure aura bien sûr un effet sur votre consommation d'énergie, mais élimine, en outre, le risque que quelqu'un ne se brûle en ouvrant le robinet d'eau chaude. Si vous avez un vieux ballon d'eau non isolé, faites l'acquisition d'une couverture isolante dans laquelle vous envelopperez votre papi pour qu'il reste bien au chaud.

Faites les machines le soir

Encore une mesure archi-simple : faites fonctionner le lave-linge, sèche-linge ou lave-vaisselle le soir (demandez au préalable un compteur différencié pour les heures de jour et de nuit sinon, ça ne sert à rien !). Pensez à faire des machines à basse température pour le linge qui n'est pas très sale.

Nettoyez le filtre à poussière à chaque utilisation de votre sèche-linge et de temps à autre, vérifiez la bouche d'aération et nettoyez toute saleté susceptible de s'y être coincée.

Inspectez et nettoyez les filtres

Ce n'est pas un passe-temps très excitant, mais pensez à vérifiez tous dispositifs qui sont munis de filtres ; si vous les décrassez régulièrement, il vous le rendront bien (en monnaie sonnante et trébuchante !).

L'hiver, remplacez les filtres de la chaudière tous les mois et, l'été, nettoyez ou changez les filtres du système d'air conditionné aux périodes où vous l'utilisez de façon intensive. Tous les deux mois environ, décollez le réfrigérateur du mur, et avec une brosse, nettoyez la grille qui se trouve au dos.

Attention à l'eau

Changez votre pomme de douche pour une douchette économique, qui réduit la pression d'eau. Pensez à ne pas laisser couler l'eau pour rien, lorsque vous vous savonnez par exemple, ou lorsque vous vous brossez les dents. Si votre douche ne dispose pas de mitigeur, et que l'idée de tâtonner quelques minutes les yeux plein de savon avant de retrouver la bonne température vous rebute, sachez qu'il existe des "arrêts de douche". Il s'agit d'un clapet qui arrête le flot d'eau sans torsion du flexible et qui permet de la retrouver à la même température. L'eau chaude représente 20 % de la consommation totale d'une maison ; par conséquent, en réduisant son utilisation, vous économisez, élémentaire mon cher Watson...

Lorsque vous installez un nouveau WC, vérifiez qu'il est muni du mécanisme petite chasse/grande chasse, c'est-à-dire un système qui vous permet de choisir le volume d'eau de la chasse selon que vous souhaitez "rincer" ou "nettoyer" (eh oui, mais ça compte !).

Chapitre 19

Mémo pour faire appel à une entreprise

Dans ce chapitre :

- Devis, contrats, contraintes et autres.
- Ce qu'il faut avoir en tête si vous engagez une entreprise.

Si vous avez l'intention d'entreprendre des travaux d'importance – ou moins importants, mais que vous ne ferez pas vous-même –, le choix d'un entrepreneur est une étape cruciale. Ce chapitre propose quelques astuces pour vous aider à élire la bonne entreprise pour la réalisation de vos projets. Il vous aide aussi à rassembler les informations qu'il vous faudra transmettre pour que les travaux se déroulent selon vos désirs.

Planifiez à l'avance

Planifiez vos projets de travaux longtemps avant la date à laquelle vous souhaitez qu'ils soient terminés. Il vous faut du temps pour trouver et rencontrer les entrepreneurs, vérifier leurs références, clarifier les étapes nécessaires et demander des devis. A la suite de quoi il vous faudra encore comparer les offres *puis* programmer les travaux.

Je connais une méthode infaillible pour se prémunir des mauvaises surprises : financièrement, comptez à peu près le double de ce que vous aviez initialement prévu et, côté délais, triplez la marge que vous espériez.

Faites des photos

Pour mieux faire comprendre à l'entrepreneur ce que vous recherchez, illustrez votre propos. Découpez des images dans des magazines, photocopiez des pages de livres, enfin débrouillez-vous pour créer une référence visuelle qui sera le point de départ des discussions. Dans ce genre d'aventure, tout doit être clair ; ne laissez pas la place à l'ambiguïté.

Comparez les offres

Si vous avez plusieurs offres, faites vos comparaisons, en veillant bien à ce que les devis couvrent les mêmcs travaux. Le projet peut prendre plus d'ampleur que prévu à mesure que vous en discutez avec l'entrepreneur. L'avis d'un professionnel peut en effet modifier la nature des travaux. Pour que la comparaison entre les offres soit juste, il est nécessaire qu'elles prennent en compte les mêmes prestations.

Soyez disponible pendant les travaux

Il faut que l'entreprise puisse contacter quelqu'un qui saura prendre les décisions qui s'imposent en cas d'imprévu. A défaut d'être sur place, vous devez donc être joignable, au moins par téléphone. Pas forcément synonyme de catastrophe, l'imprévu est toujours au tournant ; l'entreprise peut par exemple avoir besoin de votre avis parce que, en déplaçant la baignoire, elle a découvert un creux qui pourrait devenir un placard ou une étagère. Il faut que quelqu'un soit toujours disponible pour ce genre de décisions qui doivent être prises rapidement.

Choisissez un expert

Choisissez une entreprise en fonction de son domaine de compétences ; elle doit avoir une certaine expérience concernant les travaux que vous souhaitez entreprendre. Ne prenez pas un charpentier qui a l'habitude de faire des toits pour faire des travaux de menuiserie, du style découpes de précisions et autres. Un "homme-à-tout-faire" ne semble pas non plus être le mieux désigné pour vous faire un bar en marqueterie.

Etablissez les modalités de paiement

Un règlement typique pour ce genre de prestations s'effectuera en tiers : un tiers avant ou à la signature du contrat, un autre tiers lorsque le devis aura reçu l'approbation des autorités compétentes, et le dernier tiers lorsque les travaux sont terminés et répondent à vos attentes. Le contrat doit définir avec précision les éléments suivants : les modalités de paiement, les prestations prévues, les matériaux (marque, référence, quantité) mis en œuvre et les délais prévus pour la réalisation du projet.

Avant de signer le contrat, demandez à voir les garanties concernant l'entrepreneur, vérifiez en particulier qu'il est assuré et que vous n'êtes pas responsable en cas d'accident concernant les ouvriers qui travaillent sur votre propriété, de même que les sous-traitants et les personnes chargées des livraisons.

Faites de la place

Trouver de la place où stocker du matériel n'est pas trop compliqué lorsqu'il s'agit d'un nouveau WC ! Mais si vous prévoyez de refaire le sol, faire installer des placards ou une nouvelle baignoire, l'affaire se corse. Vous devez disposer d'un espace qui vous permettra de mettre à l'abri des intempéries et des vols le matériel qui vous sera livré.

Attendez-vous à de la poussière

Les travaux génèrent de la poussière et pal mal d'encombrement, même dans les pièces où ils n'ont pas lieu. Lorsque des rénovations sont effectuées dans une partie de la maison, le reste est inévitablement affecté, même si vous faites très attention. Le pire, ce sont les étapes de ponçage (sols et murs) ; attendez-vous à en avoir partout.

Préparez-vous à émigrer

Durant les travaux, il est possible que vous soyez amené à contribuer à l'économie du quartier si les transformations concernent votre cuisine. Vous risquez en effet de manger dehors quelque temps.

Si vous faites des travaux de plomberie, prévoyez de visiter le "lavomatic" du coin. Enfin faites-vous des amis parmi vos voisins si vous n'avez qu'un seul WC ; vous pourriez être amené à vous tortiller devant leur porte.

Attendez-vous au pire

Imaginez toujours le pire des scénarios : retards, problèmes, déceptions, etc. Cela dit, peut-être aurez-vous de la chance et tout se déroulera parfaitement (c'est ça, et tant que vous y êtes, comptez aussi sur la repousse de vos cheveux et la fonte de votre embonpoint et la venue d'Elvis pour l'anniversaire de votre fille !).

Chapitre 20

Rendre sa maison plus accueillante

Dans ce chapitre :

- Sécurité, accès facilité, convivialité...
- Personnes âgées et autres handicaps...

Voici quelques astuces destinées à rendre votre château plus pratique, plus convivial ou encore tout à fait sûr pour des personnes âgées, physiquement diminuées, ou absolument distraites.

Soyez éclairé !

En vieillissant, nous avons besoin d'un meilleur éclairage pour y voir clair ; comparé à un jeune de 20 ans, il faut trois fois plus de lumière à une personne âgée. Adoptez des lampes "douces", qui n'éblouissent pas, ou des lampes halogènes pour éclairer les activités de lecture, de couture et autres travaux de précision. Dans la cuisine, installez des néons sous les placards suspendus et au-dessus des plans de travail. Dans la salle de bains, éclairez les côtés du miroir pour éviter les effets d'éblouissement. N'oubliez pas le haut et le bas des escaliers qui doivent être bien éclairés pour que personne ne trébuche. Enfin, dernier petit détail qui a son importance : mettez une veilleuse dans le couloir qui mène aux toilettes !

Un sol sans embûches

Supprimez tous les petits tapis sur lesquels on peut buter. Si vous tenez vraiment à ce type de décoration, choisissez des tapis à poils courts, très peu épais, pour éviter les cascades. Pour le sol de la salle de bain – pièce témoin de nombreux accidents –, optez pour un revêtement antidérapant (et qui le reste, même mouillé).

Le bon interrupteur

Changez vos interrupteurs de type poussoir pour des modèles va-et-vient, beaucoup plus simples à manipuler, notamment pour les personnes souffrant d'arthrite ; on peut allumer et éteindre avec la paume ou le plat de la main, ou encore avec le coude.

Le bain en toute sécurité

Installez des poignées de redressement dans la douche ou près de la baignoire ; elles doivent permettre de s'agripper lorsque le sol est glissant, mais aussi peuvent aider quelqu'un à sortir du bain ou y rentrer avec moins d'efforts. Pour une parfaite sécurité, installez des tapis ou des décors antidérapants au fond de la douche et de la baignoire.

La guerre des boutons

Si vous êtes sur le point de changer les robinets de la cuisine ou de la salle de bains, optez pour des mitigeurs (modèles à levier). Ils sont plus simples à manier que les robinets à boutons, par exemple avec le dos de la main.

Même idée pour les boutons de porte, que vous pouvez remplacer par des poignées. L'ouverture de la porte est ainsi facilitée, car elle ne nécessite pas d'effort musculaire. Les poignées sont aussi plus pratiques lorsqu'on est chargé ou que l'on a les mains sales ; on peut ouvrir la porte avec le dos de la main, le coude ou le genou.

Faites place nette

Ne laissez pas de bazar traîner dans les couloirs ou dans les escaliers. Si vous êtes comme nous, il y a en permanence le long de l'escalier des objets qui attendent d'être remontés ou descendus ; c'est l'exemple à ne pas suivre. Pour éviter tout accident, dégagez les lieux de passage et veillez à ce qu'ils le restent ! Pensez aussi à bien éclairer ces endroits.

Une entrée plus cool

Rendez votre perron ou votre seuil d'entrée plus accueillant. Retrouver la clé de la maison est toujours un exploit, qui plus est lorsqu'on a les bras chargés de paquets. Pourquoi ne pas ajouter un banc ou une chaise sur le seuil de la maison de façon à pouvoir poser des sacs ou des valises ? Autre conseil : n'encombrez pas l'entrée de pots de fleurs ou de plantes susceptibles de vous faire tomber.

Eclairez les allées

Installez un système d'éclairage basse tension pour éclairer en permanence l'allée de l'entrée ou celle qui mène au garage. Pour le revêtement des allées, ne vous compliquez pas la vie avec un matériau différent ; des surfaces différentes représentent encore un risque de trébucher.

Organisez le garage

Dans le garage, faites en sorte de pouvoir ouvrir vos portières sans heurter quoi que ce soit. Débarrassez-vous des objets qui ne vous servent plus et rangez les autres en les accrochant au mur. Posez des étagères là où elles sont nécessaires. Faites en sorte que l'on puisse circuler autour de la voiture ; notamment avec des objets du style tondeuse, vélo et autre matériel rangé dans le garage.

Chapitre 21
La sécurité des petits

Dans ce chapitre :

- Verrous, protections, dispositifs de sécurité, etc.
- Comment éviter les accidents domestiques avec les enfants.

PRÉCAUTIONS

Pour beaucoup, les plans de rénovation d'une habitation sont des projets destinés à rendre leur espace de vie plus séduisant, plus pratique et plus agréable. Pourtant, les améliorations les plus valables que vous puissiez entreprendre sont celles qui mettront vos enfants à l'abri des dangers domestiques. Si vous avez des petits à la maison, ce chapitre vous enseigne les dispositions prioritaires à prendre lorsque vous envisagez des travaux, et – permettons-nous d'être un peu autoritaires – celles-là, pas question de les remettre à plus tard.

Installez des verrous de sécurité

Dans la cuisine, il est nécessaire d'installer des verrous (ou loquets) de sécurité aux placards du bas, et en particulier pour ceux contenant des produits ménagers ou des solvants et autres produits chimiques dangereux. Vous trouverez ces systèmes de sécurité dans les quincailleries, les grandes surfaces et les grands magasins de bricolage ; ils sont très simples à installer et drôlement efficaces.

TRUC

Si vous voulez vraiment faire plaisir à votre progéniture, vous pouvez lui attribuer un placard de la cuisine et y placer des vieux pots vides et autres ustensiles avec lequel l'enfant adorera s'amuser.

Sécurité autour de la cuisinière

Empêchez purement et simplement les enfants d'approcher du lieu où vous faites chauffer quelque chose (cuisinière, plaques chauffantes, four). Si vous êtes seul avec l'enfant et que vous devez cuisiner, installez-le dans un parc. A l'achat, privilégiez les fours dont la porte comporte une isolation thermique pour éviter que l'enfant ne se brûle dessus.

N'oubliez pas de tourner les poignées de casseroles et de poêles qui chauffent de façon qu'elles ne dépassent pas de la cuisinière et ne tentent pas les petits explorateurs. Cuisinez de préférence sur les feux du fond.

Pas de tentations

Dans la cuisine, vous devez faire attention à ne rien laisser traîner. Mettez hors de portée des petites mains inquisitrices tous les objets qui peuvent représenter un danger : les couteaux et autres ustensiles coupants, les appareils électriques, ceux qui sont équipés d'un long cordon d'alimentation, etc. Ne tentez pas les enfants en laissant en vue des objets de convoitise, tels que des pots en verre contenant des gâteaux ou des boîtes colorées qui ne manqueraient pas d'évoquer des friandises.

Une salle de bains sûre

Avec des petits dans la maison, il faut faire particulièrement attention à la température de l'eau. Pour écarter les risques de brûlures dans le bain ou la douche, baissez la température du chauffe-eau à environ 50°C. Vous pouvez aussi équiper votre installation d'un arrêt de douche, c'est-à-dire un clapet qui permet d'arrêter le flot d'eau et de le rouvrir à la même température (sans pour autant faire subir de tortures au flexible de douche !).

La salle de bains est également une zone à risque pour les noyades. N'oubliez pas que quelques centimètres d'eau suffisent pour asphyxier un être humain. Ne laissez jamais d'eau au fond de la baignoire et maintenez le couvercle des toilettes fermé, si possible avec un loquet spécial.

Verrouillez les armoires de toilette avec des loquets de sécurité et enfermez-y vos médicaments, ciseaux, accessoires de maquillage, lames de rasoir et autres objets potentiellement dangereux. Mettez tous les produits d'entretien dans un placard verrouillé ou inaccessible.

Prises électriques couvertes

Dans toute la maison, recouvrez les prises électriques de dispositifs de sécurité (cache-prise). Ces accessoires sont très peu chers et il suffit de les insérer dans la prise pour éviter que des petits doigts, une fourchette ou d'autres objets viennent s'amuser avec le courant mortel qui circule dans l'installation électrique de la maison.

Décorez en vous mettant à la place des petits

Les tables basses ont souvent des angles aigus situés juste à la hauteur des petites têtes. Couvrez ces coins à l'aide de dispositifs de protection spéciaux, en mousse ou en plastique, de sorte que l'inévitable impact ne fasse pas de bobo !

Ne placez pas une chaise ou un tabouret près d'une fenêtre ouverte, une balustrade, ou encore un plan de travail sur lequel sont posés des objets qui peuvent représenter un danger. Veillez également à ce que tous les meubles soient stables ; faites attention aux objets lourds ou dangereux – fer à repasser, télévision, etc. – placés en hauteur et qui pourraient tomber sur la tête des enfants. Méfiez-vous aussi des objets posés sur un canapé – gros livres, vaisselle ou autre – et qui pourraient "sauter" lorsqu'on s'assoie. Enfin, évitez les nappes et les toiles cirées sur lesquelles l'enfant serait inévitablement tenté de tirer.

Le feu de cheminée c'est génial, surtout si on a pensé à installer une porte en verre, une grille de protection ou un pare-feu fixe.

Certains meubles peuvent être dangereux, même s'ils sont destinés aux enfants. Les coffres à jouets, par exemple ; choisissez un modèle dont le couvercle est muni d'une sécurité qui le laisse soulevé en permanence de façon qu'il ne retombe pas sur les mains du gamin qui cherche quelque chose dedans. Voyez également si le coffre dispose de trous d'aération au cas où un petit aventurier déciderait de se glisser à l'intérieur et de refermer le couvercle. Si les trous n'existent pas, vous pouvez les percer vous-même.

Arrangez-vous pour éloigner le berceau, le lit ou la chaise haute de l'enfant de tout meuble ou accessoire muni de longs liens, par exemple les stores de la fenêtre, les cordons de rideaux, le téléphone, les fils de l'écoute-bébé ou les câbles électriques. Les petits réussissent toujours à s'y entortiller, et vous imaginez donc les risques que cela implique. Scotchez les câbles après les avoir enroulés, puis mettez-les hors de portée des bambins. Ne mettez pas de lampe de chevet dans une chambre d'enfant, optez pour des appliques.

Attention aux portes

Objets de tentation pour les petits esprits inquisiteurs, les portes sont un grand danger pour les mains des enfants. Certains accessoires permettent cependant de limiter les risques en rendant les portes (normales ou coulissantes) plus difficiles à ouvrir ou en permettant d'éviter qu'elles ne se referment brutalement sur les mains des enfants.

Gadgets bien utiles

Installez des détecteurs de fumée et des détecteurs de gaz. Placez ces dispositifs à l'entrée de chaque chambre et près des pièces qui contiennent des appareils susceptibles de générer de la fumée, telles que la cuisine, la buanderie ou le garage.

Ayez toujours une lampe électrique quelque part ; elle se révélera bien utile en cas de coupure de courant. Les veilleuses de nuit sont aussi bien pratiques pour vous éviter de vous casser la figure si vos petits vous appellent la nuit.

Equipez-vous d'un téléphone sans fil pour pouvoir surveiller la marmaille pendant que vous papotez avec Tante Marthe.

Protégez les escaliers et le balcon

Sécurisez l'escalier en installant, en haut et en bas, des barrières de protection qui en interdisent l'accès. Ne laissez pas d'objets traîner dans les escaliers si vous ne voulez pas transformer les membres de votre famille en cascadeurs.

Pour le balcon, il est nécessaire de poser un filet de protection sur la rambarde pour que personne (enfants mais aussi animaux) ne puisse se coincer entre les barreaux.

Petits objets = danger

Vous devez garder tous les objets de petite taille hors de vue et hors de portée des enfants. Les petits adorent mettre les petites choses à la bouche : bijoux, trombones, pièces de monnaie, croquettes pour chat. Du plus dangereux au plus dégoûtant, la liste des objets qu'ils peuvent ingérer est absolument incroyable. Il y a plus exaltant que de surveiller de près son gamin pour essayer de hum... "retrouver" un de ses boutons de manchettes préférés ! Bien sûr, tout parent doit savoir comment venir en aide à un enfant qui s'étouffe, mais à titre préventif, il est préférable de ne rien lui laisser avaler qui puisse mener à de telles extrémités.

Chapitre 22

Les petits détails qui changent tout

Dans ce chapitre :

- Accessoires de décoration et astuces.
- Tout changer en un rien de temps.

Vous voulez tout changer dans votre intérieur sans pour autant avoir recours à du TNT ? Les modifications que nous proposons dans ce chapitre sont on ne peut plus simples et transforment une pièce en deux temps trois mouvements sans bourse délier. En plus, elles sont vraiment à la portée de tous, même les plus fainéants !

Bougez les meubles

Bouger les meubles d'une pièce, ça fait du bien au moral à défaut d'être bon pour le dos. Il est toujours amusant de jouer à la maison de poupée même quand on n'en a plus l'âge ! Vous serez surpris de la façon dont une pièce peut être ravivée et totalement transformée par un simple changement de disposition du mobilier :

- Placez le meuble le plus imposant contre le mur le plus grand et le premier à être vu lorsqu'on entre dans la pièce. Cela contribue à créer un certain équilibre et un premier effet assez impressionnant.
- Ne plaquez pas vos meubles contre les murs. Chaises, fauteuils et canapés alignés au mur donnent une ambiance "salle d'attente" pas très conviviale.

- Trouvez un point de convergence – par exemple une fenêtre avec une belle vue, une cheminée ou un grand tableau au mur – que vous utiliserez comme centre autour duquel disposer un futon, des fauteuils ou des chaises et une table basse.
- Placez un sofa ou une causeuse en biais, à un des angles de la pièce, puis ajoutez une table et une lampe derrière.

Tant que vous y êtes, nettoyez un peu les moutons qui se sont accumulés sous les meubles. Vous ne manquerez pas de retrouver non plus un de vos vieux chaussons que vous cherchiez depuis des lustres.

Pas de bazar

"Une place pour chaque chose et chaque chose à sa place", il serait peut-être bon d'appliquer à nous-mêmes ce que nous prêchons généralement aux enfants. Croyez-moi, un bon classement des vieux papiers, magazines, journaux et autres vieilleries qui traînent un peu partout, ça vous change le paysage. Mettez tout ça au recyclage, puis offrez-vous un joli panier dans lequel ranger vos futures acquisitions, que vous placerez à côté de votre fauteuil de lecture préféré.

Les enfants sont champions du monde pour l'envahissement de l'espace. Si vous ne voulez pas être submergé, vous devez leur ménager leur propre espace de rangement (coffre, placard, bacs...) et être très ferme sur ce point.

La grande lessive de printemps

Les mamans ont toujours raison. Or nos mères avaient pour habitude de laver les tentures et les rideaux tous les ans, généralement au printemps. Bon, vous n'avez peut-être pas ce fil dans le jardin sur lequel étendre vos rideaux pour qu'ils sentent bon "comme dans une pub", mais un coup de machine et de sèche-linge fera l'affaire. Par la même occasion, donnez un coup aux vitres et nettoyez l'encadrement des fenêtres. Cela fera plaisir à votre maman.

Oh, le beau tapis !

Les *beaux* tapis coûtent cher, mais ils n'ont pas leur pareil pour transformer la plus tristounette des pièces. Si vous avez un affreux revêtement de sol ou une moquette pas terrible, un tapis fera un excellent cache-misère. Choisissez un design et une couleur qui viendront compléter votre mobilier.

Un tapis complète idéalement l'aire "canapé/table basse/fauteuils" d'un salon ou d'une chambre d'étudiant et contribue à délimiter un coin spécial en rassemblant autour de lui les meubles de cet espace. Dans la salle à manger, un tapis met en valeur la table et les chaises. Il permet aussi d'éviter de rayer le sol par le raclement des pieds de chaise.

Un tapis dans un hall d'entrée permet également de définir l'espace. Choisissez une matière résistante, car il se trouvera en "première ligne" après le paillasson. Une carpette d'entrée doit pouvoir absorber l'eau, la neige, enfin tout ce que peuvent ramener les chaussures.

Il existe des tapis spéciaux, tout en longueur, que l'on utilise pour agrémenter les couloirs. Appelés aussi *chemins de couloir*, ils sont bien agréables en particulier lorsqu'ils mènent de la chambre à la salle de bains, au milieu d'une froide nuit d'hiver (brrrrrr !).

Attachez les rideaux

Vous pouvez utiliser n'importe quel accessoire pour attacher vos rideaux et vos tentures ; ça sera toujours joli. Ajouter des embrasses donne de la luminosité à une pièce en dégageant la fenêtre. Laissez tomber le côté "16e" avec la bande de tissu qui va parfaitement avec le rideau. Choisissez des accessoires rigolos du style pompons, rubans, lacets, foulards ou raphia. Côté attaches, les magasins de meubles et de tissus vendent aujourd'hui de très jolis modèles, tout à fait actuels.

Personnalisez la chambre des enfants

Créez une mini-galerie qui exposera les travaux de votre petit Rembrandt ; groupés ensemble, les dessins d'enfants décorent souvent admirablement un mur. Pour les coller, utilisez ces adhésifs spéciaux, particulièrement destinés aux matériaux légers et qui ne font pas de marques. Vous pouvez également, avec ce même type d'adhésif, faire des découpages et les coller au plafond avec une ficelle, à la façon des mobiles.

Décorez le plafond avec des autocollants adhésifs qui brillent dans le noir. Etoiles, lune, galaxies : vous trouverez ces accessoires dans les magasins de jouets et autres boutiques style Nature et Découvertes.

Si vous voulez bien vous amuser et surtout faire la joie de vos enfants, laissez-les mettre leur autographe au mur ! Trempez leur petites pattes dans de la peinture et, avec l'empreinte de leurs mains, dessinez un chemin sur les cloisons et au travers du plafond.

Ravalement de façade !

Pour tout changer illico dans une salle de bains ou une cuisine, remplacez toutes les poignées des placards et des tiroirs. On trouve à présent des modèles très marrants en plastique ou en bois : dévisser-visser, c'est le seul exercice que cette opération vous demandera. Pour opérer un lifting express de ces pièces, vous pouvez aussi changer les portes des placards et les tiroirs.

Ajoutez de la chlorophylle

Agrémenter une pièce point trop meublée avec de la végétation, voici une idée déco qui ne vous ruinera pas. Choisissez des plantes de tailles et de couleurs diverses, mais placez-les dans des cache-pots harmonisés. Elles contribueront à ajouter de la chaleur et de la couleur à votre pièce. N'oubliez pas : elles demandent un peu d'entretien !

Déplacez les cadres

Faites voguer la marine de la chambre au salon ou envoyez la "repro" de Matisse à la salle de bains, faites voyager la gravure de botanique de la salle à manger à l'entrée... En bref, faites du neuf avec du vieux. Vous avez sans doute de quoi renouveler toute la décoration de la maison avec les cadres auxquels vous êtes tellement habitué que vous ne les voyez plus.

Groupez des séries d'objets

Faites une vitrine d'enfer sur une étagère ou un buffet en y exposant une collection. Groupez les éléments de sorte qu'ils soient visibles, mais qu'ils sortent du quotidien. Accrochez des photos de famille dans des cadres identiques dans votre entrée pour les faire ressortir, posez des figurines d'éléphants à la queue leu leu sur une étagère étroite. Enfin, n'oubliez pas de décorer les étagères d'angle (pots, fleurs séchées, etc.) ; elles produisent souvent un effet épatant.

Index

Achevé d'imprimer par Corlet, Imprimeur, S.A. - 14110 Condé-sur-Noireau
N° d'Imprimeur : 82275 - Dépôt légal : janvier 2005 - *Imprimé en France*